南京大学"二三三"项目资助

特邀编委（按姓氏音序排序）
侯学元　孔祥勇　吕德明　缪志红　张　彤

学术编委会（按姓氏音序排序）
成伯清　杜俊飞　孔繁斌　闵学勤　彭华民
孙建军　吴英姿　叶金强　周晓虹

民生智库丛书

彭华民 / 主编　吴英姿 / 副主编

能力为本的社会工作

从理论到实务的整合

SOCIAL WORK BASED ON ABILITY
Integration from Theory to Practice

彭华民　主　编
肖　萍　副主编

社会科学文献出版社
SOCIAL SCIENCES ACADEMIC PRESS (CHINA)

前　言
励学敦行　教人求真

南京大学校友、著名教育家陶行知先生说：千教万教教人求真，千学万学学做真人。我们要教学生学做真人，必须使教育与实务相结合，使理论与实务相结合。我们在《能力为本的社会工作——从理论到实务的整合》编写中力求体现陶行知先生的这一伟大教育思想。

在励学敦行、教人求真的道路上，先行者给我们留下了丰富的遗产。南京大学的前身——金陵大学和国立中央大学是中国最早从事社会工作教育的大学之一，其社会工作和社会福利教育发展是中国社会工作和社会福利教育发展的一个缩影。金陵大学在20世纪30年代就建立了儿童福利系。金陵大学还在联合国善后救济总署社会工作组的支援下培养了十余名社会福利专业研究生，又于1948年专门设立了社会福利行政系，该系还被国际社会福利研究院联合委员会接受为该会会员。南京大学的前身之一国立中央大学社会学系不仅设有社会工作专业课程，还建立了儿童福利院等四个实习基地。

在励学敦行、教人求真的道路上，有必要讲一讲今天的故事。南京大学社会工作教育是随着中国改革开放而发展起来的。1993年，南京大学开设了社会工作与社会管理专科（自学考试），1997年，专科升为本科，2001年设立社会工作本科专业。虽然南京大学社会工作专业本科重建较晚，但是社会工作研究生教育后来居上，2009年成为教育部批准建立社会工作专业硕士（MSW）的第一批院校。之后，南京大学在社会学院成立了南京大学社会工作硕士教育中心（以下简称MSW中心），负责社会工作高级应用型人才培养。2010年，南京大学社会工作专业硕士开始招生，创建了一班两制的社会工作硕士培养模式,即全日制(南京大学本部)和兼读制(南京大学深圳研究院)。2011年,教育部批准南京大学自主设立社会工作博士点。依托社会学学科的优势,南京大学社会工作与政策系的教师们强调理论与实务相结合,获得多项教育部哲学社会科学研究重大课题重大攻关项目、国家哲学社会科学基金重大项目,发表了系列研究成果,推出了一批精品教材,形成了社会福利、慈善公益、高级社会工作实务等专业学科发展特色。2015年教育部专家到南京大学评估 MSW 项目,我们的发展和成果得到专家的一致好评。南京大学正在成为培养高级社会工作人才的重要基地。

在励学敦行、教人求真的道路上,南京大学不断探索新的育人方法。社会工作专业硕士案例建设是南京大学2016年"二三三"硕士研究生教育改革的重要组成部分。在南京大学"三三制"本科教学改革取得重大成果、"四三三"博士培养机制改革获得重要进展的基础上,"二三三"模式结合研究生教育的发展特点,以全面提高硕士研究生培养质量为核心,以创新培养模式为主线,以院系学科特色化的实践作为基础支撑,系统拓展硕士研究生的培养宽度与加大深度,为硕士研究生的个性化培养提供多样性的选择途径,有利于硕士研究生自主发展、成长成才,最终形成了一体化、特色化、内涵型为特征的本、硕、博贯通的创新人才培养体系,从根本上提升了人才培养质量。"二三三"模式设计的重点在于:保持南京大学学术传统的基础,实现学术学位研究生与专业学位研究生两种类型研究生教育的统筹与互动,进一步拓展硕士研究生培养的宽度,更好地适应社会多样化的发展需求;强化硕士研究生培养全过程中三个知识与能力培养阶段的水平与能力的提升,即转型期基础教育阶段、专业教育与训练阶段、实际能力培养与实践阶段;在系统性拓展硕士研究生培养宽度与加大深度的基础上,为研究生成长成才提供三条个性化发展路径,即学术型导向类、复合型导向类、创业就业导向类,为此同步设计了推进改革的质量保障机制、组织实施机制等。MSW 中心结合自身优势,制定出具有学科特色的"二三三"培养方案,以 MSW 案例编写为其中的抓手,扎实有效地实现社会工作专业知识和社会工作实务的衔接,为培养优秀的社会工作人才打好基础。

2013年全国社会工作专业学位研究生教育指导委员会(下文简称 MSW

前言 励学敦行 教人求真

教指委)发文,为建设符合中国需要的社会工作学科和推动专业服务,启动 MSW 案例编写工作。通过组织全国社会工作专业教学研究的高水平团队,编写一批整合理论与实务的高水平社会工作硕士专业教学的案例,提供给全国 MSW 研究和教学使用。MSW 教指委对案例编写者的要求是:编写者应该是我国社会工作领域的资深教师和研究者,有较丰富的社会工作实践经验或对我国社会工作实践有深刻认识和研究,所承担课题应是编写者的优势领域。本书的主编强调理论与实务的整合,在案例遴选中做了增补,加入了优秀毕业生在机构工作后,通过社会工作实务开展而形成的案例,以及与 MSW 中心长期合作的实习机构推荐的案例。他们的加盟丰富了 MSW 中心的案例库。

我们与民政部、江苏省民政厅等相关政府部门联系紧密,与多家社会福利机构、公益慈善组织、基金会等也建立了密切的关系,联合建立了20多个实习基地,以推动 MSW 研究生社会工作实习,开展社会工作实务服务。我们的社会工作实务项目多次获得了民政部、江苏省民政厅、江苏省妇联等部门的奖励,其中抗逆小童星获得民政部首届全国优秀专业社会工作服务项目一等奖、江苏省妇联优秀社会工作项目一等奖;健康有道、青奥我家、阳光伙伴等获得江苏省民政厅优秀社会工作项目一等奖等。这些成果收入了 MSW 中心的案例库。通过社会工作教学和实务开展,我们培养了一批优秀的社会工作实务人才。2017 年 5 月,南京大学与江苏省民政厅联合建立研究生工作站并挂牌,这是整合优质资源、继续深化合作、全力培养优秀人才的一个创新举措。我们希望在这个高水平平台的合作基础上,推出更多优秀的社会工作成果。

《能力为本的社会工作——从理论到实务的整合》中的 MSW 优秀案例覆盖儿童服务、流动人口服务、女性服务、老人服务、家庭服务、社区服务、戒毒服务、减压服务、社会组织建设的支持服务等多个领域。MSW 中心的彭华民、肖萍、朱力、梁莹、刘柳等老师参与案例编写。另有 MSW 中心实习机构爱德基金会社会工作服务中心、南京儿童福利院、南京市救助管理站、南京基督教青年会、南京市协作者社区发展中心、南京建邺励行社会工作事务所、南京市玄武区锁金村、广东联众戒毒社会工作服务中心、苏州工友家园、南京市共美社会工作服务中心等参与案例编写。我们参与一线社会工作服务的部分优秀研究生也参与了部分编写工作。案例编写得到MSW教指委、中国社会工作教育协会、江苏省民政厅、江苏省妇联宣传部、南京大学研究生院、南京大学社会学院的大力支持，在此一并致谢。另外，我们也感谢对此书出版发行给予大力支持的童根兴、谢蕊芬、胡庆英编辑。

在整合理论与实务的原则下，理想的MSW案例框架及内容应该有对服务对象问题及服务过程的完整介绍（案例本身）。其内容应该包括：可用来分析的问题及背景（宏观、微观、制度、文化、政策、个人）；通过行动反映的价值观；服务对象的需要及行为；社会工作者介入的理念、理论、方法；服务过程及双方在此过程中的互动（合作或不一致，演化）；服务效果（阶段性的、过程的、结果的）。在中国社会工作实务发展存在地区不平衡的大环境下，案例编写还有继续完善的空间。希望我们能够在励学敦行理念的指导下，在两三年后再编写一本更能体现中国社会工作研究和实务发展特色的案例集，为推动中国社会工作教育发展做出更大的贡献。

与励学敦行、教人求真的同行共勉之。

彭华民

撰于紫金仙林

2017年5月14日

目录

上篇　微观社会工作实务

抗逆小童星
提升流动儿童抗逆力社会工作服务 …………… 彭华民　刘玉兰 / 3

卓越计划
促进大学生学习倦怠行为改变的社会工作服务 …………… 肖　萍 / 58

革面之旅
对攻击性倾向儿童的社会工作服务 …………………… 闫昭澎 / 95

儿童救助
整合流浪儿童的心理健康与社会工作服务 …… 戴阿根　夏　阳 / 110

青奥我家
低收入家庭子女教育与社会融入暑期夏令营 …………… 任莎莎 / 122

健康有道
大学女生成长小组 …………………… 唐　晓　孙　妍　肖　萍 / 143

新生女性
打工姐妹情感支持小组 ………………………… 全桂荣　聂春艳 / 160

舒心家庭
单亲家庭社工服务 ………………………… 李　立　杜婧芸 / 172

阿强康复
戒毒个案社会工作案例 …………… 刘　柳　潘雅莉　黄静雯 / 184

释放压力
化解问题的沙盘游戏服务 ………………… 马　桦　罗玉兰 / 199

下篇　宏观社会工作实务

阳光伙伴
流动儿童成长助力社会工作服务 ………………… 刘玉兰 / 213

温馨家园
城市社区低龄老人服务 …………………………… 赵东曙 / 231

社区融入
社会工作视角下外来人口的社区服务 …………… 梁　莹 / 241

探访快车
流动人口教育扶贫的社区服务 …………… 李　真　王瑞海 / 259

营造社区
开拓公益教育助力保障房社区治理 … 李晓霞　肖　会　邵亚琴 / 270

鼎星创业
支持型社会组织发展模式 …………… 朱　力　凌　颖　姜　山 / 280

后记　南京大学社会工作学科发展大事记 ………………… / 303

上篇　微观社会工作实务

抗逆小童星

提升流动儿童抗逆力社会工作服务[*]

彭华民　刘玉兰[**]

一　抗逆小童星项目社会背景：流动儿童问题

20世纪90年代，随着我国经济的发展，农民工家庭迁移成为人口流动的新趋势，大批儿童也随其父母进入城市，成为流动儿童。本文的流动儿童是指随务工父母到户籍所在地以外生活学习半年以上的儿童。按照联合国《儿童权利公约》的年龄界定，18岁以下的人称为儿童。据我国相关政策规定，0~14岁为儿童，18岁以下为未成年人。2012年中国人口计划生育委员会发布的《中国流动人口发展报告2012》指出，我国流动人口数量达到了有史以来最高，流动人口数量、方向、结构和权益要求已经发生翻天覆地的变化。国家统计局公布的2010年第六次全国人口普查数据显示，0~17岁城乡流动儿童为3581万人，在2005年的基础上增加了41.37%，且有继续增长的趋势。这些流动儿童中户口性质为农业户口的占80.35%，据此全国有农村流动儿童达2877万人。各年龄段城乡流动儿童的数量都在快速增加，大龄流动儿童增速最快。流动儿童在各年龄组分布比较均匀。学

---

[*] 本项目于2012年获得民政部颁发的首届全国优秀专业社会工作服务项目一等奖。感谢建邺区民政局和外来工子弟学校，感谢本项目助理高丽茹以及孙维颖和2010级MSW研究生的同学们。

[**] 彭华民，南京大学社会学院社会工作与政策系教授；刘玉兰，常州大学社会工作系副教授。

龄前流动儿童（0~5岁）达到981万人，占流动儿童总数的27.39%，小学（6~11岁）和初中阶段（12~14岁）学龄儿童在流动儿童中所占比例分别为27.90%和13.21%，分别为999万人和473万人。此外，大龄流动儿童（15~17岁）占流动儿童的比例为31.50%，达1128万人。多数流动儿童属于长期流动，平均流动时间为3.74年。

流动儿童的成长发展问题受到全社会的广泛关注。中国长期的城乡二元体制分割，导致流动儿童成长环境不同程度地遭受破坏，因而他们在个性发展、学业成长、人际交往等方面都要落后于城市儿童。当他们面对诸如环境变化、疏于照顾、融入困难、交往障碍等问题时，若不对其加以帮助引导，他们更容易出现逃避、退缩、行为偏差等不良的社会行为方式。因此，以社会工作介入为路径探讨培养流动儿童的抗逆力方式，减少流动儿童成长中的风险因素，增加成长中的保护因素；激发他们的内在潜能，提升他们的乐观感、归属感和效能感，增强流动儿童的抗逆力，促进他们在流入地社区里健康成长。

流动给儿童的成长和发展带来了新的风险和问题。学术界针对这一现象，展开了研究。学者们除了翔实地描述了流动儿童的生存状况和困境外，还深入地探讨了流动儿童在教育、住房、卫生健康、社会融合等方面的问题。然而这些数量庞大的研究，主要是"问题取向"（deficit-orientation），即将流动儿童本身视为一种"社会问题"，无论是研究者、实践者还是社会政策制定者大都将注意力放在流动儿童面临的问题上。"问题取向"视角影响下的流动儿童研究大都聚焦于儿童及其家庭的劣势，与此相对应的干预实践和社会政策的焦点也在于如何帮助流动儿童解决他们的问题，解决其需要满足不足的问题。无论采取何种模式（社会服务、社会捐助或者政府帮扶），"问题取向"下的社会政策和行动实践的基本原则都是期望透过他者的救助和服务来实现流动儿童生活和学习环境的改善，从而实现流动儿童公平待遇、社会融合和个人发展。这种社会政策和行动干预一般是补缺型和补救型的，分散化和孤立化的，缺乏儿童的主体性和主动性。因此，如何帮助流动儿童在城市中更好地生活和发展，仍然是社会极为关注的重大问题。

二 抗逆小童星项目的理论支持与价值意义

（一）抗逆力理论与服务取向的概念操作化

抗逆力（Resilience）最开始作为一个物理学术语，其原意是指物体受到外力之后发生变形，若外力消失，物体能够恢复原来的形状。西方学者将抗逆力这一术语从物理学中借鉴过来，广泛应用于其他学科，但主要还是运用于有心理问题的特殊人群的身心恢复和自信心的增强。抗逆力是人们在面对生活中的困难时，能够理性地做出正确的选择和介入策略的能力。抗逆力是每一个人都具有的特质和能力，能使人们在困境时做出正确决策；抗逆力又是一种适应能力，使人们即使面对不幸也能够克服困难并且成长。抗逆力理论后来与社会工作优势视角理论结合，成为社会工作优势视角基本信念的重要部分，侧重对案主的内在保护因素的挖掘。采用抗逆力理论开展服务的基本理念是：通过社工介入，个人和家庭面临困难或意外风险时，能够或者很快地做出有效策略应对危机的建设性能力。

社会科学界对抗逆力的研究源起于20世纪50年代，奥赛（Anthony）、沃纳（Werner）、如特（Rutter）、帕特森（Patterson）等一批北美心理学家通过对一些父母精神异常家庭的儿童和青少年的研究提出和拓展了抗逆力理论。该理论不像问题视角那样认为儿童成长问题会成为不可逾越的障碍或者精神问题，而认为儿童可以发展出解决问题的有效策略和对问题环境的良好适应能力。除了儿童之外，生活在高危环境中的成人抵御逆境、缓解压力、应对问题的能力也被称为抗逆力。到了20世纪70年代前后，积极心理学走进公众视野，学界开始从问题视角转向优势视角，从矫正和治疗的实践取向转向对优势资源的关注。现在，社会工作开始从理论与实务结合的层面来推进抗逆力服务。特别是在儿童、青少年社会工作和学校社会工作领域，社会工作者也从关注案主的问题转向挖掘案主的资源和生命潜能。

抗逆力是一种能力，是人们面对不幸，可以克服困难、做出有建设性的个人抉择的能力。生活中并不是所有人都注意到自己的抗逆力，但是每个人都有一些抗逆力特质，并且可以发展出更多的抗逆力。抗逆力是每个儿童和青少年与生俱来的等待被激发的特质。抗逆力的形成原因是多方面的，抗逆力是在先天遗传的基础上可以通过后天的培养去挖掘和提高的能力。那么这种特质是如何通过外部环境因素和个体内部因素的相互作用，发展出抗逆力并作用于儿童和青少年成长过程的呢？抗逆力模型认为，人们在面对困难时，为了继续维持原本的身心平衡，会调动保护因素来抗衡风险因素，但这种抗衡也可能失败，没有效果。个体可能贪图一时的心理安逸不做任何改变，也可能积极应对挫折，重新达到身心平衡或者提升到高水平的积极状态。因此，保护因素和风险因素是与抗逆力密切相关的一对概念。

目前，国内对于抗逆力的研究主要集中在三个方面：①对抗逆力西方理论的研究和推介；②心理学对抗逆力理论本土化和实践的反思；③基于抗逆力理论的社会工作研究和实践。具有代表性的研究有彭华民、刘玉兰实地研究和服务农民工子弟学校儿童，她们将评估数据进行量化分析，系统地分析了低收入社区流动儿童抗逆力水平及其家庭、社区、学校系统中的风险和保护因素，得出了低收入社区流动儿童抗逆力水平要远低于其他儿童、影响其抗逆力水平的因素较多的结论。田国秀的研究对抗逆力进行了详细阐述，并将运作过程、目标模型等西方理论引入国内研究中。杜立婕的研究中对抗逆力的本土实践进行了思考，将抗逆力理论与我国实际相结合进行了分析框架建构。社会工作实务模式的探讨研究中，彭华民、刘玉兰首先在中国内地将抗逆力理论本土化并通过小组社会工作方法将其运用到对流动儿童的服务中。钟慧宇分析了抗逆力理论运用于香港青少年社会工作实务的过程。

根据文献回顾以及我们对HY社区流动儿童需要的评估，我们将抗逆力概念在本项目中操作化为可以实施服务的指标（见表1）。

表1 服务取向的抗逆力概念操作化

一级变项	二级变项	解释
抗逆力	乐观感	自我价值感、对自我积极认知
	归属感	积极关系建立/维护、对学校/社区/城市的归属感
	效能感	解决问题能力、情绪管理、目标感、控制感、主动性

（二）生态系统与优势视角的整合型社会工作

自 20 世纪 70 年代起，生态系统理论（Ecological Systems Theory）在社会工作领域中得到应用。社会工作领域对系统理论的应用始于全人或全方位理念。生态观点强调全方位（holistic）及人与环境之互动关系（transactional relation），透过人与环境间复杂的交流，考虑个人需要、能力、权利与人生目标的建立，与其所处之社会与物质环境系统兼容（fit），并经由此实现生命过程（life course）的正向改变。社会工作的生态模型强调社会工作实务的干预焦点应将个人置于其生活的场域中，重视人的生活经验、发展时期、生活空间和生态资源分布等关于人与环境的交流活动，并从生活变迁、环境特性与调和度三个层面的互动来引导社会工作的实施。生态系统理论对个体和环境系统双重聚焦的整合视角，挑战了传统社会工作实践中个体心理聚焦的视角。生态系统理论是强调个体和社会系统之间相互依赖、相互联系的知识系统，人和生态系统的互动发展有赖于服务提供者和使用者的参与和分享。该理论认为个体发展的生态系统共分为微观系统（micro-system）、中观系统（meso-system）、外系统（exo-system）和宏观系统（macro-system）。生态系统理论使得"人在环境中"的核心概念得以复苏和强化，为抗逆力社会工作服务中系统－环境/风险－保护因素两维四象限服务框架提供了理论支持，为整合型的、通用的社会工作实践模式奠定了基础。

20 世纪 80 年代以后，社会工作领域中优势视角成为新的范式，其被广泛应用于儿童福利、家庭和老年人服务中。优势视角聚焦于服务对象的资产（asset）或优势，关注社会工作者与服务对象在问题解决过程中的相互协作，而不是社会工作者作为专家的角色来主导干预活动，同时干预任务也转变为协助服务对象发现和增强他们潜在的能力，从而在逆境中成功地获得发展。抗逆力作为优势视角的基本信念之一，自然也成为社会工作实践的主题。

20 世纪 90 年代，社会工作者将生态系统理论和优势视角整合在一起，使其成为社会工作实践的主流理论和实务模式，此时期兴起的抗逆力提升社会工作实务就是生态系统理论和优势视角结合的产物。这一时期的儿童抗逆力研究者开始尝试将研究成果用于高危儿童或青少年的干预和预防计划，如抗逆力在学校教育和精神健康服务中的应用等。抗逆力研究是对教育、儿童和青少年服务、以优势为本的社会工作的真正回馈，它给那些为儿童、青少年和家庭服务的工作者提供了以研究为本的支持：找出能够帮助儿童和青少年的保护因素，即可以在儿童和青少年在面对压力、不利和创伤之时，提供给他们健康发展的发展性支持，提供给他们健康发展的更多机会。

受这一阶段社会工作实践理念的启发，本项目将流动儿童问题置于广阔的社会文化和制度背景下予以审视，将流动儿童抗逆力视为特定环境中各种力量互动的结果（见表2）。优势视角下的流动儿童生态系统有两方面的影响：一方面，流动儿童抗逆力直接受到微观系统中家庭、学校和邻里的影响，宏观系统中的社会文化、社会制度和政治经济状况以及外系统中社会服务组织、基层政府、社工高校也会间接地影响流动儿童；另一方面，流动儿童抗逆力还是各种力量互动的结果，如系统之间的互动或者是系统内部的互动。无论是系统本身还是系统内部或系统之间的互动，均包含影响流动儿童抗逆力水平的保护因素和风险因素（见图1）。

生态系统理论和优势视角结合下的整合型社会工作包括两方面的整合：一是系统整合，充分考虑宏观系统、外系统、中观系统和微观系统对流动儿童的影响以及各组成部分的优势/劣势，从而发现流动儿童及其环境系统的主体性；二是方法整合，从流动儿童及其系统的优势/劣势出发，综合应用个案工作、小组工作、社区工作等专业社会工作方法，而不是专注于外部干预，割裂三大社会工作方法。

表2 基于服务取向的提升抗逆力的环境系统影响因素操作化

一级变项	二级变项	解释
家庭因素	家庭结构和地位	家庭规模、父母受教育程度、家庭经济条件
	家庭仪式	庆祝活动、家庭成员信念、家庭程序（如固定吃饭时间等）
	家庭照顾	父母照顾、父母参与子女活动、父母指导
	家庭关系	父母关系、大家庭团结、亲子关系
	家庭事件	个人生活中的压力事件、其他压力事件
	家庭成员健康	父母健康程度、其他亲人的健康程度

续表

一级变项	二级变项	解释
社区因素	社区支持	社区关系网络、和谐的邻里关系
	社区参与	参加社会组织、参与社区活动
	社区资源	是否贫困、可使用或调动的资源
学校因素	学校质量	学校师资、学校设置、学习氛围
	同辈关系	朋友数量、是否有好朋友、支持性的同辈关系
	师生关系	积极的教师影响、教师的爱心

(三) 流动儿童风险-保护两维四象限分析框架

在抗逆力研究和干预过程中，对服务对象及其环境系统风险-保护因素的界定和评估是至关重要的。本项目将流动儿童宏观系统作为其成长和发展的背景，基于个体维度的脆弱性（vulnerability）-抗逆力，系统维度的风险-保护因素两个维度，建立了两个维度四个象限的分析框架（见图1）评估流动儿童个体及其外系统、中观系统、微观系统的优势和劣势。具体结论如下。

1. 个体脆弱性-抗逆力方面

流动儿童在面对风险时具备一定程度的抗逆力，但是有54.3%的流动儿童的抗逆力水平较低，也就是说，超过一半的流动儿童抵抗风险的能力较差，具有明显的脆弱性。具体而言，流动儿童的乐观感明显好于归属感和效能感，低水平乐观感的流动儿童占9.1%，而低水平归属感的流动儿童占26.8%，效能感为34.8%。这说明流动儿童对自我和周围环境有积极的认知能力，明显高于其对环境的归属感，而流动儿童对自我生活的管理能力是最差的。

2. 系统风险-保护因素方面

流动儿童生活系统中保护因素较少，风险因素较多。流动儿童生活系统中无论是风险还是保护因素都主要集中于微观系统，中观系统和外系统的作用不够明显，系统之间的互动和连接也较少，这更恶化了流动儿童的生态系统。流动儿童的直接保护因素包括：连续的家庭照顾、父母稳定的婚姻关系、较好的亲子关系、较高的成长期待；直接的风险因素包括：父母较低的文化水平、较差的家庭经济条件、较差的居住/环境条件、简单粗暴的教育方式、父母较少鼓励子女能力发展、父母较少参与子女成长等；潜在的组织保护因素有：良好的同辈关系、良好的社区/邻里关系、积极参与学校/社区活动、非政府组织的支持；潜在的风险因素有：较低的学业成就、缺乏社会支持、缺乏学校/社区活动参与等（见图1）。

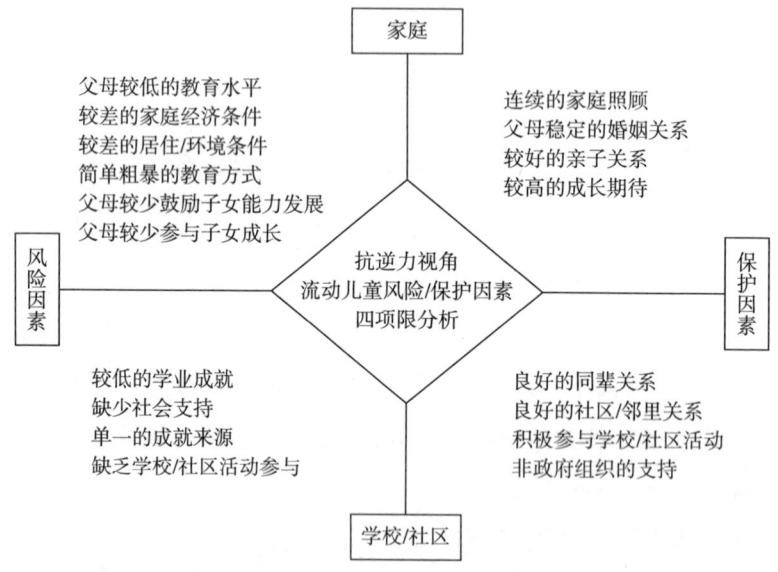

图1 抗逆力视角下流动儿童风险与保护因素两维四项限分析

三 项目前期：流动儿童需要前期评估和社区资源分析

（一）抗逆小童星项目进入 HY 社区

抗逆小童星是南京大学社会工作硕士（MSW）教育中心开展的提升儿童抗逆力社会工作服务项目。通过对南京市建邺区民政局社会工作项目的竞争性投标，我们获得了南京市建邺区民政局的政策和资金支持。在民政局的支持下，我们进入多个社区开展前期走访，最后确定在 HY 社区外来工子弟小学开展第一期增强儿童抗逆力的社会工作服务。我们的服务对象为外来工子弟小学内的流动儿童,服务时间为 2010 年 10 月至 2011 年 10 月。此后于 2012 年、2013 年分别得到江苏省妇联、南京市公益创投基金的支持,以 YN 社区内流动儿童和 ZZL 社区困境儿童为服务对象,开展了第二期和第三期服务活动。

项目主持人彭华民教授从事儿童抗逆力研究多年。她带领三个大学的社会工作教师在国家人口计生委的支持下,和美国北卡罗来纳大学社会工作学院开展"做出选择"(making choice)儿童社会工作实务项目多年(2006~2011 年),积累了开展本项目所需要的社会工作理论和实务经验。参加项目服务的工作员由社会工作方向的博士生和硕士生、MSW 同学组成,高年级社会工作专业本科同学参加了二期和三期的服务活动。通过多次培训以及督导,他们掌握了抗逆力小童星服务的技能。流动儿童学校老师和社区工作人员也参加了部分服务活动。本案例主要针对第一期服务活动进行分析。

(二) 流动儿童需要和社区资源评估方法

需要(need)不仅是心理学的范畴,也是社会科学诸多学科如哲学、经济学、政治学、社会学、社会工作和社会福利的重要概念。社会服务视角下的需要含义可以表述为:人类为了生存、福祉和自我实现的生理、心理、经济、文化和社会要求。从某种意义上说,需要可以看成人类一切活动的出发点和归宿。需要是人脑对生理和社会需求的反应,是个体对内部环境和外部生活条件的稳定要求。当个人、家庭或者群体因受到环境及其他因素的限制,在面对一些社会、经济或健康方面的问题时,未能发挥他们的内在潜能,他们就会表现出某种需要。而社会工作的目标,正是要透过不同的服务及程序,发掘社区的资源,协助受助对象消除心理上或环境上的障碍,发挥他们的潜能,从而满足他们的需要。

我们通过对流动儿童相关研究文献的回顾,通过对抗逆力理论、系统理论和相关理论的回顾,建立了服务取向的分析框架。通过对南京市建邺区多个社区的走访以及对 HY 外来工子弟小学的前期调研,将外来工子弟小学内五年级流动儿童作为抗逆小童星社会工作实务项目的服务对象。我们通过进一步的需要评估,全面了解其需要,从而为更好地设计社会工作服务方案打下了基础。流动儿童需要评估包括两个部分:一是了解社区的资源分布情况；二是明确服务的目标对象的需要。我们为了更好地了解 HY 外来工子弟小学儿童的需要和社区资源，主要采取了社区观察、个案访谈、座谈会和问卷调查四种方式进行前期评估。

1. 社区观察

社区观察是为了更好地了解流动儿童所生活的环境和系统。社会工作在服务的过程中特别关注人所生活的环境，认为要提升服务对象的能力，就必须从改变其生活系统开始。同时，社区观察能够有效认识到服务对象所生活的系统有哪些优势资源，这有利于服务项目的开展。抗逆小童星社会工作实务项目组在活动前期进行了五次社区观察，以此全面了解 HY 社区和 HY 外来工子弟小学的物理环境，以及流动儿童保护政策实施的情况。

2. 个案访谈

个案访谈主要以半结构式访谈为主，以此进一步了解社区情况和服务对象的需要。抗逆小童星项目访谈的对象主要包括社区工作人员、学校工作人员、流动儿童、社区居民四类。抗逆小童星项目组工作员共访谈了 4 位社区工作人员、7 位学校工作人员、8 位流动儿童和 4 位社区居民。

3. 座谈会

座谈会主要以半结构式小组访谈为主。通过访谈，工作员收集到了更全面和多样化的资料。抗逆小童星社会工作实务项目通过与建邺区民政局工作人员、HY 社区工作人员和外来工子弟小学教师的座谈，较好地了解了社区、学校以及儿童的基本情况。项目组共举行了三场座谈会，分别是政府工作人员组，学校、社区工作人员组和流动儿童组。

4. 问卷调查

项目组采用对 HY 外来工子弟小学学生全覆盖进行问卷调查的方式了解相关情况，共发放调查问卷 600 份，有效问卷回收率为 94.7%。调查对象基本情况是：男生占 58.2%，女生占 41.8%；有 61.1% 的学生来自安徽，有 19.6% 的学生来自江苏；父亲和母亲受教育程度在高中及以上的分别为 16.0%、9.2%，父母文化水平较低；通过儿童对家庭经济条件的自评发现，学生家庭经济条件普遍较差，家庭经济条件比较好或者好的学生仅占 15.5%。

抗逆小童星社会工作实务项目组通过前期评估，选取五年级同学中的 100 名流动儿童参加提升抗逆力活动。他们被分为十个小组，每组由 2~3

个工作员带领。服务对象的基本情况为：男生占 64.0%，女生占 36.0%；平均年龄为 12 岁；农业户口占 84.2%，非农户口占 15.8%；父母文化水平较低，在高中及以上的分别为 19.1% 和 8.5%；学生家庭经济条件较差，家庭经济条件比较好或者好的仅占 16.1%；流动儿童父母职业等级相对较低，大多数都是非正式就业，职业类型主要是卖菜、清洁工、卸货工等。

（三）外来工子弟学校流动儿童的多元需要

通过社区观察、个案访谈、座谈会和问卷调查等方法收集资料并进行分析，抗逆小童星社会工作实务项目组发现，HY 外来工子弟小学的儿童有以下六个方面的需要。

1. 环境安全的需要

流动儿童从农村进入城市，对城市陌生的环境和不同的行动规则，往往缺乏必要的保护性措施和安全意识。调查发现，HY 外来工子弟小学的儿童在上学和放学途中存在一定的安全风险，与城市孩子相比，他们往往独自或者与小伙伴结伴而行，同时缺乏相应的通信工具和家人、老师保持联系，对可求助的公共资源也不清楚（如不知道 110、120 电话功能），家长对其何时回家也缺乏管理。基于此，抗逆小童星社会工作实务项目组认为流动儿童有安全的需要。

2. 目标建立的需要

由于流动儿童家庭往往对其未来缺乏规划，流动儿童对未来也缺少规划，对未来缺乏合适的期望，目标感较缺乏。在调查中很多流动儿童对自己小学六年级毕业之后究竟在哪里读书、应该怎么努力，表示不清楚。

3. 能力提升的需要

流动儿童的学习普遍依靠自己和学校的教育，由于外来工子弟学校教学资源相对比较缺乏，所以这进一步影响了儿童的学习能力。在调查中，一些流动儿童表示，对学习不感兴趣，其学习成绩也不理想。

4. 关系建立的需要

流动儿童的父母普遍工作比较繁忙，缺乏合适的亲子沟通技巧，所以亲子关系往往比较紧张，流动儿童和父母之间的交流比较少。调查发现，流动儿童男女同学之间的关系建立得不是很好，特别是男生对于如何正确建立同辈关系面临一定的问题。HY外来工子弟小学的流动儿童具有亲子关系和同辈关系建立的需要。

5. 社区归属的需要

抗逆小童星社会工作实务项目组在对流动儿童的访谈中获知，流动儿童的业余活动普遍比较少，很多儿童表示回家一般做作业，除此之外就是看电视（部分人上网玩游戏），他们没有任何属于青少年的活动或者社会参与的机会，对城市的了解也比较少，缺乏归属感。

6. 情绪管理的需要

情绪管理主要包括情绪的认知和合适的自我表达。调查发现，流动儿童在情绪的认知和表达上存在一定的问题，特别表现在一些男生往往以暴力的形式对待其他同学，还有一些学生对父母的暴力行为不知如何表达自己的感受。

（四）流动儿童集中居住的HY社区的资源分析

抗逆小童星社会工作实务项目组从2010年12月至2011年3月，通过前期社区观察、座谈会、个案访谈和问卷调查，较全面地了解了HY社区和HY外来工子弟小学的情况。

抗逆小童星服务活动的实施地点HY社区，现有居民4015户，10562人，该社区是失地农民安置社区，居民整体收入水平偏低。HY社区内有一所外来工子弟小学（我们称为HY外来工子弟小学），兴办于1999年，校舍在HY社区居委会楼上，共两层楼，整个学校没有操场、图书室等基础设施，只有一间活动室，供学生课间休息使用。该校共有学生600名，教师11人。由于南京市2005年逐步实施将流动儿童纳入公办教育学校的政策，该校规模不断缩小。对于在这一学校就读的流动儿童而言，他们面临的困境更突出，因此，我们选取该校作为抗逆小童星项目的实施地。

HY社区的资源情况如下。

1. 社区硬件资源

抗逆小童星社会工作实务项目组有可利用的活动场所。HY外来工子弟小学位于HY社区居委会的楼上，因此，一方面，我们可以利用社区的青少年活动室；另一方面，其本身有一个可以容纳100多人的活动室，而且教室也比较多。项目组有可利用的活动资源。HY 社区新建了一个青少年图书室，里面藏书有 400 册左右，这对于缺少课外读物的流动儿童而言，也是可以充分利用的资源。

2. 社区软件资源

项目组得到 HY 社区负责人的支持。HY 社区每年的活动中，专门针对外来工子弟小学的儿童的活动比较少，所以，社区负责人认为能够有专门的活动来帮助这些儿童，对社区的管理也是有很大帮助。抗逆小童星社会工作实务项目组得到了 HY 外来工子弟小学负责人的支持。HY 外来工子弟小学的校长对通过社会力量来协助流动儿童的服务很理解，也很支持，因为外来的服务可以有效地弥补学校教学和管理资源的不足。

抗逆小童星社会工作实务项目组通过前期的基线调查，为社会工作介入的顺利展开建立了初步的基础，一方面，硬件设施为服务的展开提供了物质可能；另一方面，社区权威人物的认可，为项目服务的开展打下了关系基础。

四 项目中期：抗逆小童星项目的服务设计与介入行动

（一）服务策略：危险聚焦/资产聚焦/过程聚焦

父母从农村到城市的流动给儿童成长带来了一系列的风险因素和压力事件。如果儿童面临的风险较大，而保护因素又不能很好地消除风险因素的影响，则儿童有可能出现情绪失调、行为失范、反社会行为等问题；相反，如果儿童拥有的保护因素能够有效地消除风险因素的负面影响，则儿童即使是在逆境下，同样能够获得良好的适应结果。流动儿童抗逆力提升项目的主要目标就是：增加、增强儿童个体和系统的保护因素，提升儿童抗逆力；减少或消除儿童个体和系统的风险因素，减少儿童成长中的脆弱性。

抗逆力为本的儿童社会工作干预实践，为儿童健康成长提供了一个干预的替代性框架。抗逆力提升的社会工作干预策略有三种：风险聚焦策略（risk-focused strategies）、资产聚焦策略（asset-focused strategies）、过程聚焦策略（process-focused strategies）。本项目综合应用了这三种策略来开展社会工作干预，聚焦到儿童生活系统中的风险和劣势，发现和聚焦到儿童的优势，聚焦到儿童风险和成长过程，通过提升儿童抗逆力，最大化儿童良性发展的可能性（见图2）。

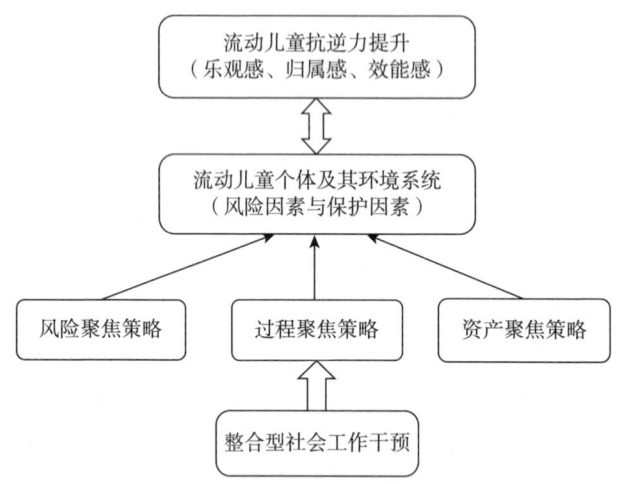

图2 提升流动儿童抗逆力的社会工作介入策略

1. 风险聚焦策略

风险聚焦策略，聚焦到减少或预防风险及其影响，主要涉及微观系统的干预。这是指减少儿童暴露在风险中的经验，就流动儿童而言，主要是减少流动儿童家庭风险因素（亲子关系连接不够、父母投入子女成长的时间和精力较少等）、流动儿童学校和社区风险因素（较低的学业成就、单一的成就来源、社会支持缺乏等）。本项目采取的干预方法有：针对家庭风险因素，采取的方法有推动儿童亲密关系的建立、增加父母投入子女生活的机会，如通过布置家庭作业的形式，让子女和父母共同完成；在项目开始和结束时举办庆典活动，邀请家长参加，共同见证子女的成长；针对学校和社区风险因素，采取的办法是增加儿童的学业成就，扩大其成就来源，如让儿童加入英语课外学习班、增加儿童上台表演的机会、扩大其资源网络。

2. 资产聚焦策略

资产聚焦策略，是指增加儿童能力发展所需要的资源的数量、质量和使用权利，发挥其资产的作用，从而有效地对抗风险因素，主要涉及微观系统、中观系统、外系统和系统互动的干预。首先，增加流动儿童资源的数量，如推动社区建立儿童图书馆、积极和其他社会服务组织和社会工作高校合作，增加儿童和其他社会资源链接的机会；其次，提高儿童现有资源的质量，如教授儿童关系建立技巧，提升同辈关系、师生关系、亲子关系的亲密度等；最后，增大儿童资源使用权利，如增加参加社会服务组织服务的儿童的数量、给教师提供更多的培训和资源从而使其更有效地管理教学过程。

3. 过程聚焦策略

过程聚焦策略，是指动员流动儿童，发展他们的基本保护体系，如培养正面的依恋关系、激活儿童动力系统、提升自我管理技能等，干预对象是儿童本身。过程聚集策略包括提供儿童体验成功经验的机会，如编排剧目让儿童公开表演，使其体验成就感；提升儿童的自我管理技能，如传授儿童制定目标的方法和解决问题的能力；建立情绪认知和管理能力，如协助儿童认识情绪，并习得合适的行为表达方式；提升识别和利用资源的能力，如协助儿童认识自身和环境的优势和资源，并习得利用的方式和情境等。

（二）服务实施：整合方法中的小组工作介入行动

抗逆小童星作为专业社会工作服务项目，服务过程严格按照社会工作实务的通用过程模式进行，即接案—预估—计划—介入—评估—结案—跟进。其中预估、计划、介入、评估在活动开展过程中占了重要地位。根据服务开展过程，抗逆小童星项目的各个实施阶段都蕴含了发现问题、评估需要、目的和目标、服务方案、执行计划、活动评估这一逻辑思路。基于前面的需要评估，抗逆小童星社会工作实务项目组工作员采取整合性的服务方式，即综合利用多种方式来共同推动流动儿童抗逆力的提升。这些方式不是分割的，而是根据需要交叉开展的。

抗逆小童星项目服务实施中小组社会工作是主要的工作方法之一。小组社会工作方法是通过社会工作者的参与、小组活动及小组成员的互动，使得参与小组的成员获得行为改变、社会功能的恢复与发展并达到小组目标的社会工作方法。抗逆小童星社会工作实务项目组根据流动儿童的特点和需要，设计并实施了八次内容丰富的小组活动（见表3）。我们在抗逆力小童星服务中的经验是：八次小组活动都可以根据流动儿童的实际情况进行调整；每一个单元的活动内容也可以进行调整，以适应流动儿童的需要。小组社会工作的开展有多种方式，抗逆小童星社会工作实务项目组主要采用的形式有：工作员讲授、小组组员发言分享、角色扮演、家庭作业、小组讨论、唱歌等，这些多样化的形式符合流动儿童的发展阶段，从而使得流动儿童对活动的投入积极性很高。项目后期评估结果显示，随着活动的逐步展开，流动儿童的抗逆力也得到逐步提升。

表3 抗逆小童星小组活动
（实施时可根据具体对象需要进行微调）

小组活动	小组活动目标	主要活动内容
我是小童星	了解活动内容和目标；建立关系；培养团队合作	1. 捉虫虫 2. 规则制定 3. 制定目标
情绪连连看	学会识别正面和负面情绪；判断自己的情绪；正确认识自己	1. 情绪连连看 2. 小乌龟的故事
情绪的秘籍	学习人际交往方式；学习处理生气等情绪的方式	1. 情绪秘籍 2. 喜怒哀乐 3. 夺宝奇兵
小乌龟的一天	解决问题的技巧和步骤；情绪的认知和管理；寻找快乐、提升自信	1. 放松训练 2. 小乌龟的一天 3. "智者的武器"
目标进行时	认识生活目标的重要性；学习如何设定目标	1. 同舟共济 2. 千千结 3. 制胜法宝 4. 排排站
沟通大作战	习得人际沟通技巧；检讨已有沟通模式；学习如何建立良好关系	1. "棒棒棒"鼓励活动 2. 我的一天旅途 3. 我的角色扮演
资源大搜索	重新认识自我；认识环境资源；学习如何利用公共资源	1. 资源大搜索 2. 温暖大家心 3. 我的资源树
我们的梦想	巩固活动成果；发现优点；增强信心；规划未来	1. 回顾成长秘籍 2. 优点大轰炸 3. 我们的梦想 4. 告别仪式

注：每一次小组活动都有前期、中期和后期的活动计划以及分析（见附录1）。

（三）服务实施：整合方法中的社区与个案介入行动

抗逆小童星项目社区大型活动。社区活动也是社会工作方法之一，它通过动员社区资源，以促进服务对象与社区之间的整合，从而加强社区的凝聚力，增强服务对象的个人权能。项目组认为流动儿童抗逆力的持续提升，需要流动儿童所处系统环境的改善和协助。基于此，项目组策划了两次大型的社区活动：抗逆小童星社会工作实务项目启动典礼和结束典礼。这两次活动邀请流动儿童家长和社区居民参加，以促进其对流动儿童的了解和对项目实务活动的支持，从而推动亲子关系、社区居民和儿童关系的建立。在两次大型社区活动中，为了增加流动儿童对活动参与的自主性，抗逆小童星社会工作实务项目组编排了《小乌龟的一天》话剧，全部演员都是流动儿童，道具也由流动儿童负责；编排并集体演出了抗逆小童星主题歌"团结抗逆冲、冲、冲"；设计并发给每个参加活动的儿童印有抗逆小童星LOGO的T恤衫。这一方面可以提供机会让流动儿童展示自己，增强其自信心，另一方面也有利于流动儿童建立社会支持网络，增加项目的可持续性和有效性。

抗逆小童星项目个案社会工作。个案社会工作也是社会工作的基本方法之一。它以个人或家庭为服务对象，通过专业关系的建立和发展，针对个人的特殊情况和需要，了解个人内在的心理特性和问题，以激发个人潜能，增强和发展个人或家庭的社会适应能力。抗逆小童星社会工作实务项目对在前期评估、过程评估、小组活动和社区大型互动中表现出独特需要的流动儿童，特别是活动中的破坏者、垄断者和沉默者，在活动后专门采取个案辅导的方式跟进。我们在抗逆小童星项目的服务活动中，开展了个案服务，持续跟进有需要的个案，提供更进一步的服务。

（四）服务实施：介入行动中的专业督导

对抗逆小童星服务的社会工作督导不仅使服务更加专业，也能使社会工作实务过程中的问题和偏差得到及时回应和纠正，还能够使实务和理论相结合，培养工作者的专业伦理，圆满地满足服务对象的需要。

社会工作督导是社会工作间接服务方法的一种，主要有支持、管理和教育的功能，在抗逆小童星服务中占重要地位。项目组内由负责老师和有实务经验的博士生担任项目督导，项目组外由资助方——南京市建邺区民政局安排社区工作者和其他大学老师担任项目组外督导，由有经验的督导者对一线工作员进行定期和持续的督导，传授专业的方法和技巧，确保社会工作服务质量。

抗逆小童星社会工作服务项目运用的督导方式有针对专业基础不扎实工作者的个别督导、定期持续的团体督导、每次活动之后的同事督导、老师—社工学生—非社工学生的服务学习督导等。近些年来兴起了一种新的社会工作督导模式——服务学习——也用在了项目服务开展过程中。其基本理念是社工带动义工共同服务社会。服务学习的基本模式是课程教师（社工专业老师）+种子同学（社工专业高年级学生）+社会福利机构督导（社会工作者和社区管理者）。这样的多级督导制度，不仅提升了服务质量，也能够充分发挥工作员（社会工作学生）的潜能。

五 项目后期：抗逆小童星服务评估及效果

评估的作用在于确定活动是否达到目标，并找出日后改进的方面。评估工作对社会工作实务的帮助很大。通过对参加者的分析、目标达成度评估和参加者满意度评估，社会工作者可以了解到实务活动是否达到原定目标、参加者对活动的意见等。抗逆小童星项目采取过程评估和目标达成度评估两种形式，其中过程评估是指评估者着重搜集阶段性资料，对活动开展的每一步骤都进行评估，从而改善服务的提供。抗逆小童星项目制定了8套小组活动效果评估问卷，即对每一次小组活动的开展都实施评估，以了解儿童接受服务的情况，为下一步的服务方案改善提供资料；目标达成度评估主要是对活动目标是否达成做最终的评估，抗逆小童星项目设计了流动儿童抗逆力前测问卷和后测问卷，通过测量流动儿童在活动前后抗逆力的情况，来衡量实务活动在促进流动儿童抗逆力提升过程中所发挥的作用。

（一）抗逆小童星服务过程和目标的评估方法

过程评估方法即是每一次活动之后，评估参加者对安排的满意程度。

我们采用了两种方法：一种是观察法，即通过观察小组组员在活动中的投入度来了解活动的合适性；另一种是问卷调查法，根据每次活动的形式和活动的内容，编制相应的问卷，此次活动中共编制 8 份小组活动过程评估问卷。问卷的内容包括以下几个部分。①你认为活动中采取的每一种形式（小组讨论、工作员讲授、课堂练习、角色扮演、家庭作业）对你的帮助有多大。②对工作员的评价包括：工作员是否给了我很大的鼓励、工作员是否协助我做出改变、工作员是否协助我处理自己的问题、工作员是否让我有机会说出我的困难、工作员是否协助我学习有关的内容。③你对活动安排的意见：包括评估小组活动节数、每节活动时间、人数等。④你对活动的评价：包括活动满意度、哪些最有帮助、学习到的内容、是否愿意继续参加后期活动等。

目标达成度评估即是评估目标的实现情况。了解活动是否达到预期目标是评估工作的主要任务之一。目标达成度的资料对反省活动设计有很大作用。活动设计者可以就那些没有达成的目标，反省活动设计，做出改进。抗逆小童星项目对于活动的开展是否有效提升了流动儿童抗逆力也做了目标达成度的评估，主要包括两部分：活动前的前测和活动结束后的后测。通过前测问卷和后测问卷来评估流动儿童抗逆力提升的程度。问卷编制的主要内容有：①流动儿童基本情况，如性别、年龄等；②流动儿童抗逆力水平即乐观感、效能感、归属感；等等。

（二）抗逆小童星服务效果评估结果分析

抗逆小童星社会工作实务项目组从服务对象（流动儿童）参与度、目标达成度、对社会工作者和活动的满意度、对活动形式的满意度四个方面分别进行了评估，结果如下。

1. 服务对象（流动儿童）参与度

整个项目过程中，每次活动组员都是准时参加活动的，服务对象（流动儿童）参与度为 100%。如果从投入度来看，仅有一个小组的四名组员在某些小组活动中的投入有些消极。服务对象整体投入度达到 96%。

2. 目标达成度

流动儿童认为活动使他们习得了增强抗逆力的技巧，对其未来的成长和发展有很大帮助。具体来看，每一目标中比较同意和十分同意的比例分别是：

有 76.0% 的儿童认为其习得了相应的沟通技巧,有 76.9% 的儿童表示知道能够在哪里寻找资源,有 79.6% 的儿童对情绪的了解更加清楚,有 78.9% 的儿童知道了处理生气的方法,有 66.3% 的儿童能够认识到自己的优点,有 75.8% 的儿童能更加积极地看待自己,有 79.4% 的儿童能够澄清自己的梦想。

表 4 抗逆小童星项目目标达成度评估（N=98）

单位：%

分目标	十分不同意	比较不同意	一般	比较同意	十分同意
我了解了相应的沟通技巧	5.2	3.1	15.6	25.0	51.0
我知道能够在哪里寻找资源	4.2	2.1	16.8	25.3	51.6
我对情绪的了解更加清楚	1.0	2.0	17.3	19.4	60.2
我知道了处理生气的方法	2.2	4.4	14.4	23.3	55.6
我知道了如何设定目标	-	2.1	23.7	21.6	52.6
通过活动,我认识到自己的优点	2.1	5.3	26.3	22.1	44.2
通过活动,我更加积极看待自己	3.3	1.1	19.8	20.9	54.9
我现在有自己的梦想了	2.2	1.0	17.5	9.8	69.6

3. 对社会工作者和活动的满意度

服务对象（流动儿童）对活动的满意度高达 81.0%,对社会工作者的满意度也达到 78.4%。具体而言,有 84.5% 的儿童认为工作员给了他/她很大的鼓励,有 77.3% 的儿童认为工作员协助其做出改变,有 81.3% 的儿童认为工作员协助其处理自己的问题,有 82.6% 的儿童认为工作员让其有机会说出自己的困难,有 80.0% 的儿童认为工作员对其帮助很大。

表 5 抗逆小童星项目工作员满意度评估（N=98）

单位：%

分目标	十分不满意	比较不满意	一般	比较满意	十分满意
你对工作人员的评价	6.2	3.1	12.4	9.3	69.1
工作员给了我很大的鼓励	1.0	2.1	12.4	27.8	56.7
工作员协助我做出改变	3.1	3.1	16.5	19.6	57.7
工作员协助我处理自己的问题	2.1	4.2	12.5	21.9	59.4
工作员让我有机会说出我的困难	1.0	3.1	13.3	17.3	65.3
工作员对我的帮助很大	4.2	-	15.8	21.1	58.9
你对抗逆小童星活动评价	7.4	1.1	10.5	12.6	68.4

4. 对活动形式的满意度

服务对象（流动儿童）对工作员讲授、个人发言分享、角色扮演、小组讨论和家庭作业这五种小组活动中采用的形式都比较满意。具体而言，有82.6%的儿童认为工作员讲授对其帮助很大，有73.2%的儿童认为个人发言分享的形式对其帮助很大，有78.5%的儿童认为角色扮演的形式对其帮助很大，有77.5%的儿童认为小组讨论的形式对其帮助很大，有72.5%的儿童认为家庭作业这种形式对其帮助很大。

表6 抗逆小童星项目活动形式满意度评估（N=98）

单位：%

活动形式	很少帮助	一点帮助	一般	比较大帮助	很大帮助
工作员讲授	-	3.1	14.3	17.3	65.3
个人发言分享	1.0	4.1	21.6	20.6	52.6
角色扮演	1.0	6.1	14.3	26.5	52.0
小组讨论	2.0	5.1	15.3	22.4	55.1
家庭作业	6.1	2.0	19.4	19.4	53.1

抗逆小童星社会工作实务项目组通过为期一年多的持续服务，共设计项目方案1份，具体活动方案14份，共开展了四种类型的前期调查评估，10个小组共 $8 \times 10 = 80$ 次小组活动，2次大型活动，适时的个案服务，4次大型宣传活动以及后期持续的回访跟进服务，服务前后的 $2 \times 14 = 28$ 次小组督导以及多次现场督导，小组督导记录28份，回收小组过程评估问卷 $8 \times 98 = 784$ 份，回收前后整体评估问卷 $568 + 98 = 666$ 份。从评估结果分析来看，项目预期目标得到实现。①有效地协助HY外来工子弟小学的儿童认识自我和社区资源，提升了其安全意识和利用资源的能力，使得他们能够有效地运用身边的资源去应对各种困难，提升问题解决技能。②有效地协助流动儿童提升社交技巧，能与家长、同辈、教师建立正面的社交关系，懂得与人相处和沟通的技巧。③有效地协助流动儿童认识自我的情绪，懂得合适的情绪表达，能有效地控制不恰当的情绪表达，习得相应的情绪表达技巧。④有效地协助流动儿童认识目标制定的相应规则，从而提升其目标感，进一步促进其学习能力的提升。

六　项目反思：服务可持续性和社会工作重构

（一）抗逆小童星项目的可持续性

抗逆小童星项目具有很强的可持续性，这主要与项目服务意义、活动形式、社会工作者、活动模式等因素有关。

项目服务的意义在于，我们协助流动儿童提升了抗逆力，建立了流动儿童抗逆力持续提升的环境系统。本项目立足于流动儿童所生活的环境系统和资源优势，为流动儿童构建一个良好的可以提升其抗逆力的环境，这包括四个方面：提升外来工子弟学校的抗逆文化；加强社区管理，促进流动儿童和城市社区的融合；推动流动儿童家庭抗逆力文化；强调从流动儿童和社区的优势出发，有效提升流动儿童的抗逆力。这种"学校－社区－家庭"加上"儿童优势资源"的服务模式，可以保证在社会工作者结束活动之后，仍然有利于儿童能力的提升，这是项目可持续性的关键。

项目活动形式具有合适性，可以有效地使流动儿童内化活动的理念和内容。本项目采用符合儿童年龄和发展阶段的多种活动形式，如工作员讲授、个人发言分享、角色扮演、小组讨论和家庭作业等形式，从而有利于提高儿童对活动的投入度，这对项目目标的实现是比较有利的。同时，合适的活动形式可以保证活动结束之后，流动儿童仍然能够清楚记得相关的知识要点，以保证在现实生活中推广应用。

项目工作员具有专业性，能最大化地提升活动的服务质量，保证服务效果，这对项目本身的可持续性有积极的促进作用。本项目所有的工作人员均是社会工作专业的博士和硕士研究生，这保证了服务的专业性，而这种专业性使得项目中小组社会工作、个案社会工作和社区社会工作相结合的整合型的服务模式，可以最大化地发挥作用，同时能够保证项目结束后的服务跟进，从而提升流动儿童的抗逆力，保证服务的可持续性。督导团队的专业性。本项目由高校专业的社会工作教师作为督导，可以给予工作员专业的服务技巧、服务理念和情绪支持，从而有效保证服务质量。

本项目建立了多方合作模式。本项目是建邺区民政局、南京大学社会学院 MSW 教育中心、HY 外来工子弟小学、HY 社区共同合作的实务项目，这种高校和政府合作模式可以有效提升资源的整合能力，同时无论哪一方由于某种原因撤离项目，其他服务主体仍然可以继续保持对流动儿童抗逆力提升的关注和介入，从而有效地提升了项目的可持续性。

（二）抗逆小童星项目的局限性与调整建议

抗逆小童星社会工作实务项目在实施过程中遇到的问题即局限性主要体现在以下两个方面。①活动对象的局限性。本项目实施过程中，由于受到活动周期和经费的限制，仅向 HY 社区中在 HY 外来工子弟小学学习的流动儿童提供了抗逆力提升服务，对 HY 社区中的困境儿童特别是 138 户低保家庭的贫困儿童，并没有做服务的跟进。②活动整合的局限性。由于项目是在流动儿童学校开展的，为了不破坏学校原有的课堂秩序，不推迟学生回家的时间，只能利用学生副课的时间开展活动，这限制了活动开展的时间以及服务跟踪的时间。如何将抗逆力项目和现有学校课程整合，形成一个制度化的服务提供机制，应该是未来流动儿童提升抗逆力服务发展的方向。

基于以上两个方面的问题，我们认为要想提高社会工作实务项目的介入效果，就需要在以下几个方面做进一步的调整。

1. 实务社会工作者的角色定位

针对流动儿童能力提升的社会工作实务项目，社会工作者的角色除了是活动领导者之外，还应该承担起政策倡导者的角色。中国流动儿童现象的产生来自家庭和社会两个方面。一方面，家庭的贫困，使孩子的父母不得不走出农村到城市务工；另一方面，中国长期的城乡二元体制以及社会对农民工不公平的待遇，使广大农民工没有足够的精力关注儿童的成长。基于上面两个原因，社会工作者应该从推动政府的政策完善入手，极力推动流动儿童福利政策的建立与完善，尽力消除一切对他们不公平的对待或者经济上的歧视。

2. 社会工作实务模式的多元整合

目前中国流动儿童社会工作实务模式仍然处于探索阶段，如何发展出适合服务对象需要，学校、社区、政府需要的多元整合实务模式，是当前工作的重点。从抗逆小童星项目的实践中，我们认为应该建立政府、高校社会工作、学校、社区、社会工作机构多元整合的服务模式，只有此方法才能够保证服务的持续性和有效性，单纯依靠某一方均不能达到提升服务对象能力的目的。

七　案例使用说明

（一）教学目的与用途

本案例教学使用说明是以将此案例应用于MSW高级社会工作实务课程、儿童和青少年社会工作等课程中的高风险的儿童和青少年群体的实务干预部分的教学为基础撰写的，如将本案例应用于其他课程，教学安排需要做相应调整，本案例使用说明可做参考。

1. 适用的课程

本案例适用于MSW高级社会工作实务课程、儿童和青少年社会工作课程，也可以将本案例作为学校社会工作、小组社会工作、社区社会工作课程的辅助案例。

2. 适用的对象

本案例适用对象包括高年级社会工作专业本科生、社会工作硕士（MSW）生。

3. 本案例教学目标规划

（1）覆盖知识点

本案例在MSW高级社会工作实务课程、儿童和青少年社会工作课程中应用主要覆盖的知识点有：儿童和青少年成长和发展的需要及分析方法；儿童和青少年成长与发展的生态系统和优势视角；抗逆力理论与儿童和青少年成长中的逆境、需要和成长；儿童和青少年社会工作服务项目的计划和推行；儿童和青少年服务的反思与服务中的文化议题。

（2）能力训练点

本案例在MSW高级社会工作实务课程、儿童和青少年社会工作课程中规划的能力训练点有：学会分析儿童成长和发展的需要，特别是困境儿童的独特需要；学会从生态系统和优势视角分析儿童成长和发展的生态环境，识别出环境系统的保护因素和风险因素；建立基于抗逆力理论和实务双重视角的分析框架；基于案例中流动儿童服务困境的例子，培养同学设计通用社会工作方案并实施；如何在儿童和青少年服务中提升工作者的能力；如何结合本土经验开展儿童和青少年社会工作服务项目。

（3）观念改变点

本案例在 MSW 高级社会工作实务、儿童和青少年社会工作课程中规划的社会工作服务理念有：儿童的需要是社会工作服务项目开展的基础要素；抗逆力是儿童和青少年社会工作实务的核心价值和支持理论之一；从儿童所处的生态系统出发，整合性的社会工作干预是儿童服务项目可持续发展的关键；社会工作者需要不断地提升自我的反思能力，才能有效地回应社会工作服务项目中的文化问题；本土化项目计划是儿童和青少年社会工作服务项目成功推行的关键。

（二）启发思考题

本案例的启发思考题主要对应的是案例教学目标，启发思考题与案例同时布置，另外，要让学生尽量在课前阅读并熟悉相关知识点。因此，在案例讨论前需要布置学生阅读教材中项目前期、中期、后期、总结和反思四个阶段的内容，主要包括服务对象需要评估和社区资源分析、社会工作介入的理念和策略、服务效果评估、服务可持续性和局限性、服务的困境和重构等内容。

（1）你认为抗逆小童星项目的服务是为了满足流动儿童哪些方面的需要。

（2）儿童抗逆力包含哪些要素。

（3）如何通过社会工作方案设计和社会工作介入行动提升儿童抗逆力。

（4）抗逆小童星项目坚持整合型的社会工作干预方法，其中"整合"主要体现在哪些方面。

（5）抗逆小童星项目面临的困境是什么，为什么会造成这些困境。

（6）根据抗逆小童星项目的相关内容，请举例说明社会工作者反思能力的重要性。

(7) 抗逆小童星可复制、可持续开展的关键性因素是什么。

(三) 分析思路

案例分析的基本思路是将案例相关情景材料通过教师事先设计好的提问逻辑引导和控制案例讨论过程。因此本案例分析设计的本质是提问逻辑的设计，案例的社会工作项目实施过程是案例分析的关键路线，社会工作介入背后隐藏的需要评估、服务介入、服务困境、服务反思也是教学目标。

本案例的社会工作项目实施过程主要有：社会工作服务项目的计划和实施的主要理念是什么；社会工作服务项目包含哪些实施步骤；服务理念、服务策略、服务方法、服务评估等内容对于项目成功实施的作用是什么。

围绕社会工作介入，相关的内容有：社会工作服务项目的需要评估和资源分析的方法有哪些；社会工作服务中如何增强社会工作者的文化敏感性和文化能力；社会工作者如何将服务理念贯穿于整个具体的服务过程；社会工作服务项目可持续性的基础是什么。

因此，案例分析的基本逻辑如下。

首先，对比分析抗逆小童星项目原来的服务模式与重构后的服务模式的区别，如抗逆小童星项目带来了哪些思考，挖掘项目最初理念设计的背景，流动儿童的需要评估和困境产生的背景和根源。为了满足案主的需要，抗逆小童星项目社会工作实务组选择了生态系统和优势视角相结合的整合型服务理念，以抗逆力为核心，建立了多维度分析和实务框架。但是在项目实施过程中，项目组遇到了一系列的困境，有些影响了服务的效果。但项目组深入地分析了现存的困境，完善了项目的服务理念和服务方案。

其次，分析在社会工作服务项目中如何使服务理念与服务策略匹配。梳理抗逆小童星三次项目实施推进的主要内容，抓住服务理念、服务策略、服务方法、服务主体等问题；分析伴随着服务的反思，服务项目在这些方面的不同表现；探讨如何通过对项目的反思，提升社会工作者的反思能力，调整与完善规划社会服务项目的相关内容。还通过开放式的讨论，提出如果将抗逆力的服务推广到其他的困境儿童如贫困儿童、边缘青少年等，则应该在服务理念和服务策略匹配方面做如何调整。

最后，引导思考社会工作服务项目中社会工作者的反思能力与项目的可持续性之间的关系。从抗逆小童星项目的实施和反思中总结出社会工作者的反思能力的重要性，可以重点从项目的可持续性方面做相关思考。另外，启发社会工作者思考如何提升自我的反思能力。

（四）理论依据与分析

1. 儿童抗逆力理论与社会工作实践

抗逆力（resilience，又翻译为弹性、复原力、心理韧性）研究的兴起与学者对风险（risk）的关注有关。20世纪80年代，儿童抗逆力研究者开始尝试将研究成果用于推动高危儿童或青少年的干预和预防计划，如抗逆力在学校教育和精神健康服务传递中的应用等。有学者就提出抗逆力研究是对教育、青少年服务和以优势为本的社会工作的真正回馈，它给那些为儿童、青少年和家庭服务的工作者提供了以研究为本的答案，即找出能够促使青少年形成保护的因素，这些保护因素是可以促进青少年在面对压力、不利和创伤之时健康和成功发展的发展性支持和机会。

在儿童的抗逆力提升服务项目中，强调对儿童自身能力、资产的关注，直接回应了儿童时期的发展性任务，这同减少儿童暴露在逆境中的风险一样，都可以有效地帮助儿童克服发展中的挑战。同时，这一类型的服务成功实践的关键因素是充分考虑儿童的需要和实践地点的优势和劣势，制定出整合传递系统方案。

综上所述，儿童或青少年抗逆力提升的社会工作实践，应该充分地认识到案主及其环境系统的优势和劣势，然后根据评估内容，制定合适的干预方案。本案例中，抗逆小童星社会工作实务项目组通过服务对象的需要评估和社区资源分析，了解了流动儿童在情绪处理、安全等方面的需要，然后基于生态系统和优势视角（抗逆力）的理论基础，设计并实施了流动儿童抗逆力提升方案，基于抗逆力提升策略，最终达至儿童抗逆力的提升。本案例完整地展示了一个儿童抗逆力提升的社会工作服务项目的过程。

2. 社会工作中的文化问题与实践

在社会科学领域，文化是众多学科共同关注的研究议题。一般而言，文化是指个体所归属的群体、种族、阶层、社区或国家的与众不同的生活方式，文化组成了个体对其所生活的世界的认识和理解。社会工作一直有服务于不同文化背景的案主的传统，但是在主流的儿童照顾和儿童保护领域，学者对文化问题并没有足够重视。20世纪90年代，多元文化主义兴起，其特别强调所有群体应该共存，维持其文化传统，鼓励发展并推崇多元文化主义模式，普及对不同文化的认识、经历和理解。这一思想引起了社会实践巨大的变化。在社会工作实务领域，其要求研究多元文化，保持案主（client）文化的多样性。

社会工作对文化问题的关注与批判理论或社会建构论范式引入社会工作实务领域有关，在"意识醒觉""能力取向""增权"等概念在社会工作领域内被人重视的时候，"文化"因素才为人所重视起来，从而在方法论上实现了转向。社会工作专业实践也越来越重视对案主所处文化环境的认知。社会工作对文化问题的讨论，主要集中于探讨如何服务于不同的文化群体，如何在服务中避免社会工作者对案主文化的侵入。社会工作者被要求应具备文化识能，而后需要培养文化敏感度，最近则发展成需要达成文化能力，具备文化能力者不仅具有文化敏感度，而且能在不同文化情境中有效地以该文化的方式来进行工作，也就是以该文化可以接受的方式开展干预。

社会工作中的文化问题并不仅仅存在于异文化中，在同种文化群体中同样存在文化敏感性问题，因此社会工作者应该增强自我的反思能力，关注服务中的文化议题。在服务进行过程中，在遇到服务困境时，本案例中的社会工作者不断地反思，从文化的角度，重构流动儿童服务模式，完整地展示了社会工作服务项目中的反思过程。

3. 社会工作项目的计划和实施

社会工作是一个协助服务对象满足需要、解决问题的专业。无论服务对象面临什么问题，要有效地协助服务对象，达至服务对象增权，社会工作者均需要按步骤有系统地计划、介入和评估。服务项目的计划和实施程序在社会工作专业中，占十分重要的位置。无论是哪一种社会工作方法的干预，工作者都需要设计和执行程序，以达到介入的目标。社会工作服务项目的程序计划模式一般分为社会问题取向模式和个人需求取向模式两类。无论采取何种程序设计模式，一般都需要考虑机构的宗旨、服务对象的需要、资源情况、参加者的能力与兴趣、活动设计的理论基础、服务对象的参与等原则。社会工作服务项目程序计划的基本步骤包括：评估需要，制定目的和目标、方案、时间规划、预算财政、评估方法等七个步骤，接着则是执行计划和进行活动评估。

本案例包含一个完整的社会工作服务项目的计划和实施，最初是通过社区观察、个案访谈、座谈会、问卷调查的方式，识别出流动儿童当前的需要和社区资源，并在此基础上确定了项目服务理念、服务方法和服务策略，项目进行中则采用过程评估和目标达成度评估方法，对项目服务效果进行了评估，最后做了总结和反思。

（五）方法分析

抗逆小童星采取整合性的服务方式，即综合利用多种方式来共同推动流动儿童抗逆力的提升。以往的流动儿童保护实践往往将流动儿童作为单独的个体来考虑，所以在服务方法上就仅仅从方法本身出发，割裂地考虑哪些适合个案工作，哪些适合小组工作，哪些适合社区工作。本项目认为应该采用整合的社会工作方法，一方面，强调从流动儿童及其系统的优势/劣势出发，综合应用个案工作、小组工作、社区工作等专业社会工作方法，而不是专注于外部干预；另一方面，让流动儿童家庭、亲属、社区能参与社会服务的决策过程，从家庭/支持系统整体出发，系统解决流动儿童所面临的问题。抗逆小童星项目主要综合了小组社会工作、社区社会工作、个案社会工作几种社会工作方法。

小组社会工作：项目组根据流动儿童的特点和需要，设计了8次专业的小组活动，如我是小童星、情绪连连看等。随着活动的逐步展开，流动儿童的抗逆力得到逐步提升。

社区社会工作：项目组策划了两次大型的社区活动——抗逆小童星实务项目启动典礼和结束典礼，并邀请流动儿童家长和社区居民参加，以促进其对流动儿童的了解和对项目实务活动的支持。

个案社会工作：抗逆小童星项目对在小组活动和社区大型活动中表现出独特需要的流动儿童，特别是活动中的破坏者、垄断者和沉默者，在活动后专门采取个案辅导的方式跟进。在为期一年的服务周期中，持续跟进多个个案。

（六）关键要点

本案例分析的关键在于把握社会工作服务项目实施过程，厘清抗逆小童星项目推进背后所实施的步骤：需要和资源评估、社会工作介入、效果评估、反思和重构，以及每一个步骤后面涉及的方法等重要构成内容。

教学中的关键要点包括：寻找社会工作服务项目的理论和理念支持；建立社会工作理论与社会工作实务的有效整合框架；在社会工作理论与实务整合框架下发展服务方案和步骤；链接开展服务所需要的资源，建立关系，进入服务区域；社会工作服务对象需要和资源评估方法；社会工作服务介入的要素；社会工作服务的效果评估方法和内容；社会工作服务中的文化议题；社会工作者的反思能力的重要性。

（七）建议的课堂计划

本案例课堂计划可以根据学生的差异，尤其是其对案例的阅读和课前对相关知识的掌握程度来进行有针对性的制订。本课程中的案例教学主要按照 2 学时进行设计。

A 计划。适用于两种情况：学生事先预习到位，但是实务经验不够丰富；学生课前预习不一定完成得很好，或者学生之间实务经验的差异较大。因此，在这两种情况下，案例讨论过程中需要教师引导的内容相对多一些，应将重点放在社会工作服务项目推行程序和步骤部分。

B 计划。学生有相对比较丰富的实务经验，教师可以将小组讨论置于课堂讨论之中进行，将重点放在社会工作者的反思部分。

两种课堂教学详细安排计划如表 7 所示。

表 7　课堂教学计划

A 计划	B 计划
课前阅读相关资料和文献（3 小时）； 小组讨论（1 小时）； 考虑到学生的知识基础和对应用的理解要适当增加讨论后知识总结的时间； 课堂安排：（90 分钟）； 案例回顾（10 分钟）；	课前阅读（至少 0.5 小时）； 考虑到学生课前阅读和讨论的可行性，建议将小组讨论置于课堂中进行； 课堂安排（90 分钟）； 案例回顾（10 分钟）； 小组讨论（20 分钟）；

抗逆小童星　提升流动儿童抗逆力社会工作服务

续表

A 计划	B 计划
集体讨论（50 分钟）； 知识梳理总结（20 分钟）； 问答与机动（10 分钟）	集体讨论（50 分钟）； 知识梳理（5 分钟）； 问答与机动（5 分钟）

在课堂上讨论本案例前，应该要求学生至少读一遍案例全文，对案例启发思考进行回答。具备条件的还可以以小组为单位围绕着所给的案例启示题目进行讨论。

本案例的教学课堂讨论提问逻辑如下。

（1）为了调动大家的思考，可以在讨论前先调查一下学生的实务经验主要涉及哪些领域。将曾经从事过儿童和青少年社会工作实务的同学分为一组，从事过其他服务的同学分为一组。

（2）抗逆小童星项目的推行步骤有哪些；和以往同学参加的服务有哪些异同。

（3）社会工作实务项目中的服务理念与服务策略、服务方法等的关系是什么；怎样将服务理念贯穿于整个服务过程。

（4）针对抗逆小童星和其他流动儿童服务项目中出现的困境，同学认为出现困境的原因是什么；在以往的服务中是否遇到类似的问题。

（5）社会工作实务项目中社会工作者的反思能力的重要性在哪里；结合案例，你认为社会工作者应该如何在介入过程中进行反思，如何才能提升社会工作者的反思能力。

附录1　"情绪的秘籍"小组活动记录及评估报告

1. "情绪的秘籍" 小组活动背景资料

（1）活动名称：情绪的秘籍。

（2）活动时间：2013 年 7 月 16 日。15：00—17：00。

（3）活动次数：小组活动第三次。

（4）活动对象：HY 外来工子弟小学二年级到五年级的 9 名流动儿童同学。

（5）活动地点：社区活动室。

(6) 活动性质：小组活动，辅以个案跟进。

(7) 工作人员：MSW 研究生，社会工作本科高年级同学；督导由社会工作专业教师和有抗逆小童星实务经验的博士生担任。

(8) 出席"情绪的秘籍"小组活动组员如附表 1 所示。

附表 1 "情绪的秘籍"小组组员情况

姓名	性别	年级
X1 同学	女	三
Y1 同学	女	四
X2 同学	女	四
H 同学	男	五
Z3 同学	男	五
L 同学	女	三
Z1 同学	女	二
Z2 同学	男	四
Y2 同学	男	四

2. 活动目的

(1) 让组员学习与人交往的正确方式。

(2) 使组员建立对自我情绪类型、正面和负面情绪的认知。

(3) 协助组员学习疏导负面情绪、平伏心情的方法。

3. 预备工作

(1) 7 月 12 日下午，召开了关于上次小组活动的反思会，同时对本次活动的活动方案进行了讨论，分配了工作任务，以及下次小组活动需要注意的问题，本次活动的后续讨论要在所建的 QQ 群进行。

(2) 7 月 15 日晚上，小组负责同学在 QQ 群里列出了"情绪的秘籍"小组活动注意事项，同学们分别认领任务，小组长发了信息进行工作任务的确认：W 同学带上次新进组同学的活动笔记本，Z 同学带好新进组同学的活动 T 恤衫，并负责上次小组活动的新闻稿的提交，每次的活动记录和活动评估等记录的提交。

(3) 7 月 16 日中午 1：30 出发到社区，对"情绪的秘籍"中的活动进行预演，并对突发状况做好充足准备。

4. 活动前的观察

（1）工作员于2：40到达社区，发现L同学、Z1同学、Z2同学已经在活动室等候，见到工作人员，他们热情地打招呼，并告知工作员他们两点钟就来到社区等候，在夸奖三人活动积极性高之后，告知三人以后在两点半到两点四十之间来就行了，否则社区可能不开门。这三位组员每次都表现出对活动的极大兴趣，积极踊跃，聪明机敏。他们提前来到活动室之后，都在写作业，能够团结友爱，互相帮助。种种现象都说明了小组成员的成长和小组凝聚力的初步形成。

（2）三点钟活动开始前，小组成员都按时到达，穿了抗逆小童星T恤衫，小组长进行了点名签到，小组能够按照一定规则契约有效运行。

5. "情绪的秘籍"小组活动过程

"情绪的秘籍"小组活动过程	工作员感受、介入技巧
1. 15：00，小组活动正式开始 　　首先，工作员向组员问好，询问大家的成长秘籍有没有按时完成，对完成好的同学进行表扬。 　　其次，引导组员回顾上次活动内容，上节课了解了人的情绪可以通过表情和肢体语言来表达，我们要正确认识我们的情绪。这次活动叫作"情绪的秘籍"，同学们可以在认识自己的情绪之后，了解如何处理情绪、平伏心情、学习与人交往的正确方式。 　　最后，工作员向组员介绍本次活动的主要内容，包括"喜怒哀乐""夺宝奇兵""情绪处理三原则"等。活动时间为50~60分钟，希望活动中大家能够积极参与。	1.1 通过表扬建立了标准，大家都认识到好好完成"情绪的秘籍"的重要性。 1.2 引导组员回顾上次内容，逐渐使同学们进入状态，同时也使活动能够串联起来。 1.3 介绍本次活动的主要内容，吸引同学们参与，了解本次活动目的，能够对活动有一个心理预期。
2. 15：10左右，展开破冰游戏——"喜怒哀乐" 　　首先，让同学们从桌子旁边来到空地，工作员介绍游戏规则，紧接着让同学们按照1、2循环报数，将组员分为1组和2组，第一轮是1组表演2组猜，一组抽到了"捧腹大笑"，由L同学第一个表演，传到最后是由H同学表演，L同学本身性格活泼，可以用肢体很好地表达出来，在传导的过程中也没有出现差错，1组表演成功；2组抽到的是"挤眉弄眼"，由Z2同学第一个表演，Y2同学来猜，这一成语稍有难度，但是Y2同学脱口而出，之后，1组说Z1同学私下偷偷告诉Y2同学，所以他才猜了出来结果。为了公平起见，工作员决定：第一组成语是大家热身，下面的两组开始比赛，同学们开始认真地表演，1组猜出了"哭笑不得""怒气冲天"，2组猜出了"愁眉苦脸"，还在1组的帮助下猜出了"喜极而泣"。 　　之后，工作员及时引导孩子做了分享。我们可以根据表情来猜想某人的情绪，但有时候每个人表达同一个情绪的方法是不一样的。因此，我们要具体问题具体分析，不能一概而论。	2.1 活动不仅考察同学们对成语的理解能力，还让大家必须通过演绎的方式表达自己对情绪的理解。 2.2 规则是每个人都必须遵守的，对于不能遵守规则的行为，工作员不能严加斥责，因为这样会打消大家参与的热情，因此只有变通方法，予以警告，之前的一组作为练习。 2.3 对于二年级至五年级的孩子来说，活动过后的反思尤为重要，这个年龄段的孩子很少进行自我反思、自我探索。这就需要工作员加以引导。只有这样，活动才能达到效果。

续表

"情绪的秘籍"小组活动过程	工作员感受、介入技巧
3. 15：30左右，展开主题活动——"夺宝奇兵" 　　小组成员的活动气氛越来越活跃，工作员在这一环节首先强调了规则操，组员们表示都很清楚规则操的做法和含义。 　　组员回到桌子旁坐下，工作员从破冰游戏出发，让大家回忆有哪些表示愤怒的词语，并问组员什么时候会生气，生气的时候大家都采取什么方法。 　　之后，工作员引导同学，正确处理情绪的原则和方法就藏在我们"夺宝奇兵"的游戏里，紧接着介绍"夺宝奇兵"游戏的规则，将组员分成四组，每组三人，工作员分发拼图，看哪组最快拼出拼图。 　　三分钟过去了，同学们都知道拼出来应该是灰太狼，最后，X1、X2、Y1同学分工合作，最快拼好。相反，平时动作最快的Z1、Z2、L同学组直到最后才在工作人员的帮助下完成，这对好胜心强的三人打击很大，导致三人一直闷闷不乐。之后工作员让三人进行反思，三人把原因归于拼图中的一张掉在了地上。在工作员的引导下，三人才开始明白是由于他们中的每一个都想自己把拼图拼好，而没有彼此合作。 　　之后，工作员让大家把拼好的拼图翻到背面，这是灰太狼为什么每次吃不到羊，但是却天天开心、越挫越勇的原因。让同学们朗读快乐三大原则，之后工作员进行了讲解。 　　紧接着，工作员分发给每组五张纸条，上面写有不同的情绪处理办法，组员逐一根据处理情绪三原则看拿到的纸条是否处理生气的正确办法，如果不是，那么违反了哪条原则。大部分同学都很踊跃地回答，讲得也很正确，只有Z1、Z2、L同学三人不仅受上个环节游戏的影响，而且由于分发到的纸条也全部是不对的处理情绪的方法，显得很消极，破坏小组契约，交头接耳，不理会工作人员。无奈之下，工作员只好以小组契约的惩罚措施让Z1和L同学起立靠边罚站。 　　稍作惩戒之后，工作员让两人坐下。又结合组员意见，加重了以后违反活动规则后的惩罚力度。希望同学们都能够遵守小组契约，遵守活动规则，并结合我们本环节处理情绪的三原则，希望大家正确处理消极情绪，而不能交头接耳，消极处事，不顾他人感受。	3.1 强调小组规则，小组气氛活跃但又在工作员的控制范围内。 3.2 破冰游戏大家都很积极，从破冰游戏引出"夺宝奇兵"，进而让大家思考情绪三原则，同学们会更有兴趣。 3.3 对于组员的表现，工作员要首先肯定，之后让组员反思存在的问题，Z1、Z2、L同学组一直很活跃，但是每个人的自我意识都很强，很少考虑到集体协作；而且韧性不够，一次失败就让三人气馁，这就需要工作员加以引导，告诉他们每一个环节都会有比赛，如果因这一次的失败而消极，接下来的比赛注定还可能会失败。 3.4 正好结合我们的情绪处理三原则，让L等三人组了解应该如何处理自己的消极情绪。 3.5 Z1、Z2、L同学等三人的行为已经影响到其他组员，必须加以惩戒，否则会使小组契约变成一纸空文，从而让今后小组活动的开展面临更多问题。
4. 15：50左右，进行"情绪的秘籍"小组活动回顾 　　启发组员回想一些面对愤怒时平复心情的方法，询问组员曾经因为哪些事情生气，以前自己都是怎么面对的。有的同学说可以写日记、看电视、去自己的秘密基地。还有的同学说会撕书、打弟弟妹妹。 　　紧接着工作人员让大家回忆了正确处理生气愤怒的三原则，对同学们说的方法一一比对，让同学们知道哪些是正确的，哪些又是错误的。	4. 组员都回顾自己平复心情的方法，大家都踊跃分享，由于是自己的亲身经历，结合今天学到的处理情绪的三原则，同学们更容易分辨哪些正确、哪些错误，并进行改正。

抗逆小童星 提升流动儿童抗逆力社会工作服务

续表

"情绪的秘籍"小组活动过程	工作员感受、介入技巧
最后，工作员结合同学们平复心情的例子，加上处理生气的三原则，系统地介绍了消极情绪的平复方法。由于时间不多，只介绍了同学们能够实现、感兴趣的方法。 **5.15：56 左右，进行"情绪的秘籍"小组活动总结** 　　工作员带领组员回顾本次活动内容，和组员一起朗读处理情绪的三原则，并让组员写在成长秘籍上，提醒组员下次活动时间，告诉大家下次活动内容，填写本次活动评估表。 　　工作员让组员离开桌子，来到活动场地，再一次强化小组名称、小组口号、小组队形。对于大家今天的表现，每个人给自己"爱的鼓励"的掌声。 　　组员通过手指指的方法选出下次组长为 X 同学。 　　最后，工作员有请本次小组组长组织组员带走桌子上的垃圾。	5.1 由于所剩时间不多，只能带大家回顾本次活动的重要内容。 5.2 小组得以建立，工作员希望通过一次次强化，使他们对小组的认同加深，凝聚力增加。 5.3 每次更换组长，大家能给自己一个约束，小组也可以除了工作员之外有自己的领袖。 5.4 组长负责一些工作，培养了责任感。

6. "情绪的秘籍"小组活动评估

（1）"情绪的秘籍"小组活动目的达成情况

目的	达成情况	衡量的指标	指标完成情况
让组员学习与人交往的正确方式	达成	组员能够正确表达自己的情绪，在和他人的团体协作中能够积极高效，团结友爱	组员在破冰游戏和主题活动中都能够正确表达自己的情绪，团结协作
协助组员习得平复心情的方法	达成	组员能够认识到哪些处理情绪的方法是错误的，熟练掌握处理情绪的原则	大家能够根据情绪处理的原则，回顾自己平时在处理情绪问题时哪些是正确的，哪些是应该改正的
协助组员对自我情绪的认知	大部分达成	组员是否能够及时辨识自己的情绪并找到合适的处理方法	组员可以辨识自己的情绪，在工作员的帮助下可以根据情绪处理三原则找到正确的处理方法

（2）"情绪的秘籍"小组活动内容及形式适合性

活动名称	内容适合性	形式适合性
"喜怒哀乐"	内容适合： 与主题相关，能够帮助我们判断组员对情绪的分辨状况和情绪的演绎	形式适合： ①能够调动组员的参与积极性； ②能够看出他们的表现力，加深我们对组员的了解； ③活动的愉悦性很适合我们服务对象的年龄

续表

活动名称	内容适合性	形式适合性
"夺宝奇兵"	内容适合： ①承接了上一环节的"喜怒哀乐"； ②紧扣活动主题，由组员自己努力拼出的活动三原则印象更深刻； ③处理情绪的三原则贯穿整个活动，同学们易于理解	形式适合： ①拼图的形式适合组员们的年龄，增加活动的趣味性； ②三人一组协作帮助组员们建立归属感、团体协作； ③一面是灰太狼，另一面是情绪处理三原则，能够寓教于乐
平复心情方法介绍	内容适合： ①根据每个人生气时的处理方法，对照情绪处理三原则，紧扣本次活动内容； ②系统地介绍平复心情的方法，既总结了活动内容，又对本次活动进行回顾； ③根据自己的亲身经历回顾，对组员的帮助更大	形式适合： 轮流发言，最后工作员总结，组员在活动过后可以稍作休息

（3）"情绪的秘籍"小组组员参与程度、角色及与上次小组活动的区别

L同学：活泼的孩子。领悟能力强，能够很快地完成工作员布置的任务，但是喜欢打闹，不太遵守纪律，有时会影响其他同学。

Z3同学：五年级学生。配合度不高，不能很快融入群体，不怎么说话，有种疏离感。

X1同学：三年级的乖女孩。很安静、做事很认真。

Z1同学：性格偏内向，和Z2、L同学是好朋友，是他俩眼中的乖孩子。

Z2同学：调皮的孩子，注意力不集中。但是思维很活跃，做事积极主动。本次活动略显消极。

H同学：年龄稍大，思想比其他同学成熟很多，以前活动不怎么融入，喜欢嘲笑年纪小的同学，这次活动开始融入，对其他同学团结友爱。

（4）"情绪的秘籍"小组动力

A. 沟通及互动模式：在这次小组活动中，组员都比较积极，所以在这次活动中，很多时候是多对多的沟通模式，主要让小组成员讨论，工作员民主汇总小组意见。

B. 小组氛围：在小组活动的过程中，组员之间不时地打闹，使得小组氛围一直很活泼，组员之间虽然偶尔发生点小摩擦，但是他们自己相视一笑就过去了，总体感觉很融洽。

C. 小组规范：小组规范得以建立，大部分同学都能够很好地遵守，只

有极个别同学发言不举手，不注意纪律，小组规则意识得以形成，但是组长没有发挥应有的作用。

D. 凝聚力：小组凝聚力逐渐增强，归属感和小组意识逐渐形成，上次存在的几个小团体，工作员也通过调换座位得以打破。

E. 领导模式：一直贯彻民主的领导模式。但是在小组出现一些难以统一意见的情况下，工作员会考虑大家的意见，作为最终的裁决者。

F. 问题及解决办法：组员在写小组契约时，Y 同学没有带笔，Z1 同学表示不愿意借给他，会弄脏，而 H 同学则表示我们的小组契约中写道应该团结友爱，自己的笔可以给他用，工作员带领大家表扬了 H 同学互帮互助的行为，并给予"爱的鼓励"。Z1 同学也意识到自己的错误，稍后的活动中，组内出现了互帮互助的热潮。Z 同学、L 同学、Z1 同学、Z2 同学在工作员的再三警告下仍然交头接耳，不遵守纪律，为了不影响其他同学，最后运用小组契约进行惩罚。

（5）"情绪的秘籍"小组发展阶段

这个阶段属于小组的发展初期阶段。组员之间有了信任，小组凝聚力和归属感逐步形成。小组中除了工作员自己还出现了其他的领袖，因此小组能够脱离工作员完成一些简单事情。组员的意见也能够通过民主方式自由表达。

7. 遇到的困难及解决办法

（1）场地和活动的强度都受到限制，因此既要调动气氛又要保持秩序很是困难。以后的话可以选择一种与小组成员更为亲和的交流方式，学习借用小组潜在领袖的力量。

（2）时间紧张，活动的效果不能充分发挥。以后做活动前充分考虑所需时间，合理安排活动数目，并且最好能留出一定的机动时间来更深入地对活动进行总结和反思，这样活动才能有效果。

（3）组员会因为小组比赛而产生消极情绪。以后活动中，要充分考虑比赛可能给组员情绪带来的影响，鼓励重视过程，尽量避免重视结果，让组员享受比赛的过程。

（4）部分组员因为年龄小分享不够。以后每次活动的每个环节，都应该由工作员及时引导，组员对活动进行反思，组员做出不同分享，从而避免仅仅为了玩耍而做活动，应该寓教于乐。

附录2 抗逆小童星基本情况调查表

问卷编号_____   **调查员_____**

各位小朋友：

你们好！

抗逆小童星项目是我们开展的一项帮助儿童提高自己抗逆力的服务，目的在于帮助你积极面对生活和学习上的困难，希望通过我们的活动使你能够更快乐地学习和生活。此份调查问卷是为了了解你和你的家庭的基本情况及你的看法。所有的调查资料我们仅作为内部资料保存和使用。我们将严格按照保密原则执行。请放心填写，谢谢你的配合。

抗逆小童星服务小组

填写注意事项：

1. 填写要求：请在相应的横线上根据你具体的情况，填写相应的信息。
2. 答案并没有对错之分，请大家根据自己的具体情况填写。

A 基本情况

A1. 你的性别是：_____ 1. 男 2. 女

A2. 年龄：_____岁

A3. 你在哪个社区居住_____

A4. 你在哪个学校上学_____ 你上几年级_____

A5. 家庭人口：_____人，成员：_____

A6. 你是独生子女吗？_____ 1. 是 2. 不是

A7. 你知道爸爸在做什么工作吗？

    1. 知道_____ 2. 不知道

A8. 你知道妈妈在做什么工作吗？

    1. 知道_____ 2. 不知道

A9. 你爸爸和妈妈的文化程度分别是：

父亲的文化程度：_____ 母亲的文化程度：_____

    1. 小学及以下 2. 初中

3. 高中（含中专、职业学校等）

4. 大专及以上　　5. 不知道

A10. 你觉得你家的经济条件是：＿＿＿＿＿＿＿

1. 很不好　　　2. 比较不好　　　3. 一般

4. 比较好　　　5. 很好

B 日常生活及感受

B11. 你对自己身体健康的评价是：＿＿＿＿＿＿＿

1. 很健康　　　2. 比较健康　　　3. 一般

4. 比较不健康　5. 很不健康

B12. 你对自己现在生活的感受是：＿＿＿＿＿＿＿

1. 很快乐　　　2. 比较快乐　　　3. 一般

4. 比较不快乐　5. 很不快乐

B13. 请在下面符合你情况的部分画"√"。

对自己的描述/选择	完全不同意	不同意	不知道	同意	完全同意
我觉得我是有用的人，至少不比别人差					
我做什么事情都很努力					
我觉得自己有许多优点					
我认为自己是一个失败者					
我可以和其他人一样做好事情					
我觉得自己值得自豪的地方不多					
总的来说，我对自己是满意的					
我希望我可以获得更多的尊重					
我经常认为自己没有一点儿用处					
我可以控制发生在我身上的事情					
我在生活中经常感到无助					

B14. 你平时在家空余时间（除了学习），主要还做什么呢？（请按照你做的次数的多少选择两项）第一＿＿＿＿＿＿＿；第二＿＿＿＿＿＿＿；

1. 帮爸妈干活　　2. 看电视　　　3. 看报纸或课外书

4. 自己玩玩具　　5. 跟朋友玩　　6. 玩电子游戏

7. 上网　　　　　8. 不干什么　　9. 其他＿＿＿＿＿＿＿

B15. 你是否参加过或正在参加某种课外辅导班、活动？＿＿＿＿＿＿＿

1. 是　2. 否（请跳答第 23 题）

B16. 请问你参加的活动是_____

B17. 你参加社区活动的频率是：_____

 1. 很少　　　　2. 比较少　　　　3. 一般

 4. 比较多　　　　5. 很多

B18. 你是怎样上学和回家的呢？（选经常用的方式）

 1. 自己一个人坐公交车或地铁

 2. 自己一个人走路或骑自行车

 3. 亲人送

 4. 和同学一起坐公交车（或地铁）、走路或者骑自行车

 5. 其他_____

C 居住和学校情况

C19. 你目前居住在什么地方：_____

 1. 爸妈购买的房子　　　　2. 出租屋（楼房）

 3. 出租屋（平房）　　　　4. 爸妈的工作场所

 5. 借住亲友家　　　　6. 其他（请注明）_____

C20. 你目前所居住的地方的面积大约是_____平方米。（和活动室比有多大？）

C21. 现在居住的地方有_____间房；卧室有_____间。（没有就填写"0"）

C22. 你自己有独立的房间吗？_____

 1. 是　2. 不是（请注明）_____

C23. 你觉得现在居住的地方怎么样？_____

 1. 很舒适　　　　2. 比较舒适　　　　3. 一般

 4. 比较糟糕　　　　5. 很糟糕

C24. 你觉得你居住的地方周围的卫生状况怎么样？_____

 1. 很干净　　　　2. 比较干净　　　　3. 一般

 4. 比较脏　　　　5. 很脏

C25. 你为什么要上学：_____

1. 爸妈要求的　　2. 大家都上，所以我也上

3. 上大学　　　4. 赚钱　　　　5. 不知道

6. 其他_____

C26. 你的学习成绩怎么样？_____

1. 优秀　　　　2. 良好　　　　3. 一般

4. 比较差

C27. 和你最要好的同学，他的学习成绩怎么样？_____

1. 优秀　　　　2. 良好　　　　3. 一般

4. 比较差

C28. 你爸妈对你学习的期望是：_____

1. 读得越高越好，上大学甚至读研究生

2. 能读到什么时候就读到什么时候

3. 早点工作　　4. 没期望　　　5. 无所谓

6. 不知道　　　7. 其他_____

C29. 你对上学的态度是：_____

1. 很喜欢　　　2. 比较喜欢　　3. 一般

4. 比较不喜欢　5. 很不喜欢

C30. 你对学校的环境（如教室、操场等）满意吗？_____

1. 很满意　　　2. 比较满意　　3. 一般

4. 不太满意　　5. 很不满意

C31. 你对学校的老师满意吗？_____

1. 很满意　　　2. 比较满意　　3. 一般

4. 不太满意　　5. 很不满意

C32. 你是否担任过班级或者学校的学生干部？_____

1. 是；担任学生干部的时间为_____个学期　2. 否

C33. 平时除了老师，谁辅导你功课？_____

1. 爸爸　　　　2. 妈妈　　　　3. 兄弟姐妹

4. 其他人　　　5. 没有

C34. 你家人每个星期花几个小时辅导你做作业？_____小时（没有的填"0"）

C35. 你长大后最希望从事的职业：_____

C36. 你期望在哪个方面家人需要进一步改善，更加关注你_____

  1. 物质生活   2. 学习帮助   3. 情感关怀

  4. 社会交往   5. 没有

D 关系情况

D37. 你有没有无话不说的朋友？_____

  1. 有   2. 没有

D38. 可以和你无话不说的人是你的：_____

  1. 同学   2. 父亲   3. 母亲

  4. 兄弟姐妹   5. 其他亲人

  6. 一起长大的伙伴   7. 其他_____

D39. 你有没有年龄相近的好朋友？_____

  1. 有   2. 没有（请跳答下一题）

D40. 这些朋友中，有多少是男孩？多少是女孩？男_____；女_____

D41. 当你遇到烦恼时，一般向谁诉说？（按照选择的顺序填写）

第一是_____；第二是_____；第三是_____

  1. 从不向他人诉说   2. 父亲   3. 母亲

  4. 兄弟姐妹   5. 家里其他人   6. 老师

  7. 同学   8. 从小玩到大的伙伴   9. 网友

  10. 心理辅导人员   11. 在日记里倾诉   12. 其他_____

D42. 你知道《儿童权利公约》吗？_____

  1. 知道   2. 不知道

D43. 爸妈对你的教育方式是：_____

  1. 很粗暴   2. 比较粗暴   3. 一般

  4. 比较好   5. 很好

D44. 爸妈批评乃至动手打你的原因主要是：_____

  1. 学习方面   2. 家务劳动方面   3. 自己做了错事

  4. 爸妈工作不顺利导致   5. 爸妈之间吵架

  6. 其他_____

D45. 爸妈最近一个月动手打你的次数是_____次（如没有，请填"0"）。

D46. 被爸妈批评后感觉_____
　　1. 很委屈　　　2. 比较委屈　　　3. 一般
　　4. 不太委屈　　5. 一点儿也不委屈

D47. 被老师和爸妈批评之后，你一般怎么办呢？_____
　　1. 离家出走　　2. 不讲话　　　3. 和他们争吵
　　4. 其他_____

D48. 和你沟通的比较多的是：_____
　　1. 爸爸　　　　2. 妈妈

D49. 爸爸和你聊天的情况是：_____
　　1. 每天都会　　2. 有时会、有时不会
　　3. 很少　　　　4. 说不清

D50. 妈妈和你聊天的情况是：_____
　　1. 每天都会　　2. 有时会、有时不会
　　3. 很少　　　　4. 说不清

D51. 昨天你和爸妈谈话的内容是什么？（请按照主要程度排序）
第一是_____；第二是_____；第三是_____
　　1. 学习　　　　　　2. 学校的事情　　　3. 同学之间发生的事情
　　4. 吃、穿等事情　　5. 讨论新闻　　　　6. 家里的事
　　7. 我的零花钱　　　8. 身体健康　　　　9. 电视节目
　　10. 其他_____

D52. 下面是一些家长对待孩子的方式。请在符合你的情况的空格里画"√"。

家长对待孩子的方式	不	少	时	常	是	说不清
当你做得不对时，家长会问清楚原因并与你讨论该怎样做吗？						
家长鼓励你努力去做事情						
家长鼓励你独立思考问题						
家长要你做事时，会跟你讲这样做的原因						

续表

家长对待孩子的方式	不	少	时	常	是	说不清
家长询问你关于学校的情况						
家长给你讲故事						
家长和你一起玩乐（如下棋、游玩）						
家长表扬你						
爸妈参加学校召开的家长会						

E 自我评价与未来期望

E53. 下面有一些对人们精神状态的描述，请根据你最近一个月内的情况填写，请在符合你的情况的空格里画"√"。

情绪状况	几乎每天	经常	偶尔	从不	说不清
感到情绪沮丧，郁闷，做什么事情都不能振奋					
感到精神紧张					
感到坐卧不安，难以保持平静					
感到未来没有希望					
做任何事情都感到困难					
认为生活没有意义					

E54. 人们在生活中会追求不同的目标。对于下述每一目标，请告诉我们你的看法，请在符合你的情况的空格里画"√"。

生活目标	十分不同意	不同意	一般	同意	十分同意
我生活的主要目标之一就是让我爸妈觉得自豪					
我比较有主见					
我会付出很大的努力让朋友们喜欢我					
我自己决定我的生活目标					
我学习很努力					
我会在完成家庭作业后核对数遍，看看是否正确					
我遵守校规校纪					
我一旦开始去做某个事情，无论如何都必须完成它					
我只在完成家庭作业后才玩					
一旦做错了事，就几乎无法改正					
处理问题的最好方式就是不去想它们					
预先做计划会使事情做得更好					

附录3 评估表

（一）"情绪连连看"活动过程评估表

小组：_____   日期：_____

1. 以下是本活动采取的一些形式，对于每种形式对你的帮助，你的看法是怎样的，在相应的空格内打"√"。

	很少帮助	一点儿帮助	一般	帮助较大	帮助很大
（1）向大家分享自己的情绪					
（2）讲授小乌龟的故事					
（3）小组讨论					
（4）工作员的引导					

2. 对于工作员的表现，你的看法是怎样的，在相应的空格内打"√"。

	十分不同意	比较不同意	一般	比较同意	十分同意
（1）工作员给了我很大的鼓励					
（2）工作员协助我做出改变					
（3）工作员协助我处理自己的问题					
（4）工作员让我有机会说出我的困难					
（5）工作员协助我学习到有关东西					

3. 你对活动的安排有什么意见，请在相应的序号上打"√"。

	太少	适中	太多	建议
（1）活动时间				
（2）小组人数				

4. 在活动"制作名片卡""写给自己的信""订立小组契约""晴雨表""情绪大家知"中，你认为哪一部分的内容对你最有帮助？

5. 在活动"制作名片卡""写给自己的信""订立小组契约""晴雨表""情绪大家知"中，你认为哪一部分的内容对你的帮助最小？

6. 总的来说，你对本次活动的满意度怎样，请在相应的序号上打"√"。
（1）十分不满意　（2）比较不满意　（3）一般　（4）比较满意　（5）十分满意

7. 总的来说，通过本次活动，你学到了什么，请在相应的序号上打"√"。
（1）与人相处的技巧　（2）目标设定的技巧　（3）解决问题的技巧　（4）情绪认识

8. 总的来说，你对工作员的满意度怎样，请在相应的序号上打"√"。
（1）十分不满意　（2）比较不满意　（3）一般　（4）比较满意　（5）十分满意

9. 你是否还想继续参加下一次的活动，请在相应的序号上打"√"。
（1）是　　　　（2）否

(二)"情绪的秘籍"活动过程评估表

小组：_____   日期：_____

1. 以下是本活动采取的一些形式，对于每种形式对你的帮助，你的看法是怎样的，在相应的空格内打"√"。

	很少帮助	一点儿帮助	一般	帮助较大	帮助很大
(1) 学习处理生气三大原则					
(2) 学习平复情绪的方法					
(3) 小组讨论					
(4) 工作员的引导					

2. 对于工作员的表现你的看法是怎样的，在相应的空格内打"√"。

	十分不同意	比较不同意	一般	比较同意	十分同意
(1) 工作员给了我很大的鼓励					
(2) 工作员协助我做出改变					
(3) 工作员协助我处理自己的问题					
(4) 工作员让我有机会说出我的困难					
(5) 工作员协助我学习到有关东西					

3. 你对活动的安排有什么意见，请在相应的序号上打"√"。

	太少	适中	太多	建议
(1) 活动时间				
(2) 小组人数				

4. 在活动破冰游戏——"喜怒哀乐"、"夺宝奇兵"（处理生气三大原则）、"平复情绪的方法"中，你认为哪一部分的内容对你最有帮助？

5. 在活动破冰游戏——"喜怒哀乐"、"夺宝奇兵"（处理生气三大原则）、"平复情绪的方法"中，你认为哪一部分的内容对你的帮助最小？

6. 总的来说，你对本次活动的满意度怎样，请在相应的序号上打"√"。
   (1) 十分不满意   (2) 比较不满意   (3) 一般   (4) 比较满意   (5) 十分满意

7. 总的来说，通过本次活动，你学到了什么，请在相应的序号上打"√"。
   (1) 与人相处的技巧   (2) 目标设定的技巧   (3) 解决问题的技巧   (4) 情绪认识

8. 总的来说，你对工作员的满意度怎样，请在相应的序号上打"√"。
   (1) 十分不满意   (2) 比较不满意   (3) 一般   (4) 比较满意   (5) 十分满意

9. 你是否还想继续参加下一次的活动，请在相应的序号上打"√"。
   (1) 是   (2) 否

（三）"小乌龟的一天"活动过程评估表

小组：_____   日期：_____

1. 以下是本活动采取的一些形式，对于每种形式对你的帮助，你的看法是怎样的，在相应的空格内打"√"。

	很少帮助	一点儿帮助	一般	帮助较大	帮助很大
（1）放松训练					
（2）小乌龟的一天					
（3）智者的武器					
（4）小组讨论					
（5）工作员的引导					

2. 对于以下的句子，你的看法是怎样的，在相应的空格内打"√"。

	十分不同意	比较不同意	一般	比较同意	十分同意
（1）工作员给了我很大的鼓励					
（2）工作员协助我做出改变					
（3）工作员协助我处理自己的问题					
（4）工作员让我有机会说出我的困难					
（5）工作员协助我学习到有关东西					

3. 你对活动的安排有什么意见，请在相应的序号上打"√"。

	太少	适中	太多	建议
（1）活动时间				
（2）小组人数				

4. 在活动"放松训练""小乌龟的一天""智者的武器"中，你认为哪一部分的内容对你最有帮助？

5. 在活动"放松训练""小乌龟的一天""智者的武器"中，你认为哪一部分的内容对你的帮助最小？

6. 总的来说，你对本次活动的满意度怎样，请在相应的序号上打"√"。
（1）十分不满意 （2）比较不满意 （3）一般 （4）比较满意 （5）十分满意

7. 总的来说，通过本次活动，你学到了什么，请在相应的序号上打"√"。
（1）与人相处的技巧 （2）目标设定的技巧 （3）解决问题的技巧 （4）情绪认识

8. 总的来说，你对工作员的满意度怎样，请在相应的序号上打"√"。
（1）十分不满意 （2）比较不满意 （3）一般 （4）比较满意 （5）十分满意

9. 你是否还想继续参加下一次的活动，请在相应的序号上打"√"。
（1）是   （2）否

（四）"目标进行时"活动过程评估表

小组：_____   日期：_____

1. 以下是本活动采取的一些形式，对于每种形式对你的帮助，你的看法是怎样的，在相应的空格内打"√"。

	很少帮助	一点帮助	一般	帮助较大	帮助很大
（1）游戏："千千结"或者"同舟共济"					
（2）目标设定原则——"制胜法宝"					
（3）"排排站"					
（4）小组讨论					
（5）工作员的引导					

2. 对于以下的句子，你的看法是怎样的，在相应的空格内打"√"。

	十分不同意	比较不同意	一般	比较同意	十分同意
（1）工作员给了我很大的鼓励					
（2）工作员协助我做出改变					
（3）工作员协助我处理自己的问题					
（4）工作员让我有机会说出困难					
（5）工作员协助我学习到有关东西					

3. 你对活动的安排有什么意见，请在相应的序号上打"√"。

	太少	适中	太多	建议
（1）活动时间				
（2）小组人数				

4. 在以下三项活动中，你认为哪一部分的内容对你最有帮助？将你要选择的活动序号写在横线上_____。
①游戏："千千结"或"同舟共济" ②目标设定原则——"制胜法宝" ③"排排站"的讨论

5. 在以下三项活动中，你认为哪一部分的内容对你帮助最小？将你要选择的活动序号写在横线上_____。
①游戏："千千结"或"同舟共济" ②目标设定原则——"制胜法宝" ③"排排站"的讨论

6. 总的来说，你对本次活动的满意度怎样，请在相应的序号上打"√"。
（1）十分不满意　（2）比较不满意　（3）一般　（4）比较满意　（5）十分满意

7. 总的来说，通过本次活动，你学到了什么，请在相应的序号上打"√"。
（1）与人相处的技巧　（2）目标设定的技巧　（3）解决问题的技巧　（4）情绪认识

8. 总的来说，你对工作员的满意度怎样，请在相应的序号上打"√"。
（1）十分不满意　（2）比较不满意　（3）一般　（4）比较满意　（5）十分满意

9. 你是否还想继续参加下一次的活动，请在相应的序号上打"√"。
（1）是　　　　　　（2）否

（五）"沟通大作战"活动过程评估表

小组：_____　　日期：_____

1. 以下是本活动采取的一些形式，对于每种形式对你的帮助，你的看法是怎样的，在相应的空格内打"√"。

	很少帮助	一点儿帮助	一般	帮助较大	帮助很大
（1）"棒棒棒鼓励"					
（2）我的一天旅途					
（3）角色扮演					
（4）小组讨论					
（5）工作员的引导					

2. 对于以下的句子，你的看法是怎样的，在相应的空格内打"√"。

	十分不同意	比较不同意	一般	比较同意	十分同意
（1）工作员给了我很大的鼓励					
（2）工作员协助我做出改变					
（3）工作员协助我处理自己的问题					
（4）工作员让我有机会说出我的困难					
（5）工作员协助我学习到有关东西					

3. 你对活动的安排有什么意见，请在相应的序号上打"√"。

	太少	适中	太多	建议
（1）活动时间				
（2）小组人数				

4. 在以下三项活动中，你认为哪一部分的内容对你最有帮助？将你要选择的活动序号写在横线上_____。
①游戏："棒棒棒鼓励"　　②我的一天旅途　　③角色扮演

5. 在以下三项活动中，你认为哪一部分的内容对你帮助最小？将你要选择的活动序号写在横线上_____。
①游戏："棒棒棒鼓励"　　②我的一天旅途　　③角色扮演

6. 总的来说，你对本次活动的满意度怎样，请在相应的序号上打"√"。
（1）十分不满意　　（2）比较不满意　　（3）一般　　（4）比较满意　　（5）十分满意

7. 总的来说，通过本次活动，你学到了什么，请在相应的序号上打"√"。
（1）对人际交往有基本的认识，学会赞美别人和自己
（2）学会怎样正确处理人际沟通的技巧
（3）通过角色扮演，练习了基本的与人沟通的技巧，了解了沟通，包括语言和非语言的沟通两种类型

续表

8. 总的来说，你对工作员的满意度怎样，请在相应的序号上打"√"。

（1）十分不满意　　（2）比较不满意　　（3）一般　　（4）比较满意　　（5）十分满意

9. 你是否还想继续参加下一次的活动，请在相应的序号上打"√"。

（1）是　　　　　（2）否

（六）抗逆小童星社会工作实务项目总评估表

1. 以下是本活动常采取的一些形式，你认为每种形式对你的帮助有多大？在相应空格打"√"。

活动形式/评价	很少帮助	一点帮助	一般	帮助较大	很有帮助
（1）工作员讲授					
（2）个人发言/分享					
（3）小组讨论					
（4）角色扮演/游戏					
（5）家庭作业					

2. 对于以下的说法，你同意的程度是怎样的呢？在相应空格打"√"。

	十分不同意	比较不同意	一般	比较同意	十分同意
（1）工作员给了我很大的鼓励					
（2）工作员协助我做出改变					
（3）工作员协助我处理自己的问题					
（4）工作员让我有机会说出我的困难					
（5）工作员协助我学习到有关的东西					
（6）工作员对我的帮助很大					
（7）工作员很喜欢我					
（8）同学对我的支持很大					
（9）我和同学的关系很好					
（10）没有人能够帮助我					
（11）通过活动，我对情绪的了解更加清楚					
（12）我生气的时候，我知道怎么去处理					
（13）我生气的时候，我会运用平复不良情绪的方法和步骤					
（14）我知道了如何合理设定目标					

续表

	十分不同意	比较不同意	一般	比较同意	十分同意
（15）我会经常为自己制定学习目标					
（16）我决定我自己的生活理想					
（17）预先做好计划，会使得事情完成得更好					
（18）我每天回家之后，在做完作业之后才会玩					
（19）我知道了遇到困难之后，怎么去解决的办法					
（20）遇到困难，我常常退缩，不知道怎么办					
（21）我做什么事情都很努力					
（22）一旦做错了事情，就无法改正					
（23）处理问题的最好方式就是不去想它们					
（24）我会付出很多努力让大家喜欢我					
（25）我了解了说话的语气、语调等沟通技能					
（26）我知道了怎么和父母和谐相处					
（27）我知道了怎么和同学和谐相处					
（28）我知道了怎么和老师和谐相处					
（29）我知道能够寻找到哪些支持我的资源					
（30）我觉得自己有很多优点					
（31）我认为自己是一个失败者					
（32）通过活动，我更喜欢我周围的同学了					
（33）通过活动，我仍然不知道怎么和同学处理关系					
（34）我学会了更加积极地看待自己					
（35）我对未来有更多的信心					
（36）我现在有自己的梦想					

3. 你对活动的安排有什么意见？在相应空格打"√"。

活动安排/评价	太少	适中	太多	建议
（1）活动节数（8节）				

续表

活动安排/评价	太少	适中	太多	建议
（2）每节时间（40分钟）				
（3）小组人数（12人左右）				

4. 你认为以下哪一节的内容对你最有帮助？在后面相应空格打"√"。

第一次活动："我是小童星"	
第二次活动："情绪连连看"	
第三次活动："情绪的秘籍"	
第四次活动："小乌龟的一天"	
第五次活动："目标进行时"	
第六次活动："沟通大作战"	
第七次活动："资源大搜查"	
第八次活动："我们的梦想"	

5. 你认为以下哪一节的内容对你的帮助最小？在后面相应空格打"√"。

第一次活动："我是小童星"	
第二次活动："情绪连连看"	
第三次活动："情绪的秘籍"	
第四次活动："小乌龟的一天"	
第五次活动："目标进行时"	
第六次活动："沟通大作战"	
第七次活动："资源大搜查"	
第八次活动："我们的梦想"	

6. 总的来说，通过"抗逆力小童星"活动，你获得了什么？在相应序号上打"√"（可多选）。

（1）认识情绪的方法　　　　　　　（2）处理不良情绪的技巧
（3）解决问题、克服困难的能力　　（4）与人沟通、相处的技巧
（5）设定目标、制订计划的技巧　　（6）获得支持性资源的能力
（7）认识到自己的优势、自信心增强　（8）给自己定下了目标，有了自己的梦想

7. 总的来说，你对工作员的评价是？在相应序号上打"√"。

（1）十分不满意　　（2）比较不满意　　（3）一般
（4）比较满意　　　（5）十分满意

8. 总的来说，你对"抗逆小童星"整个活动的评价是？在相应序号上打"√"。

（1）十分不满意　　（2）比较不满意　　（3）一般
（4）比较满意　　　（5）十分满意

续表

9. 以下列出的"成长秘籍",你认为对你最有帮助的是哪些?请在后面空格里打"√"。	
○情绪秘籍: 情绪多微妙,起起又落落; 我们不惧怕,勇敢面对它; 分清好与坏,正确去对待。	
○处理生气三原则: 1. 人人都会生气,可以选择不同方式表达发泄 2. 既不能伤害别人,也不要伤害自己,更不可破坏任何东西 3. 不用指责、谩骂、侮辱、踢打等方式表达	
○发泄不良情绪,可选择的合理方式是: 1. 大哭一场;　　　2. 睡大觉;　　　3. 唱歌/听音乐; 4. 到公园散步;　　5. 摔打枕头;　　6. 找好友倾诉; 7. 写在日记里;　　8. 看自己喜欢的电视/动画; 9. 跑步或打一场球;　10. 到没人的地方大喊	
○智者的武器——通往快乐生活的秘诀: 1. 说出你现在的感受,认清自己的情绪 2. 走到你的"壳"里去,放松自己 3. 思考你能做什么可以帮助自己 4. 然后去做	
○设定目标五原则: 1. 具有挑战性的　　2. 能够达到的　　3. 明确可量化的 4. 有时间限制的　　5. 针对个人情况而定的	
○沟通秘诀: 生活常常变,生气人人有; 与人打交道,沟通最重要; 表达要清晰,真诚和礼貌; 肢体和语言,得体才有效; 表扬与称赞,积极效果好。	
○资源秘籍: 有困难,先自己;难解决,问同学;再不行,找长辈; 老师家长是靠山;学校社区有资源。 ○安全秘诀: 有火情,119;遇伤病,120;找警察,110; 小小口诀要牢记,安全保障属于你。	
○梦想宣言: 抗争中成长,我们最坚强; 逆境里向上,我们要飞翔; 小小的我们,有大大梦想; 童年要努力,希望在远方; 星光伴我行,梦想助飞扬。	

参考文献

杜立婕，2007，《使用优势视角培养案主的抗逆力》，《华东理工大学学报》第3期。

葛忠明，2006，《经验研究中的"文化问题"——以社会工作理论与实务为例》，《江苏社会科学》第6期。

国家人口和计划生育委员会，2012，《中国流动人口发展报告》。

国家统计局，2011，《第六次全国人口普查主要数据公报》。

韩晓燕、朱晨海，2009，《人类行为与社会环境》，格致出版社。

联合国，1989，《儿童权利公约》（Convention on the Rights of the Child）。

刘玉兰，2011，《西方抗逆力理论：转型、演进、争辩和发展》，《国外社会科学》第6期。

马尔科姆·派恩（Malcolm Payne），2008，《现代社会工作理论》，冯亚丽、叶鹏飞译，中国人民大学出版社。

彭华民，2010，《论志愿服务的社会工作督导模式》，《中国青年研究》第4期。

彭华民，2014，《人类行为与社会环境》，高等教育出版社。

彭华民、刘玉兰，2012，《抗逆力：一项低收入社区流动儿童的实证研究》，《广东青年职业学院学报》第10期。

全国妇联课题组，2013，《我国农村留守儿童、城乡流动儿童状况研究报告》，中国妇联新闻，http://acwf.people.com.cn/n/2013/0510/c99013-21437965.html，最后访问日期：2013年6月10日。

Saleebey. D，2004，《优势视角：社会工作实践的新模式》，李亚文、杜立婕译，华东理工大学出版社。

沈之菲，2006，《青少年抗逆力的解读和培养》，《思想理论教育》第1期。

田国秀，2007，《从"问题视角"转向"优势视角"——挖掘学生抗逆力的学校心理咨询工作模式浅析》，《中国教育学刊》第1期。

王思斌、熊跃根等，2004，《社会工作导论》，高等教育出版社。

吴增强，2003，《当代青少年心理辅导》，上海科学技术文献出版社。

钟宇慧，2009，《香港抗逆力辅导工作及其启示——以"成长的天空"计划为例》，《广东青年干部学院学报》第8期。

Ann S. Masten. 2000. "Children Who Overcome Adversity to Succeed in Life", http://moodwatchers.com/wp/wp-content/uploads/2012/07/Children-Who-Overcome-Adversity-to-Succeed-in-Life.pdf.

Anthony E. J., Cohler B. J. 1987. The Invulnerable Child. New York：Guilford Press.

Germain C. B. & Gitterman A. 1987. "Ecological Perspective," In A. Minahan Ed. , Encyclopedia of Social Work. Silver Springs. *National Association of Social Workers.*

Goldstein H. Joe King. 1990. "A Study of Strengths and Morality," *Families in Society*, 4: 347-353.

Kieran O' Hagan. 1999. "Culture, Cultural Identity, and Cultural Sensitivity in Child and Family Social Work," *Child & Family Social Work*, 4: 269-281.

Macarov D. 1995. "Social Welfare: Structure and Practice," *Thousand Oaks: Sage Publications.*

M. U. Tsui. 2008. "The Nature of Practice Wisdom in Social Work Revisited," *International Social Work*, 1: 47-54.

卓越计划

促进大学生学习倦怠行为改变的社会工作服务

肖 萍[*]

一 项目简介

自 2011 年 9 月开始,南京大学外语部国际教育 HND 中心(以下简称 HND 中心)[①]与南京大学社会学院经过前期接洽、沟通,双方达成合作意向,共同开展学校社会工作合作项目,项目负责人为南京大学社会学院副院长彭华民教授。该项目借助南京大学社会学院在社会工作实务方面的专业优势以及实践经验,通过 HND 中心的"安行工作室",以师生能力建设

---

[*] 肖萍,南京大学社会学院社会工作与社会政策系副教授。
[①] 英国国家高等教育文凭(Higher National Diploma, HND)项目,是在英国苏格兰政府和英国文化委员会(BC)、人力资源和社会保障部职业技能鉴定中心、中国企业联合会等多家机构的支持下,于 2003 年由中国留学服务中心(CSCSE)与苏格兰学历管理委员会(SQA)共同引入中国的一项中外合作办学项目。国内已有 25 所大学和学院承办该项目,共计开设商科、计算机、旅游酒店管理、物流、工程等 5 大类 15 个专业的课程。参加该项目的学生不受高考录取分数线限制,满足高中毕业及同等学力(包括中等职业学校毕业)即可。项目学生在国内学习期间,分别在中国留学服务中心和苏格兰学历管理委员会进行注册。截至 2012 年,HND 项目在校学生有 11000 余人。已有 7 届计 16500 余名毕业生获得了 HND 证书,其中近 60%获得 HND 证书的学生赴英国、美国、加拿大等 13 个国家的百余所高校留学续本,其余学生已在国内就业或继续深造。

南京大学外语部是系级建制的教学部门,作为 CSCSE-SQA HND 项目的承办单位,其与中国留学服务中心合作成立了南京大学外语部国际教育 HND 中心。南京大学外语部国际教育 HND 中心成立于 2005 年,主要负责英国高等教育文凭项目在南京大学的运行及日常管理工作。

为目标，提供社会工作服务。2012 卓越计划（以下简称卓越计划）则是该项目中的重要组成部分。

卓越计划是南京大学社会学院受 HND 中心委托，为该中心的学生提供的专业社会工作服务项目，包括个案工作服务和小组工作服务。从 2012 年 3 月启动卓越计划，至服务的正式实施开展与评估，整个项目共历时 4 个月。南京大学社会学院 21 名社会工作专业硕士研究生、16 名社会工作与社会政策系本科三年级学生作为工作者，4 位社会工作与社会政策系的专业老师作为督导，共同投入到此次项目的开展中，服务了南京大学 HND 中心的 120 名学生。

卓越计划的目的在于帮助 HND 中心学生增强学习动力、提高学习积极性，促进他们形成积极的生活态度，养成健康的生活习惯，不断发挥潜能，从而更好地实现目标与理想。

卓越计划的个案工作服务由 2011 级 MSW（社会工作专业硕士）研究生担任工作者，社会学院副院长彭华民教授、社会学院翟进博士担任督导，通过一对一或一对二的方式，服务了 40 位 HND 中心的学生，通过会谈的方式，了解其问题与需求，开展了有针对性的、平均每周 1 小时的个案面谈。

卓越计划的小组工作服务由社会学院社会工作与社会政策系 2009 级本科生担任工作者，社会学院社会工作与社会政策系徐愫副教授、肖萍副教授担任督导。经过 3 月到 4 月初的前期沟通交流，HND 中心参加小组的同学被分为 8 个小组，每组各 10 位成员，由两位社会工作学生担任工作者，负责活动的设计与组织实施，完成了活动计划的初步设计与制订。并于 4 月中旬，与所有成员完成了一对一面谈，了解了成员的大致情况。持续 8 周的活动于 4 月下旬正式启动，各组通过暖身游戏、情景模拟、分享交流等环节，将活动目标蕴含于丰富多样的活动中。其间，督导老师通过每周一次的督导会议向学生提供指导与帮助。至 6 月上旬，各组均根据实际情况完成了活动，并进行了总结及项目评估。

通过卓越计划的社会工作服务过程，HND 中心的学生对自我、目标及未来的生活有了更具体的认识，逐步形成了更为积极向上的生活观念。

二 案例背景

近年来，HND 中心留学项目发展蒸蒸日上，学生数量持续增长，然而学生需求呈现多元化趋势，一部分学生学习倦怠问题突出。

HND 中心的主要教学任务是授予学生专业知识和通过雅思考试从而能顺利出国留学完成学业，就读于 HND 中心的学生，前三年在 HND 中心学习英语及部分专业课程，然后到英、美、澳、加等国的他们申请的大学继续深造一年。这些学生中的多数在国内学习成绩不甚理想，通过传统高考途径难以考入国内较好的大学，因此选择出国以求一纸文凭。

该中心分管学生工作的负责人通过观察和评估发现，中心的一部分学生存在严重的学习倦怠问题，常出现缺课、不按时完成作业、上课不认真听讲等情况。学生们的家境大多不错，但学生普遍不爱读书，对学校教育持否定和批判的态度，较难融入学校的教学环境及配合教师完成正常的教育教学。在与家庭的关系方面，部分学生与父母关系冷淡，对父母的管教消极抵制或明显抵抗。

就学生的学习态度和行为问题，中心负责人尝试过单独访谈、跟家长沟通、辅导员强制管理、请心理咨询老师进行辅导等方法，均未能取得实际的成效。2010 年，HND 中心负责人 L 老师参加北京大学质性研究研讨班时，了解到社会工作专业，并通过自己看书和研究对专业有了一定的了解，后经过相关人士介绍，与社会学院社会工作系领导和老师主动取得联系，经过多次与社会工作系的领导、专业老师就具体的实务工作进行沟通，包括亲自参观了社会工作系所开展的"成长小组"活动，对社会工作的介入形式、工作方法、理念、服务效果等做了详细的考察后，主动要求针对 HND 中心学生的学习倦怠问题与社会工作系合作开展一个学校社会工作项目。

HND 中心想将学校社会工作项目作为一个新的帮助学生解决学习倦怠问题的尝试，主要的目的是提高学生学习的积极性，既要改变学生的厌学情绪，又要改变学习行为问题，从而让他们可以通过科目考试和雅思考试从而顺利出国留学，提高机构的升学率和招生率。

该项目的主要内容包括针对 HND 中心学生的个案工作与小组工作（该

卓越计划　促进大学生学习倦怠行为改变的社会工作服务

部分的服务被称为"卓越计划")、校园活动、调研与倡导、辅导员能力建设工作坊。

为了推动项目顺利开展，HND 中心和南京大学社会工作与社会政策系共同发起，在南京大学外语部成立了安行工作室作为项目的运作机构。

安行工作室向社会学院的社会工作专业学生招募社会工作者，主要是 MSW 一年级学生以及社会工作专业本科三年级学生，他们都已经完成社会工作专业本科阶段的知识学习，而且已经拥有了一定的社会工作专业实习经验。最终选择了 21 名社会工作专业硕士研究生、16 名社会工作与社会政策系本科三年级学生。南京大学社会工作与社会政策系的 4 位专业老师作为督导，不仅督导一线服务过程，还督导整个项目发展过程。

卓越计划的服务对象主要为大一年级学习成绩中下、英语学习吃力的"后进生"和部分专业学习不适应、英语基础薄弱的大二学生。HND 中心辅导员作为项目的支持人员也参与到项目之中。

三　服务对象的核心问题确定

卓越计划通过宣传招募以及辅导员推荐的形式，选择了 120 位学生参与到服务之中。根据 HND 中心转介服务对象时提供的相关资料，我们了解到服务对象的学习倦怠主要表现为以下五个方面：①出勤率低；②学业成绩差；③社会交往不足；④沉溺网络；⑤健康和精神状况较差。表 1 是其中一部分比较典型的服务对象的问题描述。

表 1　部分服务对象的问题描述（HND 中心辅导员评价）

学生姓名	性别	辅导员评价
GMY	男	上课不太认真，但也不违反纪律，英语差，对于学校布置的任务总是不能完成
HYS	男	有正义感，认真负责，但偏激，不会变通，容易引起同学的不满
HDR	男	上学期只通过 2 门课，比较懒，虽认错态度好，但没有行动，旷课多
LZG	男	在国外上的高中，回国后念金融专业，很聪明，但由于没有找到未来的目标，又很有想法，在学习上没有努力的动力。选专业很随意，学起来也不认真。与同龄、同班学生相比，想法比较成熟、比较多

续表

学生姓名	性别	辅导员评价
WXY	女	活泼开朗，乐意帮助别人，但英语基础较差，上课不能认真听讲，成绩较差
ZZY	男	尚能遵守学校规章制度，热爱集体，属于离异家庭，学习目的不明确，听课的质量不高，作业马虎，成绩较差
ZCX	男	学习态度有问题，学习方法需改进，人比较正直，其他方面也有问题，上课走神严重。有点过于单纯
DYF	男	父母离异，受影响，从小到大喜欢睡觉，性格温和，学习态度有问题。喜欢给别人讲自己的家事
XQQ	女	性格中性，想象力丰富，中学时代被父母、老师监管，效果不大。聪明，但不用在学习上，与男生关系好，容易打成一片
CL	女	英语基础差，比较认真，性格内向。家庭条件不好，因为是女生而不被家里重视，目前上学的费用全部是叔叔资助的，但其父亲不让她花叔叔的钱，平时很节省
LT	女	英语基础较好，上课注意听讲，成绩良好，平时不能和同学友好相处，小心眼

通过社会工作者对服务对象进行预估会谈，结果表明，大多数服务对象家庭条件较好，没有经济压力，然而良好的家庭条件也导致学生责任意识差。大多数服务对象对于学校学习环境和资源比较满意，基本没有明显的人际关系紧张问题。多数学生自身目标较明确，有未来专业意向和职业期望。但是，从中学到中外合作教学的转变使学生对外教或英语授课不适应，成绩不理想，因此学生产生挫败感，自我效能感低。同学或朋友圈中不良作息习惯和厌学风气对身处其中的学生也产生干扰。由于HND项目生源为非统招生，大部分学生基础较差，因此部分学生表示在学校遭到歧视和排斥。

根据预估会谈结果，可以了解到服务对象的复杂的社会生态系统。图1反映了HND中心学生的社会生态系统。微观系统层面，服务对象的发展直接受到家庭、朋辈群体、专业老师和辅导员的影响。中观系统层面，服务对象不仅与国际学院HND中心发生联系，同时受到其他院系和整个学校科层组织的影响。外部系统方面，由于中外联合培养的特殊性，CSCSE-SQAHND项目的主办方、国内承办机构和管理机构等虽然不能直接影响学生的发展，但是它们通过制订教学计划，规定课程设置及教材，评估审核教学成果等方式，作用于中观系统，影响、限定甚至决定学生何去何从。宏观系统的经济政治状况、社会文化、社会制度和国际背景也会间接影响

HND 中心学生目前在校学习情况和未来发展规划。

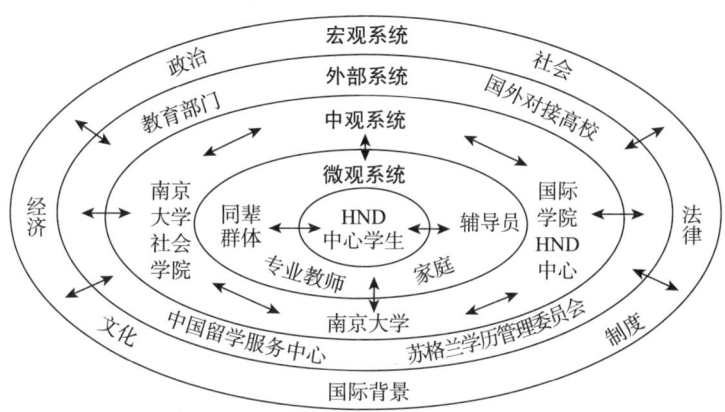

图 1　HND 中心学生的社会生态系统

在图 1 中，可以看到服务对象的系统内部和系统之间都存在密切的互动，其中都包含影响服务对象面对学习困境时发展抗逆力的保护因素和风险因素，其中微观系统和中观系统中这两种影响因素最为集中。良好的师生互动关系、足够的家庭经济支持、舒适的学习生活环境、同辈群体的外部支持等为学生个人适应或克服弱点和风险提供保护因素。然而课业压力过大、老师管理方式落后、不良的朋辈群体压力等成为阻碍学生克服学习倦怠的直接风险因素。

四　理念和价值观

在接案时，HND 中心的老师们传递的信息是其一直把服务对象看作问题学生，将所有关注的焦点放在服务对象形成学习倦怠行为的原因上，或者是学习倦怠行为这个现象上，忽略了服务对象主体的主观感受，以及服务对象本身所具有的有利资源，没有从积极的角度看待服务对象及其问题。

通过与服务对象以及相关老师的接案会谈之后，项目的社会工作服务团队达成一致共识，决定从服务对象或服务对象系统的优势出发，从一个与服务对象合作的专业关系出发，进行社会工作服务。

通过把关注焦点从服务对象的学习倦怠的类似行为表现转移到其自身

的优势与潜能方面，并不直接聚焦于服务对象问题原因的分析和对问题的治疗，而注重服务对象及其家庭、周围环境中的优势的、可利用的资源，淡化问题对服务对象的影响，更加注重服务对象自尊的维护与支持、信心的建立、个人能力的自我培养。

卓越计划中的基本理念是：能力为本的青年正向发展（strength-based positive youth development），相对于问题取向，采用发展取向；相对于事后问题矫治，更强调事先危机预防。

这种工作理念的理论基础来自优势视角（strength perspective/model）。该理论的重点，是通过创造有利的环境（包括机会和资源），促使青年提升能力及信心，达到发掘他们正面潜能及优势的目标。优势视角强调把焦点从"问题"转移到"强调个人能力、重视个人长处和潜能的发掘"，有助于参加者制定目标及追寻梦想，建立正面自我概念。优势视角的社会工作服务力图发现服务对象本身的优势与资源，及其周边环境所拥有的资源与潜能，让服务对象自己也发现自己所拥有的潜能，并不断强化这些优势资源，经过长时间认识了解自己的优势资源，不断地改变自己身上的问题行为。

青年的正向发展包括自我意识（明白本身的感受，并对本身能力做出合乎现实的评估）、社交意识（能够洞察他人感受及了解他人观点）、自我管理（能够处理情绪及延迟满足，并在面对挫折时保持坚忍）、人际关系技巧（能够维持人际关系及处理情绪问题，处理人际压力及冲突）以及负责任的行动（能够以合乎现实的方式评估风险、订立其他解决方法及就本身的决定承担个人责任）。促进自尊、善用探索（exploration）和投入（commitment），以及减少自我差距等策略，都能帮助青年正向发展。

"能力为本的青年正向发展"的工作理念强调赋权（empowerment），认为聚焦于发展青年的能力和潜质比强调他们的问题更加有效，强调整体地看待青年发展的问题，采用人在情境中的观点，把焦点放在青年的发展以及改变上。

五 介入方法

考虑到项目合作方要求和社会工作普及程度较低的客观因素，成员招募由 HND 中心完成，再以修习社会实践课程的方式将学生转介参与卓越计划项目。

在综合预估成员基本特质，了解学生面对困境的类别和需求后，项目组的社会工作专业服务团队共同讨论服务方式并拟订服务计划。然后，根据服务对象需求分别开展为期两个月的个案辅导或小组工作服务。卓越计划学校社会工作服务流程如图 2 所示。

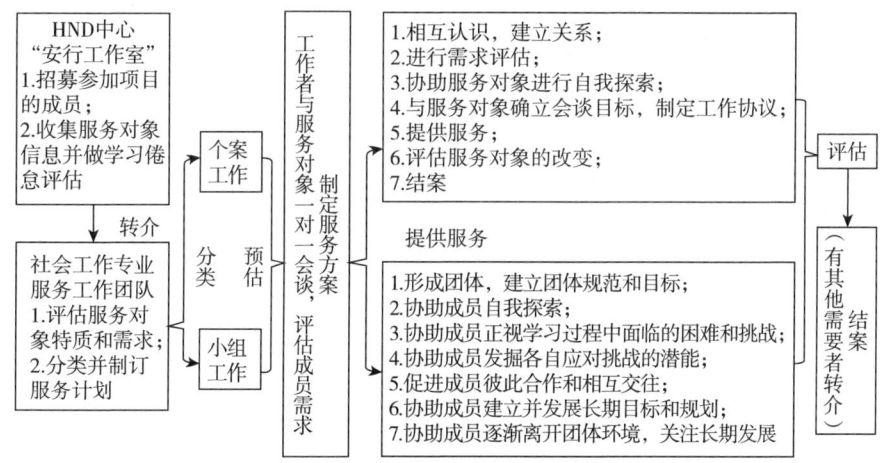

图 2　卓越计划社会工作服务流程

在能力为本的青年正向发展的理念基础上，卓越计划着重从认知发展和技能培养方面进行介入，主要有以下几方面的内容。

（1）培养学生情绪调节、自我管理技能，比如，提供温馨保密的倾诉环境，增加服务对象社会支持；分享情绪调节技巧；改变服务对象不良生活习惯，提高出勤率等。

（2）直接增加学生的学业成就，如分享英语学习技巧、制订学习计划、扩展学习资源等。

（3）丰富服务对象的成功体验，如将部分活动交由服务对象带领，为服务对象提供发挥自身才能并体验成功的机会。

（4）强化学生现有资源质量，如分享关系建立技巧，推动师生良好关系建立，强化同辈关系，增加亲子互动。

（5）提升服务对象识别和利用系统资源的能力，如协助学生认识自身和 HND 中心的优势和资源，学习并模拟寻求帮助的方式和情境等。

（一）个案工作服务

卓越计划中的个案工作服务以会谈的方式了解服务对象需求，界定其心理及行为问题。通过介入个人及其学校生活环境提升服务对象的自尊和认同感，激发其学习兴趣和热情，进而协助学生建立积极的学习态度，培养良好学习习惯，以达到促进学生不良学习行为改变，协助其正向发展的服务目标。个案工作服务采取一对一会谈辅导的形式进行，社会学院社会工作专业21名硕士一年级学生担任个案工作者，在专业老师的督导下，服务于34名HND中心学习或生活遇到困难的大一或大二学生。个案工作中的服务对象的问题都比较个别，适合一对一的服务方式。

卓越计划的个案工作着重于将问题外在化并理性分析，在服务过程中关注社会工作者与服务对象的联结，同时关注服务对象自身的优势，激发服务对象做出改变的动机并增强其改变的能力。

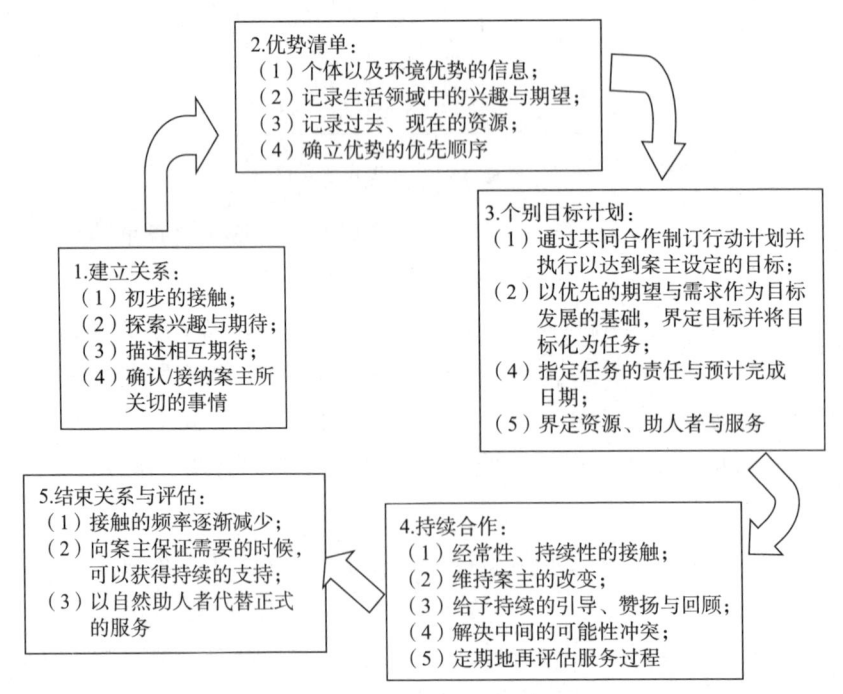

图3　优势视角的个案工作服务框架

图3显示，优势视角的个案工作中，社会工作者在与服务对象建立了充

卓越计划 促进大学生学习倦怠行为改变的社会工作服务

满关怀、真诚的专业关系之后，与服务对象一起评估服务对象个人及其周围环境中的优势资源，并帮助服务对象掌握自己身上和身边最有利的优势资源，然后制订服务对象要实现的计划，并确定目标，社会工作者通过与服务对象的多次合作强化服务对象的优势资源，达到改变服务对象状态的目的。表2选取了部分服务对象的需求预估、具体目标以及介入行动。

表2 部分服务对象的需求预估、具体目标和介入行动

服务对象	面谈次数	需求预估	具体目标	介入行动
TYY	7	坚持和拥有恒心；自我探索；培养自信	坚持参加卓越计划每周的活动，每周保证不迟到，请假要及时联系，面谈过程不玩手机；探索自己的交友方式、和老师的互动关系、与家人的关系；认识自己的优势和不足	促使服务对象不断回顾和确认自己在与周围建立关系中的态度和行为；和服务对象一起分享服务对象的成长，帮助服务对象学会发现自己的优点，建立自信心
WBA	8	时间管理；压力管理	寻找到兴趣点，激发生活动力；对校园活动给予关注，充分利用资源；积极拓展朋友圈	通过生命线及生态图等工作方法了解到服务对象的人生重要事件的影响及其社会支持网络情况；工作者有意识地分享自己参加校园及南京同城活动或者与朋友交往带来的精彩经历，让其重拾生活的乐趣和信心；以暑期为例安排计划，服务对象在工作者的协助下制订了诸如与亲戚两家人出行、打工、继续英语学习和练习爵士舞等的计划；工作者鼓励服务对象对新室友抱有友好的态度，并积极在宿舍之外拓展自己的朋友圈从而发展良好的人际关系网络
SJ	7	顺利出国，拿到大学文凭；想成功继承父亲的产业，并将家族产业延续和发展下去	通过雅思考试和学校的课程考核；每周一至周四晚7点至8点，在教室或图书馆自习一小时，看英语和数学相关书籍	深入了解服务对象的学习现状、学习习惯，与服务对象共同制订学习计划和行动方案；了解服务对象学习计划和行动方案的执行情况，引导服务对象进一步探讨影响其计划实施的阻碍因素，并提出初步的解决方案，探索更适合的、有效的学习计划；与服务对象探讨其生活中所关心的正向或负向事件，引导其从更多的角度来看待他人、看待世界；

续表

服务对象	面谈次数	需求预估	具体目标	介入行动
SJ	7			与服务对象探讨其生活中所关心的其他重要事件，帮助其解决生活中的情绪问题；积极鼓励服务对象表达寻求情感支持和帮助的行为，巩固服务对象的已有行为
LHN	8	提高自控能力；学习成绩的提高	上课认真听课；减少旷课次数；了解自己，规划未来	通过服务对象的家庭结构图和家庭生态系统图，发现其家庭关系和谐；与服务对象一起制订了上课时多听几分钟的计划，主要是利用行为治疗的方法，循序渐进改变其行为；检查服务对象计划实施的情况，分享坚持的结果和感受，探讨怎么样才能更好地坚持下去，鼓励服务对象继续坚持下去；运用人生高低谷的方法，帮助服务对象了解自己的过去，挖掘自己克服困难的能力以及潜力，通过过去的事件来找到改变的良好的介入面和支撑的动力；协助服务对象深入了解自己，规划自己未来的职业生涯
GMY	6	养成学习英语的习惯，每天背单词，每周写作文，英语成绩提高；主动性增强，个人自信心提升；养成健康的生活习惯，少熬夜，作息规律，按时吃饭	制订背单词学习计划，坚持每周写英语作文；每天上课有一次课不玩手机，认真听课；积极发言，增强自己的主动性；每天自我鼓励，提高自信心	工作者与服务对象建立信任关系，开始治疗性的会谈，改变服务对象对学习的认知，挖掘服务对象改变的动力；工作者运用SWOT分析法，与服务对象共同探讨服务对象的SWOT，让服务对象进行自我探索，加深对自我的了解和认知，从而更好地自我定位；工作者运用了"树木人格画""人生高低路""目标金字塔"评估等方法，帮助服务对象完成自我探索与整合
STT	7	雅思获得好成绩；参加志愿者活动，结交朋友	阅读每周3篇，练习听力4次，练习作文；加入基督教青年会QQ群，在有志愿者活动时积极参加	制订学习计划，之后的一个星期服务对象开始实行计划；跟踪、调整英语学习计划，与服务对象讨论在实行上周所制订的学习计划过程当中所碰到的问题，对计划加以调整，之后予以实施；社会工作者通过短信、电话的方式监督服务对象计划的实行情况；以填写目标金字塔的方式，将服务对象的需求具体化，并且签订较为简单的行动承诺书；分享服务对象的感受，鼓励服务对象继续完成之前制定的学习任务，实现目标

续表

服务对象	面谈次数	需求预估	具体目标	介入行动
GMY	7	"拖延症"的处理，学习态度的改变；学习方法的改变，有计划地安排学习生活	学会合理安排学习、休息计划，做到两不误；期末取得好成绩，做到不挂科；顺利通过雅思考试	从家庭、人际关系、兴趣等，分列目标（总目标和具体目标、短期目标和长期目标）；澄清当前最大困扰——拖延症及其带来的后果；探索更为合适有效的学习方法；处理与室友之间的矛盾，分析原因、过程、处理方式并反思；强化学习效果，鼓励继续坚持
HDR	6	提高自控力；拓展交友圈；充实每天的生活	改变上课状态；多参加校园内有意义的活动；学习沟通交往的技巧，学会主动发展友谊关系；合理安排生活与学习的时间	建立工作者与服务对象的信任关系；讨论服务对象最迫切、感到最困扰的需求，把需求分解为几个具体事件，并按需要改变排出优先顺序；围绕"上课不够认真"这一具体事件展开讨论，寻找可以尝试的改变方法；分享和讨论尝试改变的感受，以及陈述自己的进步和不足，找出需要改善的地方；讨论如何保持上课认真听讲的其他更适合服务对象的方式并使其尝试；巩固行为改变
XXJ	6	提升自制力，自觉学习，自觉达成学习目标；提升自制力，强大自我，形成成熟人格	养成上课记重要单词的习惯；学会自我鼓励与自我暗示；学会遇事理性思考的思维模式；尝试从外界（父母、老师、朋友）获取能量，并乐于为之	罗列与自制力相关的事情，选择最易改变的事情，设定具体的、可测量的目标，通过家庭作业的形式完成目标并每日记录；讨论家庭作业的完成情况，并分享过程（成果＋感受＋经验）；分享"我最成功的/最有成就感的事"，以为进一步的行动提供信心与力量；引导服务对象思考遇事理性思考的思维模式，并帮助服务对象将自制力的培养运用其中；通过邀请服务对象画"一棵树""现在的树/我""未来的树/我"，协助服务对象加深自我认识，为改变提供动力及方向

续表

服务对象	面谈次数	需求预估	具体目标	介入行动
TD	7	提高学习成绩；提高人际沟通能力；减轻心理压力	全面提高听、说、读、写能力，提高考试成绩；搞好与室友及周边同学的关系，与人沟通交流更顺利；寻找适合自己的减压方式，以应对各种压力和挫折；树立正确的恋爱观	一起制订详细的英语听、说、读、写学习计划和作息时间表，每周定期检查并继续督促和鼓励服务对象执行计划；训练服务对象的领导力和沟通力，使其克制情绪，不轻易动怒，学会与室友和平相处
HZK	8	提高人际沟通能力；排减压力	可以与人沟通交流更顺利。可以清晰表达自己的想法。遇见各种压力时，可以成功减压。	利用人际沟通的相关量表对服务对象进行初步的测试，结果呈现，服务对象是一个冷静思考、很有想法但是谨言慎行的人；工作者和服务对象一起仔细分析后，认为这是在社会中对自己的适当保护，并不是人际沟通上的问题；帮助服务对象分析了压力源，并且让服务对象学会正确对待这些压力，学会把压力变成动力，形成自己在学习上的动力

表3呈现了卓越计划中一位服务对象——JHD的个案工作服务过程。

表3　JHD的个案工作服务过程

一、个人资料（姓名、年龄、性别、年级）
JHD，19岁，女，大二。
二、背景资料
1. 家庭情况
家庭成员主要包括：父亲、母亲、弟弟。父母和弟弟现在均居住在南京，父亲和母亲共同经营一家酒店，家庭经济较富裕。弟弟2004年出生，2012年正在读小学二年级。目前父母70%的精力在照顾弟弟上。
父女关系：案主平日里与父亲沟通较少，认为自己与父亲的关系一般，主要是因为小时候，父母教养方式不当，对案主过于苛刻和严厉，这使案主心里对父亲有些不满。
母女关系：案主平日里和母亲沟通得比较多，认为自己和母亲的关系比较好，虽然母亲在其小时候对她的管教方式不当，但母亲现在已经尽力弥补，在给予其物质支持外，还会给予案主更多的精神支持。
姐弟关系：在面谈过程中，案主提到弟弟的次数并不多，主要提到了弟弟目前学习压力比较大、父母对弟弟的关注比较多等。
父母关系：案主认为父亲和母亲的感情比较好，这主要归功于母亲比较懂得包容和忍让。

2. 个人经历

JHD,安徽人,现随家人居住在南京。小时候,父母忙于工作,疏于对其的日常照顾,其主要是由奶奶带大的。但父母对其的家教比较严格,对学习要求也比较高,JHD 在上大学以前,学业基本上是在安徽马鞍山完成的。2011 年全家才全部搬到南京居住。现就读于南京大学 HND 中心,因成绩符合条件,可以不读大一,直接读大二,目前主修酒店管理专业。

三、主要需求分析

1. 学习。JHD 认为自己现在最大的问题就是没有学习压力和动力。认为自己受环境的影响,上课不想听讲,下课也不想看书,虽然有面临出国要通过雅思考试的压力,但仍不能激发其看书的紧迫感。希望能激发其学习的兴趣,使其感受到学习的压力,并顺利通过雅思考试。

2. 家庭关系。JHD 认为基本维持现状就好,或逐步改善其与父亲和母亲不良的沟通方式。

3. 人际交往。JHD 表示与朋友交往占据其日常生活的大部分时间,用"南大中十个有七八个人都认识她"来形容自己认识的人很多,但真正的知心朋友没几个。她认为身边大多数同学的交往都是有目的性的,都是为了丰富自己的人脉资源。她形容自己是"冤大头",和她在一起的人多少都有些想沾她的光。她认为在交往过程中,自己的付出总是大于回报。她很困惑,无法判断但又急于想知道哪些是真心且值得交的朋友;对于朋友或学姐学长的求助,碍于情面,无法拒绝,但又会占据自己大量的时间;和知心朋友交往过程中也会产生一些不快和误会,无论谁对谁错,自己都从不愿主动做出让步,希望顺其自然,但却念念不忘,无法释怀;这些交往过程中发生的事情对她的情绪产生了很大的影响。

4. 心理方面。感觉自己对于情绪的控制能力不强,常常会被不良情绪困扰,希望能增强情绪自控能力。

四、服务计划

1. 双方一致认可的需求目标。提高其学习动力,帮助其逐渐寻找到学习的压力。情绪疏导,缓解其不良情绪。

2. 具体目标。将看书提上议事日程。顺利通过雅思考试。倾诉与宣泄,情绪的疏导。

五、服务过程

1. 接案及预估过程。

第一次接案会面(2012 年 4 月 19 日),社工第一次与案主见面,通过观察案主在小组中的表现,给予其关注,并初步了解案主的性格特点、表达和沟通方式。并通过"我的三样"的活动,了解了案主的初步需求。活动后通过和案主交换人人网的信息,从网络这一平台更多地了解到案主平日里的生活、作息时间、兴趣爱好等。与案主建立初步的工作关系。

第一次面谈(2012 年 4 月 24 日),深入探讨案主在之前活动中所提出的三个需求:学习压力、人际交往、情绪管理。和同案主进一步探讨得出,其目前最迫切要解决的是学习无压力、无动力的问题。通过交流与案主建立了一种信任、温暖、关怀、支持的关系。

2. 计划及行动过程。

第二次面谈(2012 年 5 月 2 日),针对服务对象的学习现状、学习习惯做深入的了解,并根据案主的现实情况,与案主共同制订学习计划和行动方案。

第三次面谈(2012 年 5 月 8 日),案主因奶奶住院的事情缺席了此次面谈,但社工仍通过短信和电话的形式,了解其状况,向其表达温暖和关怀。

第四次面谈(2012 年 5 月 15 日),了解案主学习计划和行动方案的执行情况,案主虽未如约执行学习计划,但也确实表现出了想学习的想法和动机,这一行为是值得鼓励的。社工引导案主进一步探讨了影响其计划实施的阻碍因素,并与之探索更适合的、有效的学习计划,提出了初步的解决方案。

续表

第五次面谈（2012年5月22日），了解案主学习计划和行动方案的执行情况，并回顾前四次的面谈，进一步调整和明确案主的需求，并征询案主对前几次面谈的意见和建议。与案主保持良好的双向沟通，确保双方一致认可的目标都能顺利达成。

第六次面谈（2012年5月30日），了解案主学习计划和行动方案的执行情况，巩固其已有成绩的同时，与案主探讨其生活中所关心的其他重要事件，从更多的层面来了解案主，多角度理解案主，以更好地帮助案主。

第七次面谈（2012年6月6日），了解案主学习计划和行动方案的执行情况，巩固其已有成绩的同时，与案主探讨其生活中所关心的正向或负向事件，引导其从更多的角度来看待他人、看待世界。

第八次面谈（2012年6月12日），与案主一同回顾七次面谈的过程，分享七次面谈的成长与感受，鼓励案主积极表达寻求情感支持和帮助的行为，巩固案主日渐萌芽的学习动机，肯定案主的努力与付出，鼓励其继续坚持执行之前所制订的学习计划，并祝愿其早日实现目标。

（二）小组工作

在分析了服务对象的基本资料之后，社工发现大多数服务对象的问题具有共性，适合采用小组工作的形式提供服务。结合服务对象问题及其需求的相似性，同时根据不同班级、宿舍、性别的原则将78名服务对象分为8个小组，每个小组配备了2名社会工作者。小组工作者是社会工作专业大三学生，具有社会工作专业知识背景和成长小组工作经验。在小组工作中，社会工作者共同商议活动方案、确立并实施活动计划和评估计划，与督导和成员共同进行活动评估。社会工作专业教师作为督导指导工作者开展活动并对小组进行评估和反馈。

卓越计划的小组工作者考虑到学习是HND中心学生生活中最重要的组成部分，在"能力为本的青年正向发展"的理念基础上，小组工作从强调学习倦怠行为的改变转向树立"学有所成"的观念。小组性质属于讨论分享性成长小组，是封闭性、支持性的。

小组工作的总体目标有：通过让成员发现自己不同的能力，认同自己的能力；加强成员与他人的联系以及建立健康的信念和清晰的目标，以促进成员的全人发展；促进学生的社交能力，学习建立良好人际关系的态度、知识和技巧，以帮助学生与重要他人（significant others）发展联系；增强学生信心，提升学生订立个人目标能力、提升学生问题解决能力及自我效能感。每个小组将根据成员的组成以及需求，细化目标，各有侧重。

卓越计划 促进大学生学习倦怠行为改变的社会工作服务

卓越计划的小组工作通过小组过程，注重同辈互助的辅导功能，发挥同辈群体的社会化功能，以协助成员提升自我效能感（self-efficacy），达成小组目标。自我效能感指个人对自己在不同情况下能有所表现的信念。它以一套多层面的信念形式运作，可影响人的感觉、思考、动机及行为。自我效能信念（self-efficacy belief）受个人亲历的成功经验（enactive attainment）、他人的成功经验（替代性经验，vicarious experience）、想象成功的经验（imaginal experience）、旁人的观点和意见（言语说服，social persuasion）以及身心情绪状态（physiological and emotional states）所影响。通过强调工作者与成员的共同成长、成员之间的互相分享讨论、小组带来的归属感、安全氛围以及尝试改变的机会，这些信念在小组过程中都能够得到发掘。

以下以 S 小组为例，呈现小组工作服务过程。

表 4　S 小组的服务对象信息及介入计划

小组成员	辅导员评价	预估会谈信息	介入计划
CQT	学习目的明确，但是学习基础较差	每周末都会回家，陪爸爸看电视，陪妈妈逛街。平时喜欢听歌、看书，给人的感觉比较乖巧，对学习比较感兴趣，希望提升自己的学习成绩，目前的愿望是希望顺利通过雅思考试	多提供学习方式、方法上的建议和朋辈经验分享机会
DQ	人很老实，学习也很踏实、认真，能够对自己严格要求	专业意向是会计，成绩不错；不太喜欢上晚自习；平时12点睡觉，闲暇时看书，周末做兼职，参加过社团活动，如轮滑社，以及爱心包裹活动；自认是慢热型的人；和父母聊天，不会谈烦心事，以免他们担心，有烦心事会找朋友倾诉	帮助其尽快融入本小组，提供其他一般性支持
DYF	父母离异，受影响，从小到大喜欢睡觉，性格温和，学习态度有问题；喜欢给别人讲自己的家事	看起来活泼外向但又有顾虑；学习成绩不错，但是自己觉得学习状态不太好，对专业认知不清晰；父母离异，与父母关系不错，但是很少谈心；对于如何尽快促成大家熟识，提出了不少建议；考虑细致充分	在小组中让 DYF 充分发挥自身的优势，帮助小组的同时强化其对自我的肯定；提供各个专业的相关信息，促进学习状态的改善；小组活动时要照顾到离异家庭孩子可能会出现的敏感心理

· 73 ·

续表

小组成员	辅导员评价	预估会谈信息	介入计划
HQ	英语基础较差，上课不注意听讲，作业不能独立完成	来南大 HND 是自己选择的，因为高考没考好；现在想努力学好雅思；对未来有自己的规划，不是抱着过一天是一天的态度，不想过按部就班的生活，是个有主见的姑娘；成绩中上	希望能够积极参与，分享自己的观点
LYB	父母离异，12 岁受打击，妈妈不管，爸爸忙，较懂事，有网瘾	给工作者的印象就是心智比较成熟，性格随和，不善言谈；平时不喜欢学习，缺乏学习的动力，几乎不参加学校的社团及其活动；经常去网吧玩游戏，有时候会在网吧通宵	在时间管理方面需要调整，希望能帮助 LYB 减轻对网游的过分沉溺状态
LYX	学习认真，成绩稳定	对自己目前的学习和生活态度都很随意，生活平淡；学习方面，因为周围的人的学习状态都跟她差不多，所以她认为自己现在的状态算是正常的状态，无须改变	从谈话中我们可以感觉到，LYX 不够自信，缺乏明确的目标和动力；希望在活动中，能够帮助其找到自信，明确目标
ML	高三学生，英语基础差，上学期性格古怪，不说话；只要有东西忘带必定回宿舍拿；上一对一小课跟老师没有任何互动；现在状态越来越好	英语基础差，现在高中语法还没上完，考的是四级难度的试卷，觉得吃力，参加一对一辅导已经一个多月了，觉得有些进步；平时不回家，寒暑假才回；父母打电话问学习的事时会回答说很好，因为讲不好会被批评为不用功；之前报过几个社团但没去；经常在宿舍看电影；周末会和朋友去新街口逛街、打球或者在宿舍睡觉；还没想过专业问题，可能会选择国际贸易或金融	帮助其树立良好的学习态度，提供一些英语学习方面的指导；善于发现其进步并及时鼓励
MRR	高三学生，英语基础还可以，忙着谈恋爱，贪玩	跟家人关系和睦，性格活泼开朗，英语基础不错，但是很贪玩，忙着谈恋爱	希望其能平衡学习和恋爱

续表

小组成员	辅导员评价	预估会谈信息	介入计划
XYC	学习目的不明确，上课不注意听讲	平时会跟朋友打桌球、唱歌，朋友多为初中、高中及大学同学；在校上课会听讲，作业会做，像个乖学生；自认为是个随和的人；曾经报名参与过几个社团但因为时间问题没去成；跟父母关系很好，有烦心事会跟父母讲；觉得现在班级的团体感不是很强，通常都是几个人一个小团体；对目前的学习模式适应良好，觉得比高中好些，成绩中等；整个面谈过程很少会主动提问，表情严肃，坦言以前参加过活动，可能会给人不太融入的感觉，但并非不想参与，担心我们会对他有点失望	在小组中多关注鼓励 XYC 积极参与
ZY	贪玩，经常请病假，家长都不相信他生病	家庭氛围比较淡漠；跟父母沟通较少；爸爸忙于工作，脾气暴躁，时常会和父亲发生语言和肢体冲突；初中起随爸爸参与商业应酬，耳濡目染学习了很多商业和社会知识；对社会的认识老成、现实；周末还在补课，觉得学校学费很高；在大学里重要的一点是结识了一些和自己家境和处境差不多的朋友；这些关系以后对自己会有用；周末回去泡吧，和朋友们保持联系；初中学美术，因为想当服装设计师，但父亲反对，想让他子承父业；现在想学金融，因为能赚很多钱	引导其多与父母沟通，改善父母尤其是父亲在其心目中的形象，促进家庭关系好转；同时，希望 ZY 能积极参与到小组活动中，提升与人交往的兴趣和能力，能够理解不同的观念

表 5　S 小组活动目标与内容一览

	活动目标	活动内容
第一期 (2012.4.24)	成员相互认识，建立互动关系，促进小组形成； 订立小组活动规范； 小组成员共同探讨小组名称、口号，了解小组的性质、目标； 协助成员相互间及与工作者进一步交流认识，探讨关于专业分流的想法	破冰活动：串名字； 纸牌游戏； 订立小组规范； 漫谈，包括成员想在小组中交流的话题、对小组有怎样的期待等； 小组工作者总结

续表

	活动目标	活动内容
第二期 (2012.5.3)	促进团队凝聚力,增进彼此信任感; 帮助成员初步自我认识、自我肯定,了解自己人际沟通习惯; 帮助成员相互之间加深了解	安静的生日; 脑瓜大推断; 造句游戏; 工作者总结
第三期 (2012.5.9)	促进团队凝聚力,增进彼此间的信任感; 帮助成员了解自己人际沟通习惯; 帮助成员适当地自我表露,更加开放自己	传表情; 我的人际关系日志; 大侦探福尔摩斯; 情景表演(结合具体的、纠结的人际关系情境); 工作者总结
第四期 (2012.5.15)	成员间相互了解,营造安全的小组氛围; 了解成员对自己和他人家庭的看法以及对将来自己的家庭的期许; 了解成员的价值观	暖身活动; 爱的问答; 我的家庭树; 小组工作者总结
第五期 (2012.5.23)	进一步增强小组凝聚力; 让成员思考自己的价值观和人生态度,了解价值选择的多元性; 帮助成员澄清自己的时间管理	听音乐抢座位; 价值大拍卖; 时间管理; 小组工作者总结
第六期 (2012.5.28)	增强团体成员自主性与共同讨论决策的能力; 增强成员学习信心,促进成员反思自己学习状况	暖身活动:大树与松鼠; 学习的意义; 我学习生涯的辉煌时刻; 智力大拷问
第七期 (2012.6.5)	协助成员反思自我成长过程,探索自我	电影赏析《看上去很美》 讨论话题:我们在幼儿园有哪些让我们印象深刻的回忆?觉得自己长大了吗?从什么时候开始,我们不再是孩子?觉得规矩和服从是必需的吗?成人世界与儿童世界有哪些共通之处?成长对于我来说,意味着什么?
第八期 (2012.6.12)	回顾小组的活动,了解小组对成员生活的影响; 进一步帮助成员了解自己; 宣布小组活动结束	暖身活动; 优点大轰炸; 小组回顾:我们一起走过; 小组成员评估; 结束

卓越计划　促进大学生学习倦怠行为改变的社会工作服务

六　介入过程的综合思考

卓越计划的介入过程围绕着服务对象，存在社会工作者、专业督导、HND中心辅导员、HND中心负责人以及安行工作室等互动主体，他们之间的关系错综复杂。

（一）服务对象

由于服务对象对社会工作和卓越计划的具体情况缺乏了解，对此类活动的参与兴致不高，因此如何接触服务对象以及吸引服务对象参加到项目之中，就成为一个首先要解决的问题。为了调动学生参加项目的积极性，HND中心决定通过修读社会实践课程学分的方式让学生自愿参与报名，对于问题严重的学生采取特殊的鼓励办法，同时合理地配置参与学生的比例构成，以防止所谓"后进生"的"污名效应"。在正式的服务工作开展前，HND中心和社会学院联合举办了项目的启动仪式，通过一系列的趣味活动，让HND中心学生在游戏合作中与社会工作者建立初步的关系，而后社会工作者以与成员单独会谈的方式，向成员介绍项目的基本情况，获得对成员基本情况的了解，建立初步的信任关系。

课程载体的运用在学校社会工作中具有广泛的适用性，当然也会出现服务对象抱着获取学分的态度参与到服务之中的情况，但是通过社会工作者的专业服务建立起来的信任和理解的同盟关系，会增强服务对象自我改变的参与动机。

卓越计划的介入过程在学校社会工作服务中具有推广价值。

首先，服务对象呈现出来的学习倦怠的行为表现与青年社会化发展密切相关，在大多数在校学生群体中具有普遍性。

其次，卓越计划的服务过程强调同辈群体的作用，不仅是服务对象之间的同辈群体关系，还包括社会工作者与服务对象的同辈群体关系，这也是为什么选择MSW一年级学生以及即将进入大四的社会工作专业学生担任社会工作者的主要原因。卓越计划的社会工作者也是同龄学生的角色，容

· 77 ·

易让服务对象产生亲切感和亲近感。由于 HND 中心的学生虽然学习和生活都在南京大学学校场域内，但是学生的生活和学习管理却是依照高中的班级管理体制。因此社会工作者的南京大学学生身份，为服务过程增加了一些融合的要素，也会减少他们在平时校园生活中的"被南京大学隔离"的感觉。

（二）社会工作者

卓越计划的社会工作者的挑选标准包括完整的社会工作专业本科教育以及相关的实务经验的南京大学社会工作专业学生。从这个角度来看，这些社会工作者和社会工作机构初入职的社会工作者的地位、角色是相同的。在专业老师的精心督导之下，这些社会工作者具备足够的能力来完成服务计划。同时在 HND 中心的学生面前，这些社会工作者的南京大学学生身份还能有助于服务过程顺利进行。面对服务对象，社会工作者时常会遭遇"专业服务关系与朋友关系并存"的困境：与服务对象的朋友关系，一方面可以帮助与其建立更好的专业关系，但另一方面也会让服务关系渗透到社会工作者的日常生活中，给社会工作者带来一定的压力。

社会工作者的多重身份有时会带来多重忠诚的伦理困境：个人价值观和专业价值观之间的差异问题；关注服务对象需求还是完成项目委托方要求；关心项目已有计划还是进行拓展，提供超计划服务；关注服务过程还是注重服务成效；社会工作者在与 HND 中心老师和组织部门沟通过程中处于劣势。

（三）专业督导

虽然卓越计划是 HND 中心方面主动发起的，但在协商和会谈过程中，社会工作专业督导老师的主动沟通和介绍策略对项目的成功开展起着重要的作用。HND 中心负责人和领导对社会工作实务不了解、对自身问题需求不明确，社会工作专业督导老师向其澄清社会工作专业性质、理念，帮助 HND 中心明确自身的需求和界定学生学习问题，向其详细介绍个案工作、小组工作等工作方法的内容和形式以及可以带来的效果，同时主动带领 HND 中心负责人参观实务工作，如成长小组工作过程，让 HND 中心负责人

卓越计划 促进大学生学习倦怠行为改变的社会工作服务

对实务工作的形式、流程有更切身的感受和具体的了解。

在专业督导层面，卓越计划为提升学生的专业能力以及推动社会工作教学与实务的结合提供了一个很好的契机。这主要有两方面的优势：一方面，可以获得足够的资金支持；另一方面，在本校范围内的服务不仅节省资源并且方便可行，对学生的安全也更有保障。

在卓越计划中，专业督导老师成为项目运作的中心，教育性功能、行政性功能和支持性功能并重，秉持实务教学的精髓，对于如何开展社会工作实务教育，有一定的启发意义。但是，不可否认的是，社会工作者对于督导的依赖心理，是值得注意的因素。

（四）HND 中心辅导员及相关工作人员

HND 中心原有的学生服务体制主要是中心主任领导下的辅导员体制，组织架构包括分管学生工作的党委书记、主任、校区负责人以及辅导员四个层级，主要采取分班制辅导员管理制度，辅导员负责上课点名、学生的身心健康和德育教育、作业检查、与学生家长沟通等工作。在卓越计划的开展过程中，辅导员让渡部分学生工作管理权力给社会工作者，为具体服务实践过程的顺利进行提供了足够的资料和支持。

虽然在卓越计划开展过程中，社会工作者与辅导员以及相关工作人员有过三次分享讨论，其间，他们也相对比较支持（至少不反对）社会工作服务的实施，但是辅导员以及相关工作人员始终未主动接受社会工作，只是把这个项目的开展当作他们平时的一项工作程序来完成。因此，在卓越计划之后，原本项目内容中的"辅导员能力工作坊"的开展显得非常重要。

（五）安行工作室及负责人 L 老师

HND 中心党委书记级别的领导对项目的认可和协议的签订，为卓越计划的开展提供了合法性。安行工作室的建立对于项目的开展也非常重要。安行工作室承担着联结 HND 中心的工作人员、社会工作者、专业督导以及服务对象的功能。但是在服务活动实际开展过程中，安行工作室与这四个主体之间的互动都是单线性的，这使得社会工作者和辅导员沟通较少、与任课教师没有沟通、与 HND 中心其他未参与"卓越计划"的学生也没有任

· 79 ·

何联系。这在某种程度上把安行工作室自己的功能给架空了，也给社会工作服务过程带来了不少困扰和障碍。

其中，安行工作室负责人 L 老师的参与动机以及行为是关键性因素。L 老师一方面是高校学生工作管理者，另一方面其正在开展高等教育学的相关研究，以完成其博士研究生论文，因而试图通过卓越计划的开展探寻研究的新问题。

从学生工作管理者的动机来看，L 老师本身作为安行工作室的具体负责人，他的动机主要是，希望社会工作的师生可以帮助解决 HND 中心学生的学习倦怠和学习态度问题，以提高他们的学习成绩，促进学生的身心健康发展，使学生专注学习目标和内容以顺利通过相关考试，从而保证机构的教学任务能够顺利完成，提高机构的升学率和招生率，维护和提升 HND 中心的办学地位及形象。为了监督项目的开展，L 老师提议服务过程中采取辅导员点名和实地观察的方式进行监督，后被专业督导拒绝。L 老师经常旁听督导老师与实务工作者的会谈，与社会工作者进行电话联系询问成员和活动的相关信息，多次与督导老师进行电话沟通询问活动开展情况，给服务过程增添了一些困扰。

从高等教育研究者的动机来看，L 老师在活动中期试图采取问卷的形式对学生进行服务的效果评估（被专业督导拒绝），还要求实务工作者通过邮件发送每期活动流程、小组记录以及访谈报告，并私下访谈参与项目的学生，在服务将要结束时部分实施了就学生参与工作的效果进行的第三方评估。这种研究动机对于服务开展过程有着一定的阻碍作用，也产生了实务伦理与研究伦理的冲突。

七 服务效果

（一）评估过程

本项目评估邀请服务对象、HND 中心工作人员、社会工作者和相关专业人员一同参与。采用参与式监测评估的方式；注重过程评估和结果评估相联系，内部评估（服务对象评估和工作者自评）与外部评估（辅导员评估、家长评估、专家评估等）相结合。评估服务对象的能力成长、学习行为的改善情况以及服务计划的执行情况。

过程评估主要以内部评估为主，采用服务对象和工作者互评、督导评估、合作方评估等方式进行。通过个案和小组服务的工作记录、会议、接触交往以及观察，评估工作者方案设计和服务提供过程及成效，考察工作者和服务对象在服务过程中的参与程度和表现。

成效评估在项目服务结束阶段进行，采用内部评估和外部评估相结合的方式。通过开放式问卷和访谈的方式评估服务对象的进步情况。工作者和服务对象填写评估表，评估服务对象对服务方案的满意度以及工作者感受到的服务对象的转变。督导、HND中心工作人员及第三方评估人员通过参与焦点小组访谈或个别面谈进行评估。

（二）评估结果

卓越计划项目服务开始之后，共实际服务HND中心学生112名（有8名同学因故未接受服务或中途退出），其中个案服务34名，小组服务78名。接受服务的学生各自都有进步和发展，总体上学生自我认识程度加深，在未来规划、人际沟通和学习态度方面有所成长和改变，基本接近项目的目标要求。具体来看，评估结果主要有以下几个方面。

1. 项目活动参与情况

服务开展前期，服务对象被动参与活动，投入程度较低。随着服务的开展，服务对象对社会工作有所了解，与工作者建立关系后，参与活动的态度发生变化。这些变化主要表现在活动出勤率提高和自我表露程度加深两个方面。

2. 服务对象能力增长和满意度

通过开放式问卷和访谈，服务对象报告了在服务过程中的经验和收获。在评估报告中，服务对象反映通过参与活动，朋友圈子有所扩大，学习并发展了人际交往、情绪调节、自我管理、时间规划、目标制定与执行等技能。在服务过程中，服务对象通过交流和尝试进行自我探索，在过程中获得了归属感并提升了自我效能感。总体上，项目过程中服务对象和工作者以及服务对象之间关系融洽，在服务过程中服务对象对社会工作者感觉亲切、信任，能大胆说出自己心中的真实想法，通过讨论分享和游戏能在快乐中学到有意义的东西。

3. 需要倡导和改善服务对象的中观系统、外部系统甚至宏观系统，扩大服务对象的社会支持系统和资源体系

卓越计划客观上为服务对象提供了扩大社会交往的机会和条件，增加了普通学生对 HND 中心及国际学院学生的了解，有助于消除偏见从而减少对服务对象的排斥。然而，服务对象所处生态系统环境复杂，辅导员、朋辈群体、家庭以及学校大环境等因素对学生成长和学习带来巨大影响。

表6　服务对象的社会支持系统和可利用资源或服务

社会支持系统	可利用的资源或服务
朋辈系统	分享学习资源；提供情感支持；提供社交网络，锻炼社交技能
学生工作系统	思想政治教育；心理健康辅导；学生会及学生社团；辅导员、班主任
教育系统	提供课业辅导；考核学生学习情况；提供学校教学硬件设施
HND 行政系统	与外方学校接洽；安行工作室联络各种资源
家庭系统	提供求学经费；协助子女规划职业生涯
其他	隐形的或间接的社会支持，如商业性教育培训机构，关于教育及留学的政策制度等

我们在卓越计划的服务过程中发现，辅导员方面需要改善的观念有：学习成绩不是判断一位学生好坏的唯一标准，需建立多维度的评价体系；不先入为主，标签化学生的行为；发掘学生的优势比告诉他们应该在哪些方面有所改进更重要；主动了解学生的想法，倾听比给意见重要；给予学生充分"说"与"不说"的权利，了解的方式不是事无巨细的审问；关心新生的适应情况，关心的出发点不是"为了你好"，而应从尊重学生的选择开始；学生的行为问题可能与环境因素关系巨大，比如家庭，所以与学生的家长沟通，促进家长的反思同样是做好学生工作的重中之重。原本在卓越计划之后要进行的"辅导员能力工作坊"，就是要将社会工作思维和方法引入 HND 中心学生工作，能够促进改善 HND 中心学生所处的学院环境。

此外，我们通过对这些服务对象的服务发现，HND 中心的学生虽然在南京大学这所高等院校学习，却未必有"南大人"的意识，相反他们可能

会觉得自己不如南大的大学生，不知不觉会拒绝使用南大丰厚的教学资源，这对身处南大的他们来说是种资源浪费。再加上他们以后都要出国，如果不培养充分的组织意识，更难帮助他们建立归属感。因此，HND 中心作为南京大学重要的一部分，应该适当组织活动，帮助同学融入南大，帮助他们发觉自身优势，而不是比较之后否认自己。

八　案例使用说明

（一）教学目的与用途

本案例教学使用说明是以将此案例应用于高级社会工作实务课程中的教学为基础撰写，如将本案例应用于其他课程教学安排需要做相应调整，本案例使用说明可做参考。

1. 适用的课程

本案例适用于高级社会工作实务、学校社会工作和青少年社会工作，也可以将本案例作为社会工作项目管理课程的辅助案例。

2. 使用的对象

本案例适用对象包括高年级社会工作专业本科生、社会工作专业硕士（MSW）和教育类研究生。

3. 本案例教学目标规划

（1）覆盖知识点

本案例在高级社会工作实务课程中应用主要覆盖的知识点有：社会工作实务通用过程模式；社会工作实务的通用过程；青少年社会工作的主要内容与方法；学校社会工作的主要内容与方法；个案工作技巧；小组工作技巧；社会工作服务方案设计；社会工作价值伦理等。

（2）能力训练点

本案例在高级社会工作实务课程中规划的能力训练点有：掌握社会工作实务通用模式的特点及其内容，分析案例中的社会工作实务过程的步骤和方法；通过分析本案例中服务对象的需求，明确社会工作服务的目标和思路；通过分析本案例的社会工作理念，学会如何将理论基础应用于社会工作服务过程之中；学会如何设计社会工作服务方案及项目评估；通过讨论对整个案例进展进行深入解析与评判，培养学生在社会工作实务中的综合分析能力和决策能力。

（3）观念改变点

本案例在高级社会工作实务课程中规划的社会工作理念有：青少年社会工作的开展要从青少年的特点和需求出发，谨慎对青少年社会现象做出问题解释；"人与环境互动"是青少年社会工作和学校社会工作的基本介入视角；基于每个人都是有能力的前提，社会工作服务要提供给服务对象一种正向发展和自我决定的积极文化和理念。

（二）启发思考题

本案例的启发思考题主要对应的是案例教学目标的知识传递目标，启发思考题与案例同时布置，另外，要让学生尽量在课前阅读熟悉相关知识点。因此在案例讨论前需要布置学生阅读社会工作实务的相关内容，主要包括社会工作实务通用过程、个案工作技巧、小组工作技巧、学校社会工作实务、青少年社会工作实务以及社会工作价值观等内容。

（1）在本案例中，存在哪些重要的道德伦理问题？出现了哪些伦理困境？社会工作者是如何处理这些困境的？你对于处理这些困境有什么建议？

（2）在本案例中，社会工作者扮演了哪些角色？哪个角色最重要？

（3）在本案例中，社会工作者在从接案、预估、计划、介入、评估到结案的服务过程中，你认为每个不同阶段分别使用了哪些服务技巧？有哪些地方需要改进？你会如何处理？

（4）在本案例中，社会工作者在哪些不同的系统层面实施了介入？服务过程中，社会工作者是如何处理多个系统之间的关系的？

（5）本案例中，社会工作服务的理论基础是什么？你认为还有哪些方面的理论可以用到本案例的实施过程中？

（6）本案例揭示了哪些社会问题？你学到了哪些实务方面的知识？你从本案例的研究中，发现了哪些实务原则？你将如何把这些原则应用到其他案例中？

(三) 理论依据及分析思路

本案例中，卓越计划的基本理念是能力为本的青年正向发展（strength-based positive youth development）。这一工作理念强调赋权（empowerment），认为聚焦于发展青年的能力和潜质比强调他们的问题更加有效，强调整体地看待青年发展的问题，采用"人在情境中"的观点，把焦点放在青年的发展以及改变上。这一工作理念在个案辅导过程中体现为"积极学习"的观点，在小组工作中则体现为"学有所成"的观念的传递。本案例中的理论依据在服务对象层面选择了青年正向发展理论，在介入方法的层面选择了优势视角理论，在实务模式方面则着重于社会生态学的理论框架的运用。

1. 青年正向发展理论

青少年时期是形成自我概念的时期，青春期是一个认同形成的时期。在获得认同的过程中，其中一个方面是寻求独立与家庭。在提升青少年自我概念这个问题上，有四个主要策略：鼓励成就；提升特定领域的能力；服务和同辈的支持；形成适应技能。

青年的正向发展包括自我意识（明白本身的感受，并对本身能力做出合乎现实的评估）、社交意识（能够洞察他人感受及了解他人观点）、自我管理（能够处理情绪及延迟满足，并在面对挫折时保持坚忍）、人际关系技巧（能够维持人际关系及处理情绪问题，处理人际压力及冲突）以及负责任的行动（能够以合乎现实的方式评估风险、寻求其他解决方法及就本身的决定承担个人责任）。促进自尊、善用探索（exploration）和投入（commitment）以及减少自我差距等策略，都能帮助青年正向发展。

2. 优势视角理论

优势视角的社会工作实践立足于发现和寻求、探索和利用服务对象的优势和资源，协助他们达到自己的目标，实现他们的梦想。这是一个服务对象和社会工作者合作的过程。

有成效的青少年工作的理念是以青少年为本，利用青少年的优势、兴趣、目标和梦想作为学习和帮助的起点，调动青少年固有的动机以及现存的内在学习和自我成长的驱动力，帮助青少年发现自己所拥有的能力。

3. 社会生态学理论框架

学校社会工作关注人们与其周边环境的互动，并将其作为计划和实行介入的首要分析因素。社会生态学的观点引导人们将注意力集中在整体上，而不是一个单个部分、系统或是对象环境的某一方面，其关注点在于社会互动的过程和学生与其周边环境之间的交流。

社会工作专业注重"人在环境中"这一理论，学校社会工作者同时关注课堂、学校、社会环境，不仅关注个人对环境的反应，也关注个人改变周围社会系统的能力，以及同时发生的子系统之间的关系、地理环境对社会进程的间接影响。

社会生态学的理论视角强调人的优点，强调人与人之间以及人与周围物理的、社会的、文化的环境之间的相互作用。人们努力争取与环境的适应，而且有一种自然的力量推动人们获得和掌握新的能力。由于社会环境、个人发展和生命事件的变化将会导致系统失去平衡，所以行为和情绪被看作应对、抵抗、改变或者适应压力以及适应环境的一种方式。学生整体都被视为他们自身周围的环境的参与者，并置身于他们自己的文化和宗教传统的背景之中。学校社会工作者通过与家庭、老师和学生环境中的社区资源一起工作，为学生提供充足的支持，维持功能必需的平衡状态。

（四）方法分析

在本案例中，项目运作过程注重整合性社会工作服务的提供。

1. 课程与服务的整合

本案例中，服务对象的选择是通过 HND 中心专门设置社会实践课程的选课过程来进行的，这一过程体现自主性和专业性的结合，同时避免污名化效应。

卓越计划通过社会实践课程为 HND 中心学生的参与和贡献创造机会。通过让他们发出自己的声音、积极地参与问题解决、表达自己的想象力、和他人共事或帮助他人、贡献自己的才能等，HND 中心学生形成了以健康发展和成功学习为特征的态度和能力（社交能力、问题解决能力、自我效能感和成就感），这是以优势视角进行实践的自然产物。

社会工作者在工作过程中，将做出选择和决定的权利融入其中，例如让服务对象参与计划制订和评估过程、小组规范和协议的制定等，持续邀请服务对象参与激发他们的行为动机的活动。同时向服务对象提供持续的

卓越计划 促进大学生学习倦怠行为改变的社会工作服务

机会去与外界发展关系，利用他们的优势激发他们的兴趣和想象力，帮助他人并做出决定，例如在社会实践课程中，在开展卓越计划的同时，HND中心还提供给选课学生参与公益服务的机会。

卓越计划把社会实践课程创造成为将关怀、尊敬和责任感作为行为标准的氛围，成为促进服务对象实现转变的场所。社会工作者帮助服务对象发现和利用它们的优势，赋予他们作为积极的决策者所承担的责任，让他们学习到同理心、尊敬、自我控制和责任感。在课程中，社会工作者与服务对象是一种同盟关系。尽管花费了较多的时间，让服务对象认识到社会工作者与自己站在同一阵营里，但这种结盟过程对于社会工作实践而言是相当重要和有用的。

2. 服务方式的整合

南京大学社会学院与HND中心合作的学校社会工作服务项目的主要内容包括：针对HND中心的学生的个案工作与小组工作（该部分的服务被称为卓越计划）、校园活动、调研与倡导、辅导员能力建设工作坊，从内容层面就呈现整合性的特点，既包括个案工作、小组工作、社区工作等直接服务，也包括倡导、咨询与研究方面的间接服务。卓越计划从微观系统、中观系统、外部系统和宏观系统考虑对服务对象发展的影响，发掘服务对象及其所处环境的主体性。

3. 资源整合

在本案例中，社会工作者充分发掘服务对象及其环境和社会工作本身系统的资源，以发挥社会工作助人自助的专业助人功能。学校社会工作服务往往在那些强调教育胜于社会工作的机构中开展，因此学校社会工作者必须和学校的人员相互合作才能达到服务的目的。

作为HND中心学校社会工作合作项目的一部分，卓越计划从策划到实施都体现了资源整合的思想。将社会学院社会工作专业服务引入HND中心学生管理中，社会工作专业学生以实习的方式参与项目为HND中心学生提供服务，实现了社会工作教育、实习、服务提供和专业研究相结合。而这种在开设社会工作专业的高校内部进行资源整合，以项目合作方式在校内其他院系开展社会工作服务的方式也是在目前专业社会工作服务机构较少，社会工作普及程度较低的背景下开展高校学校社会工作服务的有益尝试。

· 87 ·

本案例中，资源整合也存在一些不足。卓越计划项目过程中除了合作双方的协调部门安行工作室以外没有其他部门参与，工作者和所服务学生的辅导员沟通较少，与任课教师没有沟通，与 HND 中心其他未参与卓越计划的学生也没有任何联系。造成这种情况的原因是：一方面，社会工作概念在 HND 中心老师和学生心中比较模糊，他们对社会工作服务存在质疑；另一方面，由于 HND 中心学校社会工作合作项目由多个部分组成，卓越计划作为以服务学生为主的一个项目组成部分，其工作者为社会学院的学生群体，社会工作服务工作者在与 HND 中心老师和组织部门沟通过程中处于劣势。所以，在以后开展类似学生服务活动时，应增强各部门之间的合作和沟通，同时促进工作者增权，通过项目实施动员一切可以加入的力量共同合作开展项目。

（五）说明关键点

从案例教学的角度来看，本案例可分析讨论之处有：社会工作者在项目中的合法性的获得过程是怎样的；社会工作者如何得到 HND 中心师生的认同；项目开展中，以课程为载体提供服务的适切性如何；个案工作与小组工作如何融合以达至最佳服务效果；服务对象的环境改变的策略包含哪些；服务对象是谁；服务对象的问题如何确认；服务过程中如何权衡和处理利益相关者之间的不同关系（人际关系、科层关系、专业关系等）；与服务对象的专业同盟关系如何建立；服务效果如何评判，通过研究的手段还是实务的手段；服务如何持续；学校社会工作与学生工作、学生管理的冲突和融合表现在哪些方面；研究伦理与实务伦理的冲突；等等。

教学中的关键要点包括如下几点。

1. 如何界定服务对象的问题

学习倦怠是一种消极的学习心理，指由于学习压力或缺乏学习兴趣而对学习感到厌倦的消极态度和行为，它具有以下几项特性：学习倦怠发生在学生个人身上，会引起学生情感与认知方面的负性改变，使学生明显地丧失学习的动机、热忱与活力；学习倦怠易使个人在学校的学习或活动中表现出疏离或退缩的行为，面对学校学习采取孤立、漠不关心和不在乎的反应方式，甚至出现迟到、早退、缺席或休学等情况；学习倦怠所表现的成就感低，主要在于学生对学习成效过度期望而引起的消极经验。

影响学习态度的外在环境因素主要源于与学习有关的超负荷情境，如科目繁多、课业繁重、教师要求严格、过分强调升学压力、父母过高的期望等。影响学习倦怠的个人因素主要是与个人的特质有关的一些因素，如自我效能感、自我意象、内外控制信念、自尊、人格和焦虑等。

大学生学习倦怠的主要影响因素有：对所学专业缺乏兴趣、热情不高、动力不足等，对学习的专业的积极性不高；对未来缺乏自我规划和认知，依赖于学校、家长等的选择，缺乏自我选择的能力；学习的自我效能感低，对学习的态度沮丧或者焦虑，产生挫败心理。

大学生学习倦怠的主要表现有：大部分时间投身于网络世界，沉迷于网络游戏和网络社交；逃课、迟到、不听讲、上课睡觉等；缺乏社会交往，情绪低落，自我封闭；生活作息不规律，饮食、睡眠出现问题，健康受到影响，出现身体不适、无精打采等情况。

预估是一个过程，也是一个结果。基于优势视角，卓越计划并未采纳项目方的建议——首先基于问题-诊断视角对于学生的学习倦怠行为进行测量，而是针对服务对象的优势进行评估，帮助服务对象理解和认识他们的处境，明白他们需要帮助的原因，协助他们对影响其处境的因素做出评估并找到意义。社会工作者通过协助服务对象讲述自己的故事，优先考虑他们对情境的看法、对情境所赋予的意义，以及服务对象对情境所产生的情感或感觉，用一种关心的态度去面对服务对象，探求服务对象想要什么且期望得到什么服务，发现服务对象来自家庭网络、重要他人以及学校等的外在优势，这些优势可以为服务对象以自己的方式行事提供支持和机会。把这种优势评估当作社会工作者与服务对象之间的共同活动，并对评估达成一致意见，在评估的过程中，尽量减少因果解释。

从生态学的观点来看，本案例中的预估关注的是学生对他周围各种各样的环境的影响，以及它们之间的相互作用。学生对于课堂、同伴群体以及家庭的影响是什么？其他人是如何看待这一学生的，以及他们对他做出怎样的反应？该学生是如何影响这些相互之间的关系并受其影响的？

2. *如何识别服务对象及其系统*

在本案例中，出现了与服务对象相关的五种系统。

求助者，即识别出或感觉到有问题，要求给予帮助的人或系统，在本案例中是HND中心负责人及老师。

服务对象，即求助者与社会工作者建立起正式的、有契约约定的、有目标的关系，服务对象可以是个人、家庭、小组、团体，也可以是社区或组织。本案例中的服务对象是HND中心有学习倦怠行为表现的学生。

工作对象（目标系统），即服务对象和工作者共同认定要获得想要的结果必须改变的个人或系统，也就是为了达到改变服务对象系统的目的所需要改变和影响的系统。由于服务对象的问题及其解决，是与服务对象生活的环境及其资源密切相关的，这样工作过程就会涉及与服务对象有关的人与系统，与服务对象有关的人与系统的改变就是社会工作的目标。在本案例中，工作对象系统包括学生、家长、老师以及HND中心等。

行动系统，即那些与社会工作者一起工作，实现改变目标的人，即社会工作者的同盟军，是与社会工作者一起进行改变努力的系统。为了实现社会工作目标，帮助服务对象达到改变的目标，社会工作者要通过各种与服务对象有关的人与系统一道工作，形成行动系统，实现真正的改变。在本案例中，行动系统包括服务对象、辅导员以及HND中心负责人等。

受益者，即会从成功实现目标中受益的个人或系统。本案例中，直接受益者是HND中心接受服务的学生，间接受益者包括HND中心的老师以及学生家长等。

3. 本案例中出现的伦理困境有哪些，如何处理

社会工作服务过程强调服务理念和平等理念，而在实际工作中保密的程度和情况，服务对象权利和工作者的专业技能，自由意志和环境限制以及工作者普通学生身份和专业人员身份等问题困扰工作者的抉择。

在本案例中，社会工作者面临双重身份和多重忠诚的伦理困境。社会工作者既是普通学生又具有提供专业社会工作服务的专业人员身份，个人价值观和专业价值观之间存在差异。即使工作者能够秉承专业伦理体现专业人员身份，其专业人员身份内部也存在伦理困境：关注服务对象需求还是完成项目委托方要求；关心项目已有计划还是进行拓展提供超计划服务；关注服务过程还是注重服务成效；在面临伦理困境时，社会工作者必须积极应对，只有形成伦理决策，才能继续为服务对象提供服务。

社会工作者面临伦理困境，需要更广泛的指导和培训。对于刚刚开始实务实习的社会工作者，在面临伦理困境进行抉择时不应完全独立自主，专业辅导和服务督导不可缺少。本项目在服务过程中，社会工作专业督导老师同时兼任督导和项目管理的职责，通过开展集体研讨、个案分析、个别指导等，增强社会工作者面对伦理困境的抉择能力。

4. 本案例中的环境改变策略有哪些

国内外学者普遍认为，学习倦怠会表现在人的行为和心理上的典型症状有：情绪衰竭、非人性化、成就感低。当较低的成就感与学习倦怠的前两种症状结合在一起时，学生就会丧失理想和学习动机，通过减少心理上的投入来抗拒改变，这时失败就会成为他的一种生活方式，这也就是心理学上所讲的习得性无助。

习得性无助理论也可以作为一个反观和反思性的社会工作的有用视角。要解决这种习得性无助状况，就要做到环境丰富化（environmental enrichment），改善服务对象的生活环境，让他们体验到可以主导自己生活、达致成功的生活经验。

根据社会生态学观点，学生和其所处的环境之间有着极大的关联性，不能割裂开来看，社会工作者的目标是增进个体的社会功能，这种功能既包括个人认知，也包括社会认知。改变环境是学校社会工作介入的目标之一，改变老师、家长的期望和信仰以及同辈群体的行为会给学生带来更好的适应效果。社会工作者的职能是在个人和环境接触的层面上工作，从而给服务对象的需要或应对行为和环境资源之间带来平衡，以提升学生的自尊和学习表现。学校社会工作者在试图改变关系和社会生态系统中所能扮演的角色之一就是倡导者。

学校作为一个组织由许多群体组成，除学生群体外，教师、其他专业人员、管理团队、学院负责人、校长等都是学校环境的重要组成部分。学校内大多数活动发生在一个或几个小群体组成的群体范围内，其他群体与学生的互动对学生成长具有重要影响。

以本项目中服务对象所在学院为例，HND 中心的学生管理主要分为学籍管理、教学管理和日常生活管理三个部分。由于中外合作办学的特殊性，学生入学分别在南京大学外语部 HND 中心、中国留学服务中心和苏格兰学历管理委员会三方进行注册。而授课教师为中心聘请的南京大学相关专业教师，仅负责按照 SQA-HND 课程设置和规定教材进行课程讲解和学生学业成绩考核。其他的学生事务由 HND 中心聘请行政人员和专职辅导员进行处理。

HND 中心采用班级管理的方法。班主任是班级管理工作的主要承担者，并与中心职能部门、任课老师等共同维护班级环境。为便于管理，低年级学生按照入学成绩（以英语成绩为主）分班；高年级学生按其所学专业和学习成绩分班。

HND 中心学生生活管理涉及学生思想教育、安全教育、卫生健康教育和在校生日常生活管理等方面。从《学生手册》中相关规定可以看出，HND 中心以传统的管理主义方法制定统一标准，明确奖惩，将日常生活管理和学生考核挂钩。中心详细规定了学生参加早晚自习、上课表现、日常生活（个人作息、宿舍卫生、参加校园活动等）、学业考核等各方面的奖惩措施。与南京大学统招生的学生管理相比，HND 中心学生自主空间小，在校生活相对单一。

学生的生活环境包括学校公寓、图书馆以及其他能够学习和娱乐的地方，这些物理特征对学生活动有深刻的影响。HND 中心学生尽管在南京大学校园内学习、生活，但是公寓、教室以及图书馆资源使用等，与在校统招生都是相互独立并且是完全不同的，由此带来这一学生群体的"住在南大的非南大人"的隔离感。

学生需要能感受到被尊重并能够获得成功的课堂，也需要在校园社区中感受到被重视。在这种管理模式下，有以下五方面不足需要弥补。第一，师生关系不平等。老师和学生是一种领导和服从的关系，老师权威不可动摇，学生只能听从命令，服从安排。第二，行政性强，对学生需求关注不足。老师以完成上级交给的任务为本，学生工作是一个自上而下完成上级下达任务的过程。在工作中，工作人员更多考虑的是上级的要求意愿和自己的工作业绩，而不是学生的需要。第三，问题取向。在处理工作过程中管理者主要关注学生的负面行为，较少关注学生的优势和资源。第四，管理主义，授权不足。学校环境中学生主要是被限制与被管理的角色，处于弱势的学生不能提出自己的要求，应有权利被剥夺。第五，各自为政，浪费资源。班主任和任课老师以及管理层在实际工作中常常互不相干，有时甚至发生冲突，从而导致学生权益受损或受益不均。

所以，在继续开展卓越计划的同时，改变学生所处学院环境的相关服务同样重要。其中，增强辅导员队伍的素质和学生事务管理能力，建立良好有效的辅导员工作机制，对于巩固学生接受社会工作服务效果，进而全面提升HND中心的办学形象和能力具有重要意义。在HND中心学校社会工作合作项目中落实辅导员能力建设工作坊，对辅导员老师给予心理咨询、学校社会工作以及其他相关知识的实务性具体指导，能够以服务理念弥补教育管理理念之不足，以需求理念弥补任务为本的行政观念，以优势视角取代问题视角，增加授权，减少管控，并促进教育工作者和学生工作团队的合作。

5. 学校社会工作与学生工作、学生管理的冲突与融合表现在哪些方面

社会工作介入学生工作在欧美发展已有较长历史，中国港台地区也有许多可借鉴的成功经验。已有经验表明学校社会工作在服务学生和满足学生需求与福利方面扮演重要角色。社会工作进入学校开展服务的渠道主要有民间机构介入和政府政策干预两种。服务者为专业社会工作者、学校教育工作者或福利工作人员。

学生工作是学校教育中的一个重要环节，长期以来，我国学校形成了一套以思想教育为核心，党委系统为主、行政为辅的学生工作模式。在高等教育大众化、学生需求多样化的发展背景下，传统的管理思想占主导，以控制和说教为主的学生工作方法并没有达到理想的工作效果。我国高校目前所提供的学生服务大多数都是以思想政治教育为核心的学生工作，除了少数由社会工作专业开展的学生成长小组、个案辅导外，鲜有学校社会工作。专业社会工作者在协助处于困境的学生方面处于缺位状态，而学生工作服务人员大多没有接受专业的社会工作培训。

在内地高校中，学生工作和学校社会工作并存，相互补充，共同为学生提供服务是一种好的方式。高等院校不同于中小学，高校组织系统复杂，不能简单通过设立驻校社工岗位的方式引入学校社会工作者提供社会工作服务。充分利用高校内部社会工作专业资源，通过已有学生工作较完整的组织框架，借助项目合作、宣传倡导以及管理人员社会工作专业培训等方

法，可以拓展学校社会工作的实践和理念覆盖面。

(六) 建议的课堂教学计划

1. 学生预习的知识

在本案例教学中，学生预习的知识包括：社会工作实务通用过程的模式与特点；青少年的发展特点；学校社会工作实务；青少年社会工作实务；社会工作理论；社会工作价值观与伦理；社会工作服务方案设计与项目评估。

2. 时间安排

本案例的课堂教学计划包括案例回顾、集体讨论、知识梳理及总结、问答几个部分。具体时间安排建议有如下两方面。

（1）课前阅读相关资料和文献 3 小时。

（2）课堂安排 90 分钟：案例回顾 10 分钟；集体讨论 50 分钟；知识梳理及总结 20 分钟；问答与互动 10 分钟。

革面之旅

对攻击性倾向儿童的社会工作服务

闫昭澎[*]

一 案例背景

随着社会的不断发展，孤残儿童的生存状况得到了越来越多的关注。孤残儿童是处于弱势地位的特殊群体，他们多数在早年就遭到父母遗弃，在儿童福利机构的集体生活中成长。福利机构虽然维护了其生存、生活和受教育的基本权利，却难以满足他们情感依恋和个性化需求。随着年龄的增长，他们往往会暴露出各种各样的心理和行为问题，具有攻击性倾向便是其中较为常见的一种。孤残儿童的攻击性行为若不被及时有效地纠正，会造成其错误行为认知的强化，不利于个体的健康成长，与此同时，此类偏差行为还会使孤残儿童在步入社会后背负负面的刻板印象甚至被污名化，从而对这一群体的生存与发展环境造成不利影响。《抱朴子》有云："洗心而革面者，必若清波之涤轻尘。"如何有效协助孤残儿童认识和调整自身偏差行为，便成为福利机构社会工作者的一项重要任务。

小 H（化名），男，出生于 2006 年 6 月 10 日，先天聋哑，精神状态一般。小 H 在婴儿期遭受家庭遗弃，父母信息不详，因而自幼生活在 N 市儿童福利院。他原在 N 市聋哑学校上一年级，仅掌握少量汉字和手语。因其经常在班里搞恶作剧，并伴有攻击性行为而导致师生关系、同学关系紧张。

---

[*] 闫昭澎，南京市社会儿童福利院社会工作师。

社会工作者经 N 市儿童福利院委派,为服务对象提供个案辅导。

二 分析预估

(一) 主要问题表现

服务对象自幼生长在儿童福利院集体生活环境之中,现同室有十几名与其年龄相仿的儿童。他常与其他孩子为小事发生争斗,也常会恶作剧地在有人经过身边的时候伸脚将其绊倒,或在吃饭时将自己不喜欢的食物扔到别人面前,与室友们关系紧张;在学校里经常乱拿别人东西、发脾气,上课时不遵守课堂纪律,课间打同学,甚至会攻击老师,当遭到老师批评时嬉皮笑脸、做鬼脸,不以为然。其行为导致福利院的保育员和学校老师都不太喜欢他,周围的成年人常批评他,会说他"不乖",给他贴上"坏小孩""不听话"的标签。

最近小 H 因在校打伤同学,被聋哑学校老师勒令停课,留校察看。

(二) 分析预估

1. 量表测试结果

社会工作者曾给小 H 做过儿童行为量表的测试,测试结果如表 1 所示。

表 1 小 H 儿童行为量表测试结果

单位:分

总 分:	101				
因子分:					
活动能力 3.00		社交能力 4.00		学习能力 3.00	
抑郁	18(参考分界值为 9~10)	强迫性	12(参考分界值为 8~9)
社交退缩	10(参考分界值为 5~6)	攻击性	38(参考分界值为 19~20)
多动	14(参考分界值为 10~11)	违纪	14(参考分界值为 7~8)
分裂性	5(参考分界值为 7~8)	交往不良	3(参考分界值为 5~6)

测试结果显示：①小 H 的行为存在攻击性倾向，且存在破坏行为和违反社会道德准则的行为；②社交退缩，与其他人交往回避、不主动；③小 H 反复出现明知不对但又摆脱不了的想法或行为，有时很古怪，自觉痛苦。

2. 成长经历

由于 N 市儿童福利院对孤残儿童采用"按不同年龄层次分生活室集中养育"的抚养模式，因此随着儿童年龄的增长，他们需要不断地更换生活室。小 H 至今已"搬过四次家"，更换过不同的生活环境。

通过对小 H 三岁之前的照料人 W 阿姨的访谈，社会工作者了解到"或许是因为聋哑的原因，他平时很安静，但感觉很黏人，被抱在怀里时，他会把脸在人家皮肤上蹭，绝大部分时间都很乖巧"。

自从小 H 来到现在的生活室，他就开始变得具有攻击性。通过社会工作者观察，小 H 同室居住着十余名与其年龄相仿的学龄期儿童，绝大部分孩子都有强烈的不安全感和竞争意识。生活室中，男孩之间会因抢凳子、抢玩具甚至为争宠而打闹，女孩之间会因彼此不小心弄湿头发、弄脏衣物等事而争吵。在这里，情感资源是匮乏的，孩子之间充满竞争，他们大多数缺乏感恩之心，没有谦让意识。

3. 问题评估与综合分析

无论是在福利院的生活环境中还是在聋哑学校的学习环境中，服务对象始终处于"集体生活"的状态里。在评估小 H 的攻击性行为问题时，社会工作者不仅要分析其自身的原因，也要对其生存环境予以审视，因此社会工作者从生态系统的理论视角出发，从内在动力和生存环境两方面对其攻击性行为和人际关系紧张问题进行评估和分析。

（1）内在动力

首先，服务对象心理上长期缺乏安全感。福利机构可以为孤残儿童提供的物质条件尚可，但机构内的情感资源稀缺。通常福利机构中每名保育员阿姨要同时照顾 3～5 名孩子，这意味着虽然小 H 转到每个生活室都有固定的照料人，但他能够得到的关注是有限的。小 H 自幼年起便过着集体生活，情感关爱的长期匮乏导致他没有足够的安全感。

其次，服务对象以偏差行为博取关注。对情感的极度渴求，导致他不断地通过恶作剧、打人来获得照料人和其他成年人的关注，尽管这种关注有时带来的是惩罚、批评或责备，但在小 H 看来，这样的关注有胜于无。

（2）外部环境

一方面，服务对象的攻击性行为受同辈群体的影响。服务对象长期处于福利院的集体生活中，其行为习惯受生活环境影响很大。小 H 所在科室的每个孩子似乎都有一种非理性信念："武力是解决问题的一种方式，只有具备攻击性才能保护自己、抢到资源。"因而生活室内打架事件时有发生。

另一方面，服务对象的行为被不良"标签"所强化。因为小 H 淘气，在学校时老师和同学们会都冲他"竖小指"，给他白眼、让他罚站，还给他贴上"坏孩子""不听话"的标签。面对周围环境中出现如此密集的负性标签却没有人站在身旁给自己以引导与支持，服务对象只好继续按照这种标签来指导自己的行为。

三　服务计划

（一）服务目标

1. 总目标：协助服务对象形成健全的人格，以助其回归社会、融入集体。

2. 具体目标：

（1）降低其攻击性行为的频率，帮助他通过较为平和的方式处理问题；

（2）增加期望行为（如使用"文明用语"、帮助他人等）的发生频率；

（3）帮助其学会遵守秩序，尊重他人，改善其人际关系。

（二）具体服务策略

1. 方法及原理

由于服务对象攻击性行为的出现，不仅有其自身的原因，还与其生活和学习环境的改变密切相关，因而社会工作者在此次服务中主要采用心理社会治疗模式，辅之以行为治疗模式的相关技术，尝试从服务对象自身及其所处环境两个方面进行介入。

心理社会治疗模式关于人的假设主要是建立在系统论基础之上的，按照心理社会治疗模式的观点，理解一个人不能够仅仅从生理因素出发，还必须充分考虑到心理和社会这两个重要因素。换句话说，心理社会治疗理论认为，人的行为是生理、心理和社会三重因素综合作用的结果。也正因为如此，对一个人的行为进行分析就应该充分考虑到这三重因素的综合作用。不是把人看作孤立的个体，而是把人放到特定的情境中来理解就成了心理社会治疗模式的必然选择。

该模式的内容主要包括理论假设和治疗技巧。

（1）心理社会治疗模式的理论假设主要包括以下四个方面。

第一，对人的成长发展的假设，人生活在特定的社会环境中，生理、心理和社会三个层面的因素相互作用，一起推动个人的成长和发展。

第二，对服务对象的假设，服务对象的问题与服务对象感受到的来自过去、现在以及问题处理三个方面的压力有关。

第三，对人际沟通技巧的假设，人际沟通是保证人与人之间进行有效沟通交流的基础，是形成健康人格的重要条件。

第四，对人的价值的假设，每个人都是有价值的，即使是暂时面临困扰的服务对象也具有自身有待开发的潜在能力。

（2）心理社会治疗模式的治疗技巧。

第一，直接治疗技巧指社会工作者直接对服务对象进行辅导、治疗的具体方法，其中又根据社会工作者与服务对象的沟通状况分为非反思性直接治疗技巧和反思性直接治疗技巧。前者包括支持－直接影响和探索－描述－宣泄。后者主要包括现实情况反应、心理动力和人格发展反应。

第二，间接治疗技巧通过辅导第三者或者改善环境间接影响服务对象的具体技巧。由于服务对象年龄尚小，其各方面行为习惯尚未完全形成，目前出现的一些行为问题，皆因模仿周遭人群，却没有得到良好的行为引导而产生，而行为治疗模式正是以服务对象的行为学习为中心展开的，社会工作者希望在取得服务对象身边重要他人支持的基础上，通过改变周遭人群对服务对象的看法、营造良好生活室氛围等方式，帮助服务对象逐渐放弃目前的偏差行为，形成良好的行为习惯。

2. 直接治疗策略

（1）积极引导、正向激励。采用代币制，与服务对象取得共识，正强化其"期望行为"并逐渐形成良好的行为习惯。每次小 H 出现"期望行为"时，我们便给他贴一朵小红花，当累积到 10 个小红花时，他便能得到自己喜爱的糖果；当累积到 20 朵小红花时，他便能被允许到阳光房骑自行车；当累积到 30 朵小红花时，他便能得到他最喜欢的照料人 2 个小时的单独陪伴。

（2）心理转移、释放情绪。社会工作者帮助服务对象找寻合理的情绪宣泄途径，并尝试引导服务对象运用心理转移法，使之学会自我放松。社会工作者每次察觉到小 H 要发脾气时，便会立即把他带离现场，随机引导他通过跑步、踢球等方式转移注意力，并同时起到宣泄情绪的作用。

3. 间接治疗策略

除了直接治疗技巧外，心理社会治疗模式还强调通过改善周围环境或辅导第三方来影响服务对象的间接治疗技巧。服务对象的改变需要获得来自周围人群的支持。

（1）社会工作者、照料人（保育员）、老师建立起一个帮助服务对象的团队，对服务对象存在的问题和服务的策略有一致认识。改变照料人（保育员）和老师看待服务对象的角度，从优势视角出发，注意发现服务对象的优点并及时对其良好的表现进行表扬和鼓励，而不仅仅将眼光聚焦在他的偏差行为上。对服务对象多一点儿耐心、多一点儿关爱、多一点儿支持。强化对其优秀品质和行为的鼓励，弱化对其不良行为的关注，要减少或者不用对服务对象的负面评价，为其"去标签"。

（2）针对服务对象生活环境中"充满争抢，少有分享，缺乏感恩"的状况，社会工作者策划为小 H 及其室友们组织一场"感恩教育"主题活动，希望通过改变整个生活室的风气，促成其相互间正向的影响，逐渐改变所有孩子的攻击性行为。

（三）服务计划和方案

基于治疗策略，社会工作者除了需要协助调整和改善服务对象自身的功能外，还应该将生活室内其他学龄期儿童、周围人群等纳入服务目标系统；同时为了达到服务目标，社会工作者要与主要保育人员、机构负责人以及学校老师密切合作，形成行动系统。据此，社会工作者将服务计划和方案设计成如表 2 所示。

表 2　社会工作服务计划

介入对象	服务时间	预期目标	介入形式
小 H（服务对象）	第 1~8 周，每周三、周四、周五下午两个小时	1. 降低其攻击性行为的频率，帮助他通过较为平和的方式处理问题； 2. 增加期望行为的发生频率； 3. 帮助其学会遵守秩序，尊重他人，改善其人际关系	个案访谈； 订立目标； 链接资源
Z 阿姨（生活室主要的保育员）	第 1~3 周，每周二的 2 个小时；第 4~8 周，不固定时间	1. 收集服务对象资料； 2. 邀请其加入服务目标和计划的制定； 3. 获得其服务过程的支持和帮助； 4. 改善周围人群对服务对象的态度，去除"负性标签"	摄入性会谈； 订立计划
生活室内其他学龄期儿童（同辈群体）	第 2~4 周每周二的 2 个小时（与保育员时间错开）	1. 改变生活室风气，引导儿童学会感恩； 2. 订立契约，形成"相互分享"的氛围； 3. 改善同辈群体对服务对象的态度，去除"负性标签"	会谈； 认知建构； 订立契约
L 老师（班主任老师）	第 3~7 周，每周五下午	获得学校老师对服务过程的支持和帮助，协助服务对象纠正偏差行为	与老师会谈
机构负责人（保育科领导）	第 2~3 周，每周四 2 个小时	1. 获得机构负责人对服务方案的支持； 2. 邀请其加入服务过程评估和监督	与负责人会谈

四　服务计划实施过程

（一）第一阶段

1. 介入目标

与服务对象建立相互信任的专业关系，为其增能；初步完成服务对象的问题分析；和与服务对象较为亲近的保育人员、老师以及其他重要他人联系，取得其配合。

2. 服务过程

初次见面时，服务对象藏在 Z 阿姨（小 H 亲近的保育人员）身后，偷偷地观察社会工作者并不时吐舌头，当他确定社会工作者与 Z 阿姨关系友好后，他才从 Z 阿姨身后走出来，先是在大人们身边踱步，接着便试探性地用手指轻轻戳一下社会工作者，当他确认社会工作者对他的友好与善意后，便拉住社会工作者的手，示意陪他一起玩耍。社会工作者此后与服务对象保持密切联系，一周后，当服务对象每次看到社会工作者的到来都异常兴奋，并主动将自己书包中的"宝贝"与社会工作者分享时，社会工作者才真正获得了服务对象的信任。社会工作者探询到其心理矛盾和改变意愿，随后双方约定了见面的时间和地点，并完成了儿童行为量表测验。最终，社会工作者为小 H 与 Z 阿姨逐条解释并与之签订了服务协议。

与此同时，社会工作者积极争取保育员 Z 阿姨与班主任 L 老师的帮助，通过摄入性会谈等方式收集到服务对象的攻击性行为表现及发生频率等相关资料。社会工作者跟 Z 阿姨和 L 老师就服务目标达成一致，共同约定针对小 H 行为的奖励和惩罚措施，如果小 H 出现了打人或恶意吐口水的行为，给予其忽视（因为小 H 攻击性行为多为引起他人注意）；如果他没有出现攻击性行为，则给予奖励。

3. 阶段评估

社会工作者确定了小 H 的主要行为问题；与小 H 建立了信任与融洽的辅导关系，并取得了小 H 的老师和保育员的配合。

（二）第二阶段

1. 介入目标

进一步巩固专业关系；降低服务对象攻击性行为的发生频率，同时引导其运用较为合理的方式处理问题；帮助服务对象及其同辈群体重构良好关系。

2. 服务过程

社会工作者继续对小 H 保持较高频率的个案服务，其间，配合使用行为疗法持续跟进，正强化其"期望行为"并逐渐形成良好的行为习惯：社会工作者跟小 H 共同拟定行为契约，每当小 H 出现帮助他人、文明礼貌等"期望行为"时，我们便给他贴一朵小红花，而当他出现打人或恶意吐口水等攻击性行为时，便扣除一朵小红花。社会工作者将服务对象喜爱的糖果、玩具以及照料者单独陪伴的时间等作为目标强化物，获得不同的红花数即

革面之旅 对攻击性倾向儿童的社会工作服务

可兑换不同的礼物。

社会工作者从认识上引导小 H 对自己的一些攻击性行为进行反思，协助他意识到自己乱吐痰或打人会给其他人带来痛苦，而且这些攻击性行为并不是表达喜、怒、哀、惧等情绪最好的方式；社会工作者及时向小 H 分享了自己会通过运动的方式宣泄情绪，并邀请小 H 进行尝试。社会工作者在治疗期间随时向 Z 阿姨和 L 老师分享服务进展以获取他们的配合，并请老师、同学和保育员对小 H 的行为及时反馈信息。

在生活室环境品质的改造方面，社会工作者尝试组织小 H 及其室友参与"感恩实践活动"，通过"寻找身边最爱我的人""阿姨，您辛苦了"等活动环节的设置，启发大家对"感恩"的认知与思考。

3. 阶段评估

记录服务对象的打人、随意吐痰等行为次数和频率；及时给予服务对象肯定、鼓励和支持，他逐渐学会通过运动的途径去宣泄情绪；老师、同学和保育员等均反映，小 H 在此期间有很大进步，在学校恶作剧的次数减少了，在宿舍里打架的次数也变少了；科室里的小朋友开始有互相帮助的行为出现。

（三）第三阶段

1. 介入目标

继续关注服务对象的行为动态，及时纠正服务对象的偏差行为；巩固服务成果，增加"期望行为"的发生频率。

2. 服务过程

社会工作者接到 L 老师的反馈信息，小 H 在校期间与 Y 同学发生冲突，再次出现打人并向同学吐口水的行为。社会工作者并没有贸然对小 H 进行惩罚，而是在 L 老师协助下澄清事件原委：高年级的 Y 同学误会小 H 从背后冲撞自己，不由分说地将小 H 推倒在地，小 H 起身动手还击，并在打不过对方的情况下吐了口水。事后，在学校老师们的协调下，Y 同学与小 H 为各自的冲动行为相互道歉。社会工作者肯定了小 H 没有主动欺负其他同学，同时引导小 H 觉察自己再次出现攻击性行为的不妥之处。社会工作者带领小 H 严格遵循行为契约，对小 H 出现积极正向的"期望行为"，逐渐用更多的精神鼓励替代物质奖励。

· 103 ·

持续开展"感恩实践活动",设置"谢谢您,辛苦了""请让我为您做件事"等实践环节,同时,社会工作者也在学校老师的支持下,将此活动在小 H 的班级中展开,这样对于全面提升小 H 生存环境品质更加有帮助。

3. 阶段评估

小 H 近来行为常有反复,但攻击性行为出现频率明显降低,尤其是随地吐痰等不良行为基本得到了纠正;小 H 在"家里"和室友们一样,开始帮保育员分发食物、收拾餐盘;在学校里开始帮助老师分发作业本。

(四) 第四阶段

1. 介入目标

协助服务对象培养兴趣爱好,寻找适合自己的情绪宣泄方式;鼓励服务对象学会分享,建立良好的人际关系。

2. 服务过程

社会工作者与小 H 分享了自己的兴趣爱好,鼓励小 H 尝试户外活动和制作手工,并向小 H 介绍了各种类型的情绪宣泄方式,供其参考。社会工作者在机构内为小 H 链接到一些爱心志愿服务资源,包括课外的儿童绘画、书法等课程教学,以及轮滑、羽毛球、自行车等运动项目指导,社会工作者企图通过发展课外兴趣爱好的方式,丰富小 H 的课余生活并引导小 H 建立合理的情绪宣泄途径。

在日常生活中,社会工作者鼓励 Z 阿姨和 L 老师及时赞扬小 H 积极分享的行为,协助小 H 建立良好的人际关系。在福利院生活室,小 H 懂得将自己的食物与同生活室的伙伴进行分享;在学校的班级中,他愿意将自己的橡皮擦等学习用品借给同学使用,同学们也逐渐愿意与小 H 进行互动。

3. 阶段评估

小 H 喜欢上了骑自行车,开心与难过的时候,都喜欢去骑自行车,骑车成了小 H 宣泄情绪的一种新途径。此外,由于学会了分享,小 H 在"家里"和学校都有了好朋友。

(五) 结案阶段

1. 介入目标

与服务对象结束专业关系。

2. 服务过程

提前告知小 H、Z 阿姨以及 L 老师服务结束时间,逐渐降低服务频率;小 H 的不良行为很少发生,已经有能力运用合理的情绪宣泄方法,并且形成了良好人际关系,可以结案。

3. 阶段评估

小 H 跟周围伙伴和老师和睦相处,生活比以前快乐很多。在学校,小 H 很少主动打人,较之前更加遵守课堂纪律,在班上也有了自己的好朋友;回到福利院,小 H 能够按照保育员的规定正常作息,晚饭后主动去完成家庭作业,平时跟小伙伴们恶作剧的次数少了很多,帮助保育员分发食物、打扫卫生等"期望行为"出现次数明显增多;人际关系得到改善,获得了老师和同辈群体的好评。

(六) 后续跟进

结案后半年内,社会工作者做了三次服务跟进,了解到小 H 的行为越发规范了,情绪也更为稳定了。

五 服务效果评估

1. 问题行为改善情况

小 H 的攻击性行为主要表现为打人或向别人丢东西、随处吐口水以及其他恶作剧的举动,是社会工作者此次服务中予以直接干预的偏差行为。在服务计划实施前,社会工作者对服务对象一周内问题行为发生的次数进行记录,形成基线期数据;在社会工作服务开展后,将服务对象每周问题行为发生的次数进行汇总,作为介入期数据。结案后,社会工作者将所有数据按照时间顺序绘制成图(见图 1),用以评估介入前后服务对象问题行为的改善情况。

由图 1 可知,在服务过程中,服务对象的行为虽然偶尔出现反复,但随着社会工作服务的开展,服务对象每周问题行为的发生次数出现了递减的趋势,并在服务后期稳定在较低的水平,这说明社会工作对改善服务对象

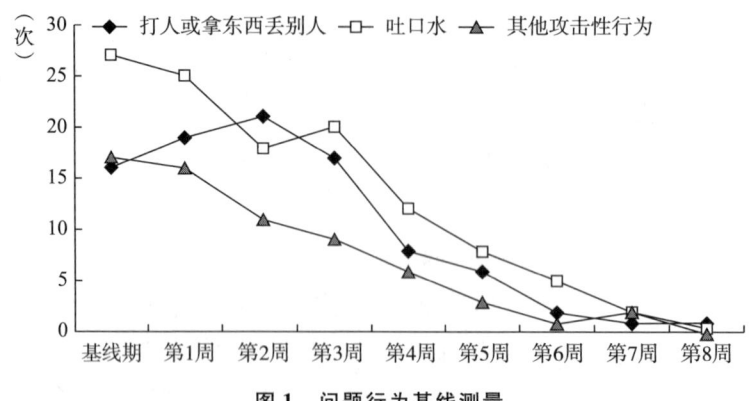

图 1 问题行为基线测量

问题行为的效果较为明显。

2. 重要他人评价

保育员 Z 阿姨："小 H 改变了很多，有时候甚至还会帮阿姨们分发食物、打扫卫生，越来越讨人喜欢了，在学校表现也越来越好，老师反馈过来的信息基本上都是好的，现在福利院里有任何活动，都想带他一起去参加，为小 H 的改变感到高兴，相信他会越来越好。"

班主任 L 老师："小 H 现在变得很有礼貌，也常常出现一些助人为乐的举动，这样的变化把他带进了一个良性循环，因为他表现越来越好，渐渐得到了更多的关注和赞赏，人际关系也越来越好。"

同辈群体："小 H 是我们的好朋友，我们很喜欢他。"

3. 社会工作者评价

小 H 减少了攻击性行为的发生频率和激烈程度，与周围人群关系有较大改善，虽然其问题行为偶有反复，但小 H 现在已经能够注意控制其自身的情绪，并主动向周围人提供一些力所能及的帮助，基本达到了预期服务目标。

六　总结与反思

（一）总结

本次社会工作服务的对象是 N 市儿童福利院具有攻击性行为倾向的孤

残儿童小 H，他自幼生活在儿童福利院集体生活环境之中，目前在 N 市聋哑学校接受教育。小 H 在校期间打伤同学被勒令停课而回到福利院接受社会工作服务。社会工作者尝试厘清其行为背后的真实需求，并通过对服务对象既往生活经历和目前生活环境的分析，认为其偏差行为的产生原因既有来自自身不合理信念及社会化程度不足的影响，也与其生存环境密切相关。

社会工作者在与服务对象建立融洽信任的专业关系基础上，与服务对象及其院内主要照料人、学校老师进行了多次沟通，协商之下共同为服务对象拟定了社会工作服务目标。社会工作者从生态系统理论视角出发，对服务对象自身及其环境进行了平行介入，不仅尝试引导服务对象在调整认知的基础上习得规矩、规范行为，还为服务对象去除来自环境中的"负性标签"，并在其同辈群体间营造懂得感恩、互帮互助的氛围。通过为期八周的个案工作服务，社会工作者帮助服务对象纠正了偏差行为，同时设法改善了服务对象的生存环境，最终协助其顺利地融入了集体。

在服务实施过程中，社会工作者时刻秉承"助人自助、自助助人"的理念，相信服务对象有能力帮助自己实现改变，而他目前出现的种种行为问题一定都是"有原因的"，从而避免对问题进行简单归因。社会工作者期望通过对 N 市儿童福利院具有攻击性倾向儿童的社会工作服务，为该领域积累些许实务经验，同时呼吁社会大众能够增加对生长于福利机构内孤残儿童群体的关注。

（二）反思

1. 社会工作实务模式的选择

对于具有攻击性倾向的儿童不能直接采用行为疗法介入，而应该先找到问题的原因。此次服务中，社会工作者在介入前期贸然尝试使用厌恶疗法去纠正服务对象乱吐口水的行为，虽然效果明显，但小 H 对社会工作者出现了短期的排斥，这不利于双方维持信任、友好的服务关系，因此，为防止具有攻击性倾向问题的儿童出现逆反与不合作，不能直接用行为疗法介入，而应先找到问题出现的原因。

经过反思与调整，社会工作者选择运用具有灵活性和包容性的心理社会治疗模式。孤残儿童的偏差行为问题本身较之社会化进展正常的儿童而言更为复杂，而福利机构集中养育的生存环境和情感极度匮乏的现实状态又增加了问题的复杂性，心理社会治疗模式不仅能够帮助社会工作者系统性地把握复杂问题情景，还因其运用的灵活性和对其他干预模式的包容性，为实现综融性服务提供了可能性，此次对小 H 偏差行为介入过程所借助的认知行为理论模式，正是在心理社会治疗模式所提供的服务平台之上实施的。

2. 社会工作实务中存在的挑战

与听障儿童的有效沟通是个案服务中最为困难之处。本次社会工作服务开展之初，社会工作者是在手语特殊教育老师的陪同协助下开展的，但在过程中社会工作者发现，小 H 并没有系统化地学习过手语，特教老师打出来的手语小 H 也是一知半解，导致服务一度依靠"你来比画我来猜"进行。尤其在预估阶段，社会工作者需要搜集服务对象大量的有效信息以把握其需求，但双方无法取得有效的沟通使得这一过程困难重重，所幸社会工作者在小 H 身边重要他人 Z 阿姨以及班主任 L 老师的协助下，没有在预估需求时出现方向性偏差，否则难以保证服务目标与服务计划的合理性和有效性。

社会工作者角色的把握是服务的另一个挑战。对于孤残儿童的社会工作服务，社会工作者要在不同阶段转换不同的角色。对于孤残儿童的攻击性行为，社会工作者要承担起治疗者的角色，目的是能够有效纠正其偏差行为，并寻找到最适合服务对象的学习机制和技术手段从而有效地促进服务对象的社会化发展。同时，社会工作者要承担好支持者和协调者的角色，在服务对象遭遇困境企图放弃时及时提供协助，当其需要物质帮助时能够给予或链接资源支持。除了直接服务之外，社会工作者还要提供间接服务，不断地去验证服务方案的有效性，在服务对象的重要他人和周围环境中去呼吁、倡导、调整和改变。

3. 福利机构应对孤残儿童偏差行为的建议

首先，福利机构内孤残儿童较多地表现出社会化方面的问题，尤其是在规范习得等方面，社会工作者要从服务对象的角度出发，理解孤残儿童问题的根源，重视其规则意识的培养和个体社会化的发展，从而采取有针对性的服务方案。由于机构养育环境下孤残儿童问题具有复杂性,社会工作者需要整合多方面的资源,联合特殊教育老师、机构保育人员和同辈群体来一起解决。

其次,面对机构内孤残儿童的行为偏差,社会工作者应避免从问题视角出发对个体行为进行简单归因,而是要以综合的视角审视"孤残儿童处于何种环境之中"以及"孤残儿童及其环境处于何种的互动状态之下",做到既关注个体,也关注环境。

最后,福利机构通常采用集中供养的方式为孤残儿童提供日常服务,这种集体生活中缺少"界限"的设置,会对社会化程度不足的孤残儿童造成不利影响。因此,在福利机构内培养孤残儿童的规范意识和界限意识就成为今后福利机构社会工作者提升自身服务质量的重要方面。

参考文献

蒋俊梅,2002,《儿童攻击性行为的影响因素及矫正》,《教育探索》第8期。

刘灵、严亮华、刘建建,2011,《中学生攻击行为现状调查研究》,《中国校外教育》(理论)第z1期。

邱智慧,2010,《运用综合治疗模式介入个案社会工作》,《社会工作》(下半月)第10期。

王道中,2001,《攻击性倾向学生的心理辅导个案报告》,《青少年犯罪问题》第4期。

许莉娅,2004,《个案工作》,高等教育出版社。

杨应红,2003,《幼儿攻击性倾向的成因及矫正》,《云南师范大学学报》(哲学社会科学版)第1期。

儿童救助

整合流浪儿童的心理健康与社会工作服务

戴阿根　夏　阳[*]

一　项目背景

（一）项目来源

流浪儿童问题作为一个重要的社会建设与社会管理问题受到政府与社会的广泛关注，流浪儿童作为特殊弱势群体，其心理健康发展和权益维护受到空前的重视，深入探索流浪儿童救助保护成为一项重要的工作。同时，随着南京经济的高速发展和2014年南京青奥会的举办，越来越多的流动人员聚集在南京，流浪儿童的数量也随之增加，构建专业、高效、人性的流浪儿童救助模式是地方政府的重要课题。

我们查阅国内关于流浪儿童的研究发现，流浪儿童因性别、年龄、流出地、教育状况、家庭情况的不同，其问题与需求是复杂多样的。流浪儿童作为一个问题多元与需求多样的特殊群体，这要求在推进其救助中，既需要从政府和社会在政策制度、体制机制、工作网络、人才队伍、资金投入等宏观层面推进，也需要从个体与群体心理救助等微观层面推进。在开展流浪儿童救助的同时要充分尊重每个儿童的主体性和主动性，在促进儿

---

[*] 戴阿根，南京市救助管理站站长；夏阳，南京市救助管理站副站长。

童回归家庭正常生活的基础上，满足儿童基本的成长需求。由此，救助机构既是推进儿童社会福利的重要组织和阵地，又是创新社会管理与公共服务的重要载体和平台。因此，在流浪儿童救助机构开展社工参与心理救助行动的探索尝试具有重要的现实意义和长远的历史意义。

由此，本项目结合南京市流浪未成年人救助保护中心在推进社工参与流浪儿童救助的实践基础上，进一步以实务的形式以社工为主导力量推进流浪儿童心理救助工作，运用社会工作理念和方法探索以流浪儿童为本的专业心理救助方法和模式。

（二）项目目标

首先，本项目通过项目设计、项目实施和项目评估的专业实践，优化传统救助保护模式，创新流浪儿童救助保护工作方法和手段，拓展流浪儿童救助的新职能、新领域，优化传统救助保护模式，利用专业的社会工作和心理学知识和技巧帮助流浪儿童缓解心理压力，预防和解决心理冲突，促进其身心健康发展，满足流浪儿童全面发展的需要。

其次，通过实施本项目，以南京市流浪未成年人救助保护中心的专业社会工作者和心理咨询师为主体，并招募吸纳社会有关儿童救助保护的专业人员或志愿者，组建一个专业化的流浪儿童心理救助团队，探索专业化、组织化、团队化的流浪儿童心理救助模式，通过对该团队的培训教育，积极培育一批优秀的专业人才，为南京本地流浪儿童救助保护事业的发展建设一支精干高效、专注专业的人才队伍。

最后，通过本项目实施，积极引导社会力量参与流浪儿童救助保护事业，逐步通过动员社会人力、资金、项目等资源的方式推动流浪儿童救助保护事业的发展，营造具有南京本地特色的关爱和保护流浪儿童的健康社会环境。

（三）理论基础与服务理念

1. 中国儿童福利制度变迁

刘继同对中国儿童福利制度和中国流浪儿童问题进行了深入而广泛的研究，其对中国改革开放以来儿童福利政策和福利模式深入研究后认为，改革开放以后，中国儿童福利政策由典型的"道德化福利模式"逐渐转向"国家化福利模式"。在他看来，"道德化福利模式"就是指所有儿童工作与活动均以共产主义价值观养成、社会主义思想道德灌输、好孩子的社会伦理教育和行为规范训练为基本内容与最高政策目标的社会教育、社会福利服务体系。如在我们的儿童教育中，曾经备受重视的"有理想、有道德、有文化、有纪律"的"四有"新人教育目标和"爱祖国、爱人民、爱劳动、爱科学、爱社会"的"五爱"品质教育目标，就是典型的"道德化儿童福利模式"的重要内容。改革开放以后，我们党和国家的工作重心由"阶级斗争"转移到"经济建设"上，经济社会出现前所未有的变迁发展，社会结构和社会阶层利益在经济转轨和社会转型的特殊时期迅速分化，大量社会问题和社会矛盾迅速凸显。中国的社会福利制度也遭遇新的挑战，为应对大量的社会问题和不断增长的人民群众的物质文化需要以及其他需要，中国政府加快了社会福利制度改革进程，自 2000 年国务院转发《关于加快实现社会福利社会化的意见》后，社会福利社会化成为福利制度改革和福利服务发展的主要方向。在儿童福利发展方面，我们实施了国家化的儿童福利制度。刘继同认为"国家化福利"的儿童福利模式是指国家为儿童福利工作的主体以及儿童福利基本通过国家规划、实施和发展的工作体系，又可以看作是以增进儿童的政治福利、经济福利、社会福利和文化福利为主的综合性、社会性儿童福利工作体系。流浪儿童救助保护中心作为"儿童社会福利"的定位虽尚未由政策法律加以明确和强化，但近年来中国流浪儿童救助保护事业的发展充分说明中国的流浪儿童福利服务和福利政策在快速发展，并逐渐形成了一个比较完整系统的理论和实践框架。

2. 社会福利与需要满足理论

彭华民是中国社会福利研究领域中拥有许多重要成果的学者之一，她不仅运用社会排斥理论和福利三角理论对我国社会改革过程中凸显的城市新贫民社群进行了深入的研究，还重点探讨了中国的需要满足问题和社会福利制度等有关福利和贫困的议题。她通过对 Howarth 学者、英国社会排斥研究中心等学者和机构有关社会排斥理论的研究文献梳理，指出参与不足、社会分化、没有拥有开放的机会等都可以看作社会排斥，而社会排斥的表现形式有多种，如经济方面的排斥、政治方面的排斥和社会方面的排斥等。从流浪儿童的角度分析，其之所以成为一个社会问题，本质在于社会对流浪儿童的排斥，包括家庭排斥、教育排斥、住房排斥、就业排斥等。这种排斥使我们清晰地认识到流浪儿童福利的薄弱化与需求的多样化。

彭华民通过对社会福利视角下的人类需要的分析前提、基本含义和主要特征进行深入研究，不仅提出研究需要的三角方法，且重点论述了需要满足的基本原则与条件，需要满足与社会权利、福利组合的关系，并对中国贫穷问题进行了探讨，其以中国反贫困的制度设计和行动实践为例深入研究了中国福利政策的发展。在她看来，我国城市反贫穷行动的基本目标和原则是要通过实施有效的经济和社会政策去满足贫穷者的基本需要，缓解贫穷，并逐步创造最终消除贫穷的经济和社会条件。她将流浪乞讨人员救助制度及其他社会救助制度作为中国政府反贫困的重要政策手段进行了比较深入的阐述，认为社会救助是以解决贫困问题为主、解决其他问题为辅的制度性措施，建立社会救助体系将有助于缩小贫富差距，促进社会认同和社会公正，实现社会共享，这是构建社会主义和谐社会的重要手段。

3. 工作理念

以人为本。以人为本是科学发展观的核心，也是社会工作专业遵循的重要理念。这里的"人"既可以指个体，也可以指群体，又可以指类。中国特色社会主义事业总体布局是由经济建设、政治建设、文化建设和社会建设四大要素组成的，随着经济社会的不断发展，社会建设的地位在不断提升。构建社会主义和谐社会注重社会利益的协调和经济社会发展成功的共享。流浪儿童作为社会变迁中逐渐扩大的一类特殊弱势群体，他们的生存、发展、参与的权益受到制度性和非制度性因素的损害或忽略，需要党和政府、国家和社会的关注和支持。加强流浪儿童救助、探索流浪儿童的心理救助方法，是推进社会文明进程，促进社会和谐，提升社会人力资本和促进社会进步的主要途径。从社会工作角度而言，社会工作十分关注流浪儿童这类群体的生存状况，促进流浪儿童救助领域的社会工作理论与方法的应用是社会工作在中国本土化的题中之意，以流浪儿童的权益维护为核心，加强流浪儿童的心理救助，能够有效促进流浪儿童的全面发展，为流浪儿童的社会独立和全面发展准备基础和条件。本项目主要遵循社会工作的以人为本理念，充分运用"尊重、接纳、同理"等专业理念。

儿童优先。儿童优先原则是1989年联合国大会通过的《儿童权利公约》规定的核心原则，该公约要求所有缔约的国家和地区必须保障儿童的生命权，最大限度地保障儿童的生存与发展权益。改革开放以来，我国先后颁布了《九十年代中国儿童发展规划纲要》和《中国儿童发展纲要（2001～2010年）》，大大促进了中国儿童福利的发展。近年来，我国加强了儿童福利政策的制度安排和服务提供，尤其是在流浪儿童社会福利方面进行了非常重要的探索。一方面，近年来国家出台的流浪儿童救助保护政策明确规定了"流浪儿童优先"和"维护流浪儿童权益"的核心原则；另一方面，中国已经建立了145家流浪儿童救助保护中心，并在流浪儿童救助保护机构实施规范化、制度化和专业化建设，以期通过制度设计和福利服务优化最大限度地保护流浪儿童的基本权益，并逐步促进流浪儿童的发展和参与权益发展。

4. 介入理念

社会学习理论。社会学习理论由美国心理学家阿尔伯特·班杜拉于1977年提出，是指探讨个人的认知、行为与环境因素三者及其交互作用对人类行为的影响。由于人是生活在一定社会条件下的，社会变量对人类行为的影响是巨大的。作为特殊群体，每一个流浪儿童对家庭环境、社会环境的认知是不同的，这些环境对其影响也是各有差异的。

优势视角理论。优势视角理论是一种关注人的内在力量和优势资源的视角，意味着应当把人们及其环境中的优势和资源作为社会工作助人过程中所关注的焦点，而非关注其问题和病理。在了解服务对象基本认知的基础上，挖掘其优势资源，满足其需要。

行为主义心理咨询。它认为人的问题行为、症状是由错误认知与学习所导致的，主张将心理治疗或心理咨询的着眼点放在服务对象当前的行为问题上，注重当前某一特殊行为的学习和问题解决，以促使问题行为的改变、消失或新的行为的获得。流浪儿童的问题通常会集中于某一点上，如离家出走、逃学等，对其服务时应将关注重点放在导致其行为的原因层面，着重解决此问题，以短期集中化方式增强其自信心和抗挫折能力。

二　项目基本信息

（一）服务对象

本项目服务对象分为两部分。

一部分是南京市流浪未成年人救助保护中心在站受助的流浪儿童，重点选择 50 个典型短期留站流浪儿童，10 个长期留站流浪儿童。

另一部分是曾获得南京市流浪未成年人救助保护中心救助，现已在南京就业或被安置于福利机构与回归南京本地家庭，并与救助保护中心一直有支持联系的几个典型流浪儿童，重点选择 5 个流浪儿童。

（二）参与人员

本项目参与人员由三部分组成。

一部分由南京市流浪未成年人救助保护中心的中心主任、专业社工等人员组成。

另一部分由南京本地青少年社会工作和儿童福利研究方面的高校专家组成。

再一部分由南京本地高校社会工作专业和心理学等相关专业的大学生志愿者组成。

中心主任及业务主管领导负责项目决策和管理，高校专家负责项目指导与评估，专业社工及志愿者等负责项目设计与实施。

（三）时间

2010 年 10 月至 2011 年 10 月。

（四）地点

南京市流浪未成年人救助保护中心，南京市区、车站等流浪儿童集中出现地带。

三 需要分析

彭华民指出，社会福利中的需要是社会中生活的人在其生命过程中的一种缺乏的状态，如果人的基本需要得不到满足，就可能会损害人的生命意义。从她对社会福利与人类需要研究来看，社会福利是由人类需要的发展而产生的，而这种需要可以分为三个方面：一是人类与生俱来的对社会福利的需要；二是基于自然环境和社会环境变化所产生的需要；三是人们所做的选择以及相关的社会福利制度。有的学者认为需要是人的生存、幸福以及充实所需的物质、心理、经济、文化与社会方面的各种要求。从马斯洛的需要层次理论来看，人类都具有生理的需要、安全的需要、归属与爱的需要、尊重的需要和自我实现的需要，而这些需要是如阶梯一样由低到高、逐级提升的，但没有严格的递增程序，也可以多样化。

流浪儿童作为一类特殊社会弱势群体，他们在剧烈的社会变迁中，由于社会福利制度的缺位，核心家庭保护功能减弱，社会价值多元化等因素的影响，许多处在困境家庭的儿童或自身遭受多种困境的儿童主动或被动地成为流浪儿童，过早进入社会过着流浪乞讨的生活。恶劣的社会环境和非正常的生活环境，导致他们遭受多种伤害而处于不利境遇中。

自 2006 年以来，我国的流浪儿童救助保护政策得到快速发展，"儿童优先"理念和原则在社会政策中得到明确，在政策规划中，国家通过加强制度建设、机构发展、人才培育、职能转化、方法创新、能力建设等措施推进流浪儿童救助事业的人性化发展。在近年的流浪儿童救助保护政策中，"教育矫治、心理疏导、行为矫治、技能培训"等符合流浪儿童生存和发展、参与和独立的权益被多次强调。

综合学者们的研究和近年来流浪儿童救助保护政策的发展情况来看，流浪儿童拥有多种需要，有基本需要，也有发展和参与的需要，有家庭的需要，也有制度方面的需要。而从更广泛的意义上来说，流浪儿童诸多的行为问题和心理问题，尤其是社会适应问题，其本质上来自儿童的心理问

儿童救助　整合流浪儿童的心理健康与社会工作服务

题。流浪儿童缺乏对自身、家庭、社区、社会的正确认识，缺乏自我调适和自我管理的必要能力。

四　项目实施过程

（一）服务方式

本项目有以下几种服务提供方式。

（1）专业社会工作者运用个案工作、小组工作等方法并结合心理学方面的理论知识，依托救助站的心理咨询和心理治疗的设施与设备，针对救助站内的流浪儿童开展心理评估、心理咨询、心理治疗、心理干预和心理健康教育等专业服务。

（2）针对近几年来南京救助管理站长期跟踪支持的在南京实现就业独立、回归家庭与被安置于福利机构的特殊案例继续提供心理支持。

具体实施过程如下。

（1）面向救助工作者开展3期儿童心理救助培训。

（2）运用社会工作方法开展5次"流浪儿童抗逆力"训练主题小组活动，对所选流浪儿童进行个案辅导。

（3）借助心理治疗室资源，重点对有行为偏差和情绪问题的儿童开展沙盘游戏治疗及其他治疗探索。

（4）借助类家庭公寓项目，对长期留站的儿童开展类家庭服务工作。

（5）组织专业社工和大学生志愿者开展社工外展服务，对街头流浪儿童进行劝导、引导和心理辅导服务。

（二）实施进度

本项目的进度分为三个阶段。

启动阶段：2010年10月至2010年11月，成立方案领导管理小组，配置方案相关设施，确定各类服务对象（站内流浪儿童流动性大，需要全程及时更新补充），组建社工服务队伍，制订具体实施方案计划。

· 117 ·

实施阶段：2010 年 12 月至 2011 年 7 月，细化方案，具体实施，做好相关资料记录和整理，并进行专业服务过程评估和控制。

完成阶段：2011 年 8 月至 2011 年 10 月，总结评估，分析研究，整改完善，撰写报告，宣传推广。

五　项目评估

（一）评估方法

本项目综合使用了基线测量、任务完成情况测量、任务完成测量、服务对象满意度调查等多种评估方法。

（二）评估情况

1. 人员培训情况

该项目通过邀请高校专家对该项目的实施人员及业务主管层进行了以"个案工作""小组工作""儿童社会工作基本方法与技巧"为主题的培训，强化了项目人员的社工知识学习和技能训练，促进他们更加清晰地理解项目的基本目标和要求，及时补充项目进展中所需的基本知识和方法，有效地为项目的开展提供了理论支持。该项目对参与外展服务的大学生志愿者进行了必要的培训，确保他们掌握基本的外展服务技巧，重点培训了沟通技巧和心理辅导技巧，为他们顺利开展外展服务提供了理论基础。通过该项目的培训学习服务，项目实施人员的社会工作综合能力和素养得到明显提高，全站的救助工作水平也得到相应的提升，社会工作的基本方法和理念受到重视并被应用到救助管理实践中。通过该项目的引导和带动，基本建立了一支具有比较专业的理论和实务能力的专业社工队伍和志愿者队伍。

2. 站内服务情况

依托该项目，项目实施人员及志愿者对站内的儿童实施了小组工作、个案工作等方面的服务，重点开展了抗逆力服务和心理辅导服务以及类家庭教养服务。通过项目服务，接受服务的流浪儿童的自信心、沟通能力普遍得到提升，他们的偏差行为和不良情绪得到一定程度的矫正，流浪儿童的身心健康也得到了发展。该项目产生了明显成效，并成为救助管理机构的重要救助服务品牌和机构服务特色，受到机构人员的欢迎和重视，一定程度上加强了救助管理人员以及机构对社会工作的认识和重视，为救助机构创新服务提供了重要的经验，也为救助人员提升能力提供了专业支撑。该项目实施后，救助机构逐步探索出一套适合流浪儿童需要的专业方法和专业服务机制。

3. 站外服务情况

该项目在重点服务站内儿童的基础上，开展了站外服务的拓展。项目服务人员为已通过受助顺利回归社会并获得经济独立的儿童（其中 A 儿童在南京，B 儿童在苏州）提供了相关服务。A 儿童在三年前由救助机构帮助其介绍职业，现在一家物业公司从事保安工作，B 儿童回归家庭后与家人在苏州经营一家小饭馆。项目人员对这两名重点儿童实施了定期跟踪回访，让他们分享成长故事，帮助他们认识自我和社会，学习和更新知识和理念，引导他们更好地适应社会。在项目人员的帮助下，A 儿童成功地实现转行，由做保安转为学习理发，从而进一步提升自己的谋生技能和拓展自己价值实现的途径。通过项目服务，两名实现就业的儿童对机构产生了更深的信任，对救助和回访更加认可，这一定程度上提升了他们参与社会、实现自我独立的信心和技能。2011 年 1 月，项目人员组织大量南京高校社会工作专业的学生志愿者开展街头外展服务，向广大市民宣传保护流浪儿童的政策、方法和技巧，推动社会形成关爱和保护流浪儿童的良好氛围。采用直接向在街头乞讨、流浪的儿童进行引导和辅导的方式，帮助他们正确认识救助保护机构及其工作机制，引导他们积极向救助机构和有关部门求助，帮助他们正确认识自我和诊断问题。该项目成功引导多名流浪儿童向救助机构求助，并在获得专业服务后回归家庭。该项目推动了街头外展服务成为一个具有地方特色的救助服务品牌，实现了救助机构职能的拓展，更好地为流浪儿童提供了求助和受助的服务机制和社会环境，对儿童保护工作具有十分重要的现实意义和理论价值。

六　经验与反思

（一）基本经验

总体而言，该项目取得了明显的成效，涉及流浪儿童救助保护的机构、人员和工作机制都实现了专业性的提升，尤为重要的是，社会工作方法和人才的引入，丰富了流浪儿童救助保护的理论和实践，为推进流浪儿童救助保护事业的发展提供了专业化、规范化、人性化发展的路径和视野。总结起来，该项目的主要经验有三个方面。一是要将项目设计与服务对象需要紧密结合起来。社会工作者是社会福利服务的传递者，救助作为一项流浪儿童的社会福利服务，应该以流浪儿童的需要为中心，运用社会工作的多种方法和技巧，整合各种资源，帮助流浪儿童实现需要满足和问题解决，这样才能促使项目取得实效，并促进儿童的全面发展。二是要将项目实施与项目人才培训紧密结合起来。人才是影响项目实施的关键因素，加强人才的引进、培育、管理和使用，造就一支素质优良、作风过硬、业务精通的专业人才队伍，是项目顺利完成的坚强保证。流浪儿童救助保护是一项系统工程，不仅需要政策支持、资金支持，更需要人才支持。三是要将项目评估与项目成果推广紧密结合起来。流浪儿童救助保护事业是2003年后逐步发展起来的，近年来受到党和政府、国家与社会更加广泛的关注，但该领域的研究和实践还处于发展起步阶段，相对成熟的经验和服务模式比较缺乏。因此，在推进流浪儿童服务项目发展的过程中，只有注重优秀成果的推广，带动救助机构的创新发展，引导和动员社会力量的参与，才能实现"以小项目带动全社会"关注和参与流浪儿童救助的目标。

（二）项目反思

回顾项目由设计、实施到评估的整个过程，我们发现项目存在几个方面的不足。一是法律依据不足。当前有关流浪儿童的法律政策多以意见、通知的形式出现，法律效力层次低，有关条款规定没有全面覆盖流浪儿童理论研究和实践发展的各个方面,已有的政策缺乏具体的操作方法。这些因素不利于项目的扩展和深化。二是社会力量参与不足。我国的社会福利发展方向是社会化和专业化,在流浪儿童救助保护领域中,不仅需要大量的基金会提供必要的资金、项目等资源,还需要大量的民间社工机构承接各项专业服务项目。社会工作是推进社会福利社会化和社会福利专业化的主要力量,国家需要重视和发展民间社会工作机构,动员社会力量参与流浪儿童救助,只有这样,才能更好地解决流浪儿童问题,发展社会工作,促进社会进步和社会公正,为构建社会主义和谐社会做出更大的贡献。

参考文献

冯元,2012,《构建需要为本的流浪儿童救助政策》,《社会福利》(理论版)第 3 期。

冯元、冯曙,2010,《以社工为依托推进流浪儿童人性化救助——以南京地区为例》,《江南大学学报》(人文社会科学版)第 5 期。

冯元、彭华民,2012,《社会工作伦理视角下流浪儿童救助困境探析》,《前沿》第 9 期。

关颖,2008,《我国城市流浪儿童的基本特征分析》,《中国青年研究》第 6 期。

刘继同,2003,《中国儿童福利政策模式与城市流浪儿童议题》,《青年研究》第 10 期。

彭华民,2007,《福利三角中的社会排斥》,上海人民出版社。

彭华民,2008,《社会福利与需要满足》,社会科学文献出版社。

彭华民,2010,《需要为本的中国本土社会工作模式研究》,《社会科学研究》第 3 期。

薛在兴,2005,《社会排斥理论与城市流浪儿童问题研究》,《青年研究》第 10 期。

青奥我家

低收入家庭子女教育与社会融入暑期夏令营

任莎莎[*]

一 项目背景

埃里克森把人的心理社会发展分为八个阶段，6~12岁儿童正处于"勤奋vs自卑"的时期，是自我发展的最关键时期。儿童在进入小学后，必须学会适应遵守学校的规章制度，在学习和各项活动中达到一定的标准。只有勤奋学习，努力进取，才能学会他应当掌握的知识和社会技能，体验到成功感。如果儿童体验到的成功多于失败，他就会养成勤奋进取的性格。反之，就会形成自卑的性格，对新的学习任务产生畏惧感，这对其今后人格的发展会产生不利影响。

米德自我发展理论显示，儿童是通过模仿周围人的行动，发展成为社会存在的。在有组织的游戏中，儿童理解游戏规则，理解公平和平等参与的观念，掌握其所处社会的一般性价值和道德。在儿童朋辈群体、家庭、社区以及城市/社会层面开展社会融入活动，会使儿童的社会性需求得到满足，从而有利于个体社会化。

夏令营作为社会工作小组工作的特殊形式，其运作过程有一系列基本

---

[*] 任莎莎，南京建邺励行社会工作事务所秘书长。

青奥我家　低收入家庭子女教育与社会融入暑期夏令营

理论为指导。夏令营作为一种工作方法，在提高个人社会生活能力，处理个人、群体与社区问题方面，其积极效果早已被实践所证明。在本次夏令营中，小组动力学理论对整个时间过程具有突出的指导作用。小组动力系统包括静态因素（机构、小组特征、领导者的个人特点、小组成员）和动态因素（小组的领导方式与形态、气氛和凝聚力、成员的参与、沟通模式、冲突与充裕的解决模式、成文与不成文的规范、决策过程等）。在夏令营中，领导者可以将这些因素整合在一起，形成综合力量，影响成员和小组。

目前，城市低收入家庭的青少年教育存在着一系列问题，主要有：家长受教育程度偏低，管教子女能力弱；学业成绩低于平均水平，自我评价较低；有较强的自卑心理；初始职业收入低等。这些问题导致低收入家庭子女在未来劳动力市场中处于低竞争力水平，工资报酬偏低导致个人及家庭重新陷入贫困的循环。我们通过入户调查和访谈发现，在南京市的一些老旧小区，低收入家庭的家长及子女存在着改善自身教育状况、进一步融入当地社会的需求。

二　基本信息

（一）服务实施机构基本信息

南京建邺励行社会工作事务所（以下简称"建邺励行"）是 2013 年成立的一家 3A 级社会组织，理事会成员及单位负责人均是来自南京高校社会工作专业的教师，他们从事社会工作专业教育以及实务已经十余年。机构的工作人员大多都具有社会工作专业的大学及以上学历并获得助理社会工作师或社会工作师资格证书。建邺励行宗旨为致力于运用社工专业方法，整合高等院校资源，通过服务、教育和研究，提升本地区居民的社会福祉。

建邺励行核心成员在社会工作专业教育、社会工作实习督导以及社会工作实务方面有着十余年的经验，多次承担青少年服务、社区服务等领域的服务项目，曾经担任首届建邺区社会工作方案项目的督导，在南京市多家社区有着社会工作实务督导的经验，曾承担中国社工协会社会工作师委员会、江苏省民政厅、江苏省人力资源和社会保障厅、江苏省卫计委、建邺区民政局、秦淮区党校等多家单位社会工作相关专业知识的培训任务，熟悉社区基本情况。

（二）"乐扶加油站"项目基本信息

"青奥我家"暑期夏令营，是"乐扶加油站"建邺区低收入家庭子女教育与社会融入项目（简称"乐扶加油站"）在JS社区开展的一次暑期成长小组活动。

"乐扶加油站"是2013年7月至2014年7月由南京市民政局、建邺区民政局支持的公益创投项目，项目实施团队主要为7名南京大学社会工作研究生、2名南京大学社会工作本科生、10名志愿者（南京大学本科生），项目服务对象为低收入家庭处于小学阶段的儿童，项目服务地点为建邺区JS社区，项目目的在于健全和完善低收入家庭子女的社会安全网与支持网，提高其自助能力和脱贫能力，最终实现低收入家庭子女个人的成长和家庭的有益发展，项目具体内容为以下三点。

（1）助学促成长系列：主要包括助学互帮互助、课余作业辅导、社会资源支持等方面的服务，为低收入家庭子女提供丰富的资源，促进他们的发展。

（2）社区氛围改善系列：主要包括家庭关系改善、邻里关系改善、促进低收入家庭子女的社区参与等服务，通过低收入家庭子女的社区参与，促进他们的社会融入，增进社会认同。

（3）个人身心发展系列：主要针对低收入家庭子女的实际问题与需求，着眼于他们的自我管理能力成长、社会责任感的增强、自信心和成就感的增强，开阔眼界，突出能力培养。

（三）"青奥我家"暑期夏令营小组活动基本信息

2014年南京青年奥林匹克运动会将世界的视线引向了南京，政府、社会、市民都以自己的方式参与其中，建邺励行以暑期夏令营的形式，引导

青奥我家　低收入家庭子女教育与社会融入暑期夏令营

青少年儿童进行社区参与，培养青少年儿童对社区的归属感、荣誉感和责任感，促进青少年儿童的社会化，提高自我，为完善社区环境提供新的本土经验。

2014年6月，在建邺区民政局的支持下，经过与JS社区的沟通后，建邺励行决定以JS社区为平台，举办以迎青奥为主题的青少年暑期夏令营。希望通过夏令营活动激发广大青少年儿童关心青奥、支持青奥、参与青奥、服务青奥的热情，让JS社区中的青少年度过一个充实而有意义的暑假，满足孩子们在暑假期间锻炼身体、学习课外知识、参与人际交往和社会活动的需求。

三　需要分析

（一）评估方法

本次夏令营主要在项目前期服务的基础上，对服务对象进行了问卷调查，并以随机访谈的形式，对部分服务对象家长进行了访谈，还参考了社区居委会的相关建议。

1. 问卷调查法

主要针对前期项目的34名服务对象进行了问卷调查，希望了解青少年儿童对南京、对青奥会、对社区的相关认识，以及对前期参与过的夏令营活动进行摸底调查。

2. 随机访谈法

针对每次服务过程中接送服务对象的家长，以随机访谈的方式，征求家长关于活动设计、活动参与的建议，并寻找潜在的夏令营活动家长志愿者。

3. 社区座谈会

以座谈会的形式，征求社区居委会分管主任、社工的意见，主要是因为服务主题设计要结合街道、社区重点工作需要，同时要考虑街道、社区资源情况、前期服务经验等。

（二）服务对象需要情况

1. 社会参与的需要

服务对象家长由于工作较忙，往往只能满足孩子的基本物质需要，在陪伴孩子进行社会参与方面往往不足。因此，拟以服务对象力所能及的方式，设计、组织社会参与活动，帮助服务对象提升人际交往能力、改善亲子关系。

2. 归属与爱的需要

服务对象需要以了解社区、南京、青奥会等为基础，通过助人、自助，提升服务对象的南京市民意识、主人翁意识和社会责任感；促使成员思考参与社会活动可能遇到的困境和需要具备的能力，提高进取心。

3. 自我实现的需要

大多数服务对象成绩在班上处于中下等，平时在学校缺乏展示机会，因此夏令营希望能提供一个公开展示的平台，让他们能够通过自我展示，获得成功经验，提升自信心和进取心。

四　实施过程

（一）总目标

促进低收入家庭儿童的教育与社会融入。

（二）具体目标

（1）掌握青年奥林匹克运动会基本知识，体会奥林匹克精神；

（2）引导营员养成良好行为习惯，扩大其朋辈群体交往面；

（3）促进营员参与社区公益活动，增进社区了解，增加社区参与行为次数；

（4）创造亲子、家庭、社区进行互动的机会，培育社区融入的良好氛围，满足青少年儿童成长的社会性需求。

（三）服务对象

18 名 JS 社区青少年儿童。

（四）时间安排

2014 年 7 月 21 日至 2014 年 7 月 26 日，每天 9：00 至 11：30。

（五）活动地点

南京市建邺区 JS 社区活动室。

（六）服务计划

"青奥我家"暑期夏令营计划共 6 节活动，从 2014 年 7 月 21 日开始实施，具体活动方案以及活动时间如表 1 所示。

表 1　项目实施安排

节数	时间	活动内容
第一节	2014 年 7 月 21 日	"青奥我家"暑期夏令营开营
第二节	2014 年 7 月 22 日	青奥嘉年华
第三节	2014 年 7 月 23 日	青奥文明小使者
第四节	2014 年 7 月 24 日	青奥小报童
第五节	2014 年 7 月 25 日	青奥环保小卫士
第六节	2014 年 7 月 26 日	社区青奥运动会暑期夏令营闭营仪式

（七）基本服务流程

基本服务流程如图 1 所示。

第一节　"青奥我家"暑期夏令营开营

活动目标：（1）营员之间相互认识，建立互动关系；（2）促进营员与

能力为本的社会工作

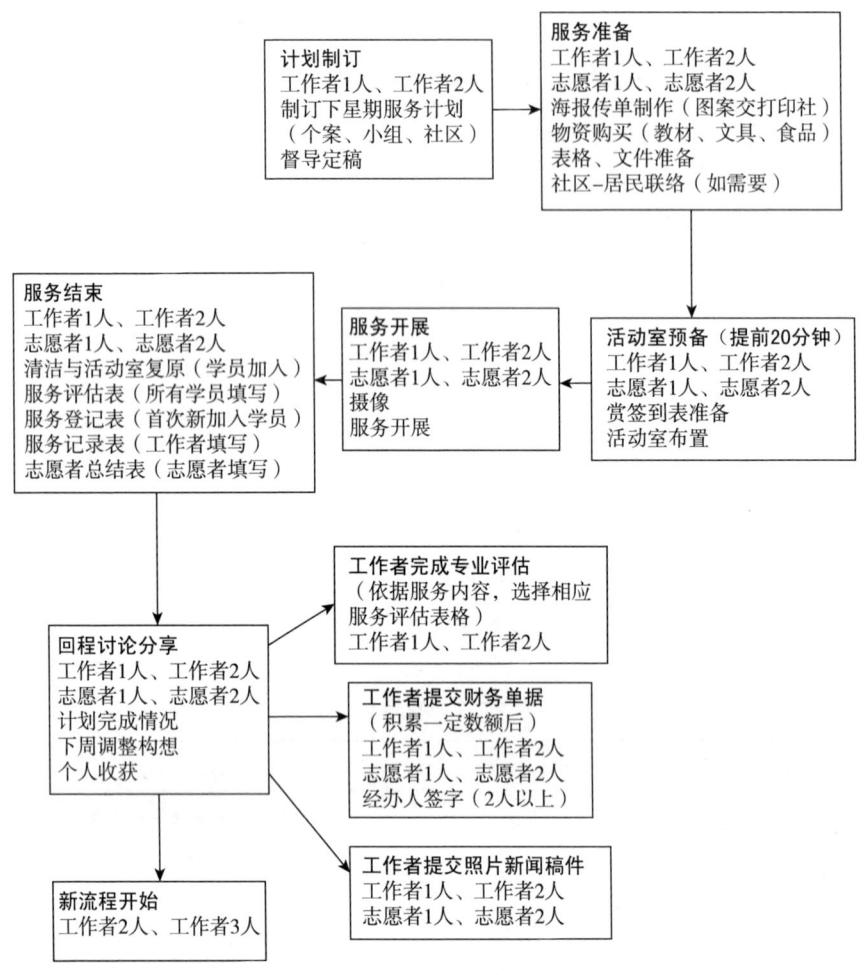

图1 基本服务流程

工作者的互动和了解，初步建立信任关系；（3）熟悉夏令营的活动安排，增加营员对夏令营的安全感。

活动时间：7月21日9：00到11：30。

活动地点：JS社区会议室

活动内容和过程：如表2所示。

青奥我家 低收入家庭子女教育与社会融入暑期夏令营

表 2　活动内容及时间安排

时间	活动内容	目标	所需物资
70 分钟	1. 签到，发放胸卡，营员填写前测表格。（10 分钟） 2. 游戏：接传气球（20 分钟） （1）将组员分成两组，每组人数相同（按单双数分组，并据实际情况调整），将场地用两条线划分为起点和终点； （2）每组两人为一队，分配给营员大小相同的气球； （3）每组每次派一队人将气球运到终点，然后回来，接着由第二队运送。运送气球的时候，气球要附在两个组员的身体中间，不可以用手扶着气球。若在运送中气球掉下来，则要停止走动，将气球重新放在两个组员的身体中间才可以再运。最快的一组获胜。 3. 嘉宾致辞，社区工作人员宣布夏令营正式开始。（20 分钟） 4. 机构代表介绍夏令营的目标、意义、活动内容和进程安排以及工作人员，并向家长发放活动计划书。（15 分钟） 5. 家长和社区工作人员退场（5 分钟）	1. 宣布开营； 2. 促进营员了解夏令营	胸牌 15 个 旗帜 横幅 气球 1 袋 投影仪 话筒 音响 电脑 相机 粉笔 1 盒
40 分钟	1. 营员依次自我介绍（名字、年龄、爱好）。 2. 游戏：直呼其名。工作人员大声喊出自己的名字，然后将手中的球传给左边的营员，接到球的营员也要照做，直到球回到工作人员手中	1. 促进营员间相互认识； 2. 减少紧张，增加安全感	皮球 1 个
35 分钟	1. 头脑风暴，在工作人员的主持下，与营员一起订立夏令营规范，然后由工作人员整理、澄清营内应有秩序。 2. 让营员说出（或写下）对夏令营的期望，或者是希望从夏令营中获得什么	1. 订立小组规范； 2. 增加营员的责任感和归属感	黑板 白纸 1 张 黑笔 卡片若干
5 分钟	1. 鼓励营员说出今天的活动感受。 2. 工作人员做总结发言并介绍下次活动内容	增加营员的正向行为	

注意事项：

（1）确定到场人数，准备矿泉水和桌椅，布置好现场；

（2）工作人员要做好拍照、观察记录、音乐控制的工作。

第二节　青奥嘉年华

活动目标：（1）让营员在游戏中，在活动中，更加了解青奥；（2）培养营员的合作精神，提高营员作为青奥小使者的主人翁意识；（3）提高营员的人际交往能力和团队精神。

活动时间：7月22日9：00到11：30。

活动地点：JS社区小广场，JS社区会议室。

活动内容和过程：如表3所示。

表3 活动内容及时间安排

时间	活动内容	目标	所需物资
15分钟	1. 签到。 2. 介绍本次活动——青奥嘉年华	热身准备	电脑 音响
20分钟	1. 工作者带领营员做抓手指游戏。让营员围着工作者围成一个圈。 2. 让每位营员伸出右手放在右边同学的眼睛前，伸出大拇指，齐声说一句"你太有才啦"。然后把右手放在右边的腰间。左手五指分开，手掌朝下，放在左边同学的右拇指上。 3. 工作者讲规则，工作人员会说一段话，当听到"青"或者"奥"任意一个字，包括谐音的时候左手要去抓手下的拇指，同时要避免被别人抓到右手拇指。 4. 被抓到次数多的需要到中间为大家表演节目。 5. 选一名营员来带领大家做这个游戏	调动营员的积极性，锻炼反应能力和身体协调性，活跃气氛	相机
40分钟	1. 工作者带领"你猜我做"。将营员分为两组，然后介绍游戏的规则。工作者示范。示范词语"跳水"。 2. 每组会给出8个青奥的比赛项目。先由A组进行，一个人看到A4纸上的字然后表演，其余人猜是什么。需要一名工作人员计时。然后是B组进行。最后用时少的那组获胜。词语有：火炬接力、举重、游泳、篮球、足球、拳击、柔道、乒乓球、体操、羽毛球、田径、划船、排球、摔跤、升国旗、击剑。 3. 3名工作者分别计分、计时、做裁判	1. 锻炼营员的联想能力和合作能力； 2. 普及一些青奥的知识	跳绳2根 羽毛球拍1副 帽子 15个 旗帜 记分牌2个
60分钟	1. 按照上个环节的两组，进行体育比赛，分为羽毛球大赛，两组进行，哪组先打到7个球哪组胜利。跳绳比赛，5分钟时间，跳得多的就算胜利。短跑比赛，用时少的赢。 2. 颁发奖品。总体胜利的每人一个笔记本，另一组每人一支笔	锻炼身体	跳绳2根 羽毛球拍1副 帽子 15个 记分牌2个 旗帜
15分钟	1. 鼓励营员说出今天的活动感受。 2. 工作者做总结发言并介绍下次活动内容	活动总结	卡片20张

注意事项：

（1）时刻关注天气，根据气象预报适时做出活动调整；

青奥我家　低收入家庭子女教育与社会融入暑期夏令营

（2）做好遮阳防暑工作，确保营员安全，强调纪律。

第三节　青奥文明小使者

活动目标：（1）让营员了解南京青奥会相关的文明礼貌，养成讲文明、懂礼貌的好习惯；（2）提高营员作为南京人的市民意识和自豪感，增进营员与南京的融合；（3）为营员提供公开展示的机会，使其获得成功经验，提升自信心和进取心。

活动时间：7月23日9：00到11：30。

活动地点：JS社区会议室。

活动内容和过程：如表4所示。

表4　活动内容及时间安排

时间	活动内容	目标	所需物资
15分钟	1. 工作者带领全体营员一起跳健康操。 2. 介绍本次活动内容和过程	热身准备	电脑 音响
40分钟	1. 播放10分钟南京青奥宣传片、公益文明宣传片。 2. 由工作者简单地向营员们介绍青奥会相关的文明礼貌。 3. 请营员描述自己认为的文明礼貌行为都有哪些，或自己在生活中遇见的文明或者不文明现象（但如果是不文明现象就必须说出正确的做法是什么）	1. 增进营员对南京青奥会以及文明礼貌的了解； 2. 引导学员养成良好的文明习惯； 3. 为后面画画准备素材	电脑 投影仪 话筒
40分钟	在会议室里画画，画的内容可以是自己听说的文明或者不文明事情，也可以是自己生活中的亲身经历的文明或者不文明事情等（但如果是不文明事情必须在画中注释正确的做法是什么）	培养营员讲文明懂礼貌的好习惯	铅笔1盒 彩笔4盒 橡皮3块 A4纸50张
40分钟	营员简单介绍自己所画的内容，与大家分享画中的故事	1. 锻炼营员的口头表达能力和语言组织能力； 2. 增加营员对南京的了解	
15分钟	1. 鼓励营员说出今天的活动感受。 2. 工作者做总结发言并介绍下次活动内容。 3. 营员帮忙清理场地	活动总结	卡片20张

能力为本的社会工作

注意事项：

（1）时刻关注天气，做好防暑准备；

（2）下载南京青奥会宣传片、公益文明宣传片；

（3）提前做好会议室卫生清洁工作、悬挂横幅；

（4）工作人员必须照看好营员，营员不得擅自离开场地；

（5）活动结束后，及时将画作在社区宣传窗中展出。

第四节　青奥小报童

活动目标：（1）参与社会生活，体会到父母赚钱的辛苦，引导营员感恩父母，实现改善亲子关系的目标；（2）帮助营员树立正确的金钱观和理财意识；（3）锻炼营员的人际交往能力。

活动时间：7月24日9：00到11：30。

活动地点：集庆门大街地铁站，万达广场。

活动内容和过程：如表5所示。

表 5　活动内容及时间安排

时间	活动内容	目标	所需物资
5分钟	1. 介绍本次活动内容和过程。 2. 介绍户外活动要遵守的秩序	熟悉活动纪律，提高安全意识	
25分钟	1. 工作人员介绍卖报过程中将会使用到的礼貌用语和情境用语； 2. 情景模拟，工作人员扮演路人，营员主动上前向路人推销报纸	减轻营员的焦虑，做好与陌生人交流的心理准备	
80分钟	1. 由工作人员和志愿者带领营员前往集庆门大街地铁站和万达广场。 2. 分发报纸，每人10份，在工作人员和志愿者的看护下进行卖报的活动	1. 体验社会生活； 2. 锻炼营员的人际交往能力，增加胆量； 3. 体验被拒绝； 4. 体验家长赚钱的辛苦	报纸140份 矿泉水1箱 帽子15个
25分钟	工作人员带领营员前往社区超市，营员根据家中的人口数量，用卖报所得零花钱为每个家人购买礼物	1. 孩子树立正确的金钱观； 2. 关爱家人	

青奥我家　低收入家庭子女教育与社会融入暑期夏令营

续表

时间	活动内容	目标	所需物资
15分钟	1. 鼓励营员说出今天的活动感受。 2. 工作人员做总结发言并介绍下次活动内容。 3. 介绍下次活动内容。 4. 让营员回家告诉家长周六趣味运动会的事情，请家长尽量参加	活动总结	

注意事项：

（1）前两天预定7月24日的报纸；当天早上去报刊亭取；

（2）工作者要特别注意在总结活动中解释卖报和给家人买礼物的意义；

（3）1名工作者带领1至2个营员，为营员带好矿泉水，做好遮阳防暑工作，特别注意前往地铁站途中及活动过程中成员的安全；

（4）做好拍照、活动观察记录；

（5）注意天气情况，适时调整活动日期。

第五节　青奥环保小卫士

活动目标：（1）树立营员的劳动意识，尊重广大的劳动者；（2）为青奥会贡献自己的一份力量，让孩子们真正地成为保护环境的小卫士，成为社区的小主人。

活动时间：7月25日9∶00到11∶30。

活动地点：JS社区及周边地区，JS社区会议室。

活动内容和过程：如表6所示。

表6　活动内容及时间安排

时间	活动内容	目标	所需物资
15分钟	1. 工作人员带领全体营员一起跳健康操。 2. 介绍本次活动内容和过程	热身准备	电脑 音响

续表

时间	活动内容	目标	所需物资
60分钟	环保小分队 1. 给每个营员分发垃圾袋、塑料手套和红色鸭舌帽，在工作人员和志愿者的带领下，组织营员在社区内捡垃圾。 2. 当营员捡到塑料空瓶、废弃纸张、纸盒等时，告诉营员这些是可回收垃圾，是可以循环再利用的；当营员捡到塑料包装袋时，告诉营员这些是不可降解的垃圾，平时应少用。 3. 引导营员在捡垃圾的过程中，观察社区哪些区域卫生较好，哪些区域卫生较差	1. 认识到环境保护的重要性； 2. 提高社会责任感； 3. 增强社区主人翁意识	垃圾袋中号1打 塑料手套15幅 鸭舌帽15个
20分钟	1. 每位营员分享观察社区卫生情况后的心得。 2. 工作者口头表扬营员今天的劳动表现，并鼓励他们在日常生活中学会将垃圾进行分类	1. 表达劳动感受； 2. 自觉改掉乱扔垃圾的坏毛病	
40分钟	环保知识竞答 1. 将营员分成两组（按高低年级搭配），工作人员讲解比赛规则。 2. 工作人员出题，营员轮流答题，志愿者负责计分，最后工作人员为获胜小组颁发小奖品，为另一组颁发参与奖	传授一些关于环保的小知识	计分牌2个 笔： 8支贵笔 8支便宜笔
15分钟	1. 鼓励营员说出今天的活动感受。 2. 工作人员做总结发言并介绍下次活动内容	总结活动	卡片20张

注意事项：

（1）下载健康操视频；

（2）要做好拍照、观察记录工作；

（3）及时表扬营员的良好行为。

第六节 社区青奥运动会——暑期夏令营闭营仪式

活动目标：（1）通过营员与家长的亲子互动，增进亲子感情；（2）复习、巩固和加深营员在夏令营中学习到的知识与技能；（3）建立社区与营员及其家庭的联系，增进他们与社区的融合。

活动时间：7月26号9：00到11：30。

活动地点：JS社区广场，会议室。

活动内容和过程：如表7所示。

青奥我家　低收入家庭子女教育与社会融入暑期夏令营

表 7　活动内容及时间安排

时间	活动内容	目标	所需物资
15 分钟	工作者宣布趣味运动会活动安排和进程	1. 宣布运动会开始； 2. 了解运动会的活动安排	音响、话筒
25 分钟	游戏：搬运物资 1. 营员和到场的参与者分别站成一排，以"1、2、1、2形式报数，数到 1 的为一队，营员和参与者分别站成 1 列，每列为一个小组；数到 2 的为一组，同上法站成两列。 2. 绑成两人三足；每队给 10 个吹好的气球，从起点出发搬到终点，先搬完的队伍获胜。 3. 鼓励参与者和营员分享感受，工作者分享游戏意义	1. 让营员明白团体合作的重要性； 2. 锻炼营员肢体灵活性	宽缎带 气球 1 袋
45 分钟	游戏：翻越障碍 1. 设置障碍，摆放好桌子、椅子，拉起线。分队同上游戏，每个小组中一人蒙上眼罩；从起点出发，队友要带领他翻越所有障碍；到达终点后，队友要喂他喝水，吃一个小面包。 2. 鼓励参与者分享感受，工作者分享游戏意义	让营员明白团体合作的重要性	塑料绳 1 卷 桌子 椅子 一次性水杯 1 包 小面包 1 包 眼罩 6 个
10 分钟	让营员从 JS 社区广场回到会议室	准备下面的活动	
25 分钟	播放夏令营活动照片和视频；营员分享一周夏令营活动的感受	回顾活动，营员表达感受	投影仪、电脑、音响、卡片 20 张
30 分钟	1. 请社区主任（或书记）致闭幕词，总结夏令营中工作者和参与者的表现，以及最终实现的效果。 2. 挑选营员的照片制作成相框送给他们。 3. 颁发奖状，宣布活动结束	1. 总结活动，宣布夏令营结束； 2. 提升孩子的自信心； 3. 让营员记住本次夏令营带给他们的欢乐和成长	照片 奖状 相框

注意事项：

（1）提前与社区工作者联系，制作 PPT，悬挂横幅，布置会场；

（2）时刻关注天气，根据气象预报适时做出调整。

五　成效评估

（一）成效评估方式

1. 服务对象满意度调查

问卷设计采用了封闭式问题和开放性问题相结合的形式，主要包括服务对象对活动时间、活动地点、活动内容、活动整体效果的满意程度，以及服务对象是否会参加下次活动，以上设计的五个方面主要用来测量服务对象的满意程度，另外，还有两个开放性问题用来了解服务对象对活动的建议。

2. 服务受益人群访谈

由于许多营员是自己来参加活动自己回家，不需要家长接送，那么对于年龄较小的营员，建邺励行的工作人员会在家长接送的时间与家长简单聊一些有关营员的情况，比如营员最近有哪些改变等，经过访谈了解到所有的家长都非常支持本项目的开展，被访谈的家长有80%表示孩子接受服务之后变得更爱学习，在待人接物方面更加有礼貌了。

（二）服务成效

1. 服务受益人群

直接受益人群：共14位小学生从中受益，服务内容不断完善，使之更加贴近服务对象的需求，因而得到服务对象的接受与认可。

间接受益人群：活动得到社区、家长和工作人员的认可，认为活动非常有意义，特别是小报童等活动，非常有意义，参与活动的孩子有了明显的成长。

通过对服务对象满意度问卷的分析，发现100%的营员对活动举办的时间、地点都非常满意。有98%的营员对活动的内容非常满意，100%的营员对活动的整体效果非常满意。有99%的营员表示下次还会来参加活动。

2. 服务目标达成情况

（1）营员之间建立了良好的关系；

（2）对 JS 社区有了更深的认识，营员们认为自己就是社区的主人，社区主人翁意识提高了；

（3）对南京有了更深刻的认识，通过展示，那些内向的营员渐渐地爱和其他营员交流了；

（4）较以往更会理财，而且营员们都觉得父母赚钱很不容易，通过卖报，小朋友们直接与社会接触，他们的人际交往能力有所提高；

（5）作为南京市民，营员们的主人翁意识有所提高，他们对那些破坏公共环境的行为会进行制止；

（6）通过最后的闭营活动，让父母与子女有了一个较好的感情交流机会，为亲子交流提供了一个很好的示范。

六 经验总结与专业反思

（一）经验总结

1. 专业服务技巧的持续运用

作为一个专业的社工机构，我们有着专业的工作团队——来自高校的专业社工老师和社工研究生，所以，在项目的开展中，我们将社工知识和社工技巧运用到服务活动中，从而使我们的活动更加专业。

（1）接纳。我们接纳每一个小朋友，有些小朋友年龄太小并不属于我们的服务对象，但我们还是接纳他们，让他们参与到我们的活动中来；在开展活动时，有些小朋友调皮不听话，其他小孩子不愿意和他一起玩，我们依然接纳他，因为我们相信他是可以改变的，而我们接纳他是他改变的第一步，也是我们与他建立信任的专业关系的第一步。

（2）倾听。倾听是我们在服务活动中使用最多的技巧。当小朋友不愿意参与到活动中来时，我们倾听他们的想法，然后尽量满足他们的需求；活动结束时，让小朋友分享感受以及对活动的评价，让我们更加了解他们，也使我们做得更好。

（3）同理心。小朋友之间发生冲突时，我们不是责备，而是引导他们换位思考，站在对方的角度想想，很多时候问题就迎刃而解了；我们也会把自己当作小朋友，想想会对什么比较感兴趣，再设计出一些新颖的活动。在服务活动中，想要了解服务对象的需求，想搞清楚服务对象某些怪异的行为，就需要运用同理心的技巧。

（4）自我表露。适当的自我表露，可以拉近与服务对象之间的关系，增强服务对象的信任感，建立更加稳定的专业关系。在有次活动中，一个年龄较大的小朋友和一个年龄较小的小朋友发生了冲突，工作者立即进行制止，把年龄较大的小朋友叫到一边，告诉他说，"你比那个小朋友大，不应该欺负她应该让着她，我在家是姐姐，我和妹妹吵架了，我都会让着她，后来妹妹就不和我吵了，你看你是不是也应该让着那个小朋友，把她当妹妹看呢"，听工作者这么一说，她当时脸色就好转了，之后和那个小朋友玩得很开心，问题一下子都解决了。

2. 专业服务信念的秉持

作为专业的社会工作者，在项目开展中，我们始终秉持着一个社工所应有的信念。正因为我们坚持了这些信念，正因为有这些信念作为支撑，所以我们的项目才开展得如此顺利。

（1）深信人有能力和强项

我们一直相信每个小朋友都有能力，都有优点，这也是优势视角的观点。优势视角强调应当把人及其环境中的优势和资源作为社会工作助人过程中所关注的焦点，而非关注其问题和病理。社工不是解决问题的专家，服务对象才是最清楚自己的问题的专家，服务对象并不只是有问题，他是有能力和资源的，只是需要挖掘和发挥。每个小朋友都拥有独特的能力，或许他在学习方面不好，但是他在其他方面却表现得很好，这就是他的能力，我们认真对待、接受每一个小朋友，我们相信他们是有能力解决自己的问题的。

（2）相信人会改变

我们的服务对象是小朋友，小朋友的问题很多，不听话、调皮捣乱、说脏话、不写作业等，但是我们相信他们的这些问题都是可以解决的，他们接受我们的服务之后会有变化的,我们坚持着这个信念,认真地做好我们的每一次服务。我们在每次的服务中,都会在他们身上寻找亮点,我们会发现他们的进步,每次活动都在进步,有一天,你会发现他们见到你了会叫你,他们会主动把作业拿过来让你帮忙检查,他们一起整理物品,这些都是他们的改变。

(3) 用自身经验,以生命影响生命

用我们自身积累下来的生命经验,一点一滴地去感染服务对象,不仅可以与他们建立信任的专业关系,还可以使他们的生命慢慢产生变化。我们在服务活动中,给他们讲自己小时候听妈妈的话妈妈给自己买喜欢的玩具的事,在学校成绩好老师喜欢同学羡慕的事,用我们自身这些正能量的事情去感染他们,他们耳濡目染受到影响,在以后的生活中也会这样去做,然后就会发生改变。

3. 服务设计注重主题与形式的选择

社会工作专业服务活动的设计需紧贴社会生活热点。结合南京青奥会这样的国际大型赛事来设计并开展青少年服务,符合青少年及其家庭、社区等的社会活动参与的需求,因此,此次"青奥我家"暑期夏令营活动得到了多方的认可。从学习青奥会主题曲、制作传递青奥火炬、青奥吉祥物主题创意绘画、趣味运动会、卖报等活动,服务活动的设计让青少年从力所能及的角度参与、体验青奥会,学习相关知识,从而获得了服务对象的积极参与,服务对象参与人数从第二节活动增至18人并一直保持稳定。

(二) 专业反思

1. 项目设计紧贴生活实际

此次服务活动设计了环保、卖报等主题活动,贴近现实生活,符合孩子的年龄需求,因而得到各方认可。

2. 服务的去标签化

为了对低收入家庭子女进行去标签化,此次夏令营针对社区所有青少年儿童进行招募,其中符合低收入家庭的成员为15名。

3. 让服务计划跟着服务对象走

在儿童青少年服务过程中,孩子们的纪律问题,一直是让参与社工们比较头疼的问题之一,这使服务活动设计与实际开展的活动之间会有一定的偏差,但转变思路,针对服务过程中发现的问题,进行有针对性的服务活动设计,其实对于社工来说才是最符合专业理念的。

4. 丰富青少年儿童的社区参与方式

夏令营作为小组工作的一种特殊工作方法,在提高青少年儿童社区参与、增强社区归属感方面有很大的优势,除了以青奥为主题的夏令营外,还可以设计以励志、探险、艺术等为主题的夏令营活动以丰富服务对象的社会参与、社会融入形式。

5. 持续性社工督导的重要性

持续性社会工作督导,对于服务活动的开展有着非常重要的意义。在服务过程中,督导对服务计划书、工作方法、服务记录等的一系列督导,能够使社工在服务工作中较快地将理论与实务结合起来,能够及时地从专业角度去反思服务过程中出现的问题。

参考文献

顾东辉,2008,《社会工作概论》,复旦大学出版社。

江苏省妇女联合会,2013,《妇女儿童家庭社会工作实务案例》,中国人民大学出版社。

金盛华,2010,《社会心理学》(第2版),高等教育出版社。

刘梦,2003,《小组工作》,高等教育出版社。

Leon H. Ginsberg, 2013,《社会工作评估:原理与方法》,黄晨曦译,华东理工大学出版社。

彭华民主编、徐愫副主编,2011,《人类行为与社会环境》,高等教育出版社。

童敏,2008,《社会工作实务基础——专业服务技巧的综合与运用》,社会科学文献出版社。

翟进、张曙,2001,《个案社会工作》,社会科学文献出版社。

附录1:"青奥我家"暑期夏令营评估问卷

亲爱的小朋友们,欢迎你们加入"青奥我家"暑期夏令营,今天是你们参加夏令营的第一天。首先我们需要了解一下你们的基本情况,以便活动更好地开展。	姓名	
	年龄	
	日期	

青奥我家 低收入家庭子女教育与社会融入暑期夏令营

序号	内容	选项（在相应的选项上打"√"）			
1	你了解我们开展此次夏令营活动的目的吗？	□很了解	□知道一点	□没听说过	
2	你之前有参加过类似的暑期夏令营吗？	□有	□没有		
3	你能写出你自己生活的社区的名称吗？	□能	□不能		
4	你平时会积极主动参加社区的各项活动吗？	□经常	□偶尔	□很少	□几乎不
5	你经常和小伙伴们一起在社区里玩耍吗？	□经常	□偶尔	□很少	□几乎不
6	你平时会跟社区里的叔叔阿姨打招呼吗？	□经常	□偶尔	□很少	□几乎不
7	你平时自己去社区小商店买自己需要的东西吗？	□经常	□偶尔	□很少	□几乎不
8	你知道你自己生活在南京市的哪个区吗？	□知道	□不知道		
9	你能列举一个历史上发生在南京的大事件吗？				
10	你知道南京青奥会举办的时间、地点吗？	□知道	□不知道		
11	你知道此次青奥会的吉祥物是什么吗？	□知道	□不知道		
12	你希望通过这次夏令营能学到些什么？				

附录2："青奥我家"第一期活动效果评估问卷

序号	内容	评分（在相应的选项上打"√"）				
1	今天活动现场的气氛	□5	□4	□3	□2	□1
2	今天的活动内容的丰富程度	□5	□4	□3	□2	□1
3	活动现场工作者的表现	□5	□4	□3	□2	□1

· 141 ·

续表

序号	内容	评分（在相应的选项上打"√"）
4	自己参与活动中的主动性	☐5　☐4　☐3　☐2　☐1
5	自己在活动中的总体表现	☐5　☐4　☐3　☐2　☐1
6	通过活动自己的收获	☐5　☐4　☐3　☐2　☐1

1. 今天的活动中让你印象最深刻的一件事是什么？
2. 你对哥哥姐姐们的工作有什么建议？
3. 你希望自己在明天的活动中有什么新的表现？

健康有道

大学女生成长小组

唐 晓 孙 妍 肖 萍[*]

一 项目背景

健康乃是人生之大事。世界卫生组织对"健康"提出以下定义:"健康不但是身体没有残疾,还要有完整的生理、心理状态和社会适应力。具体地说,健康包括躯体、器官等生理方面的正常发育,也包括认识、情感、意志与人格特征以及社会适应等心理方面的正常发展。躯体健康和心理健康统一起来,才是完整的健康。"

作为新进大学的大一女生,容易对陌生的大学环境产生迷茫,还可能对自己的兴趣爱好、自己的未来、情感等问题产生困扰。这种局面可能会导致她们失去方向,甚至不去面对这些问题,取而代之的是整天泡在网上,封闭自己,足不出户,习惯晚睡,饮食不规律,缺乏运动或者情绪波动大,甚至形成忧郁等心理问题。当然,也有的女生可能对大学环境充满好奇,想去尝试不同的东西,忙于社团工作或者学习,因为工作或学习的关系也会忽略睡眠、饮食、运动等方面。除此之外,也有其他原因而导致健康问题出现。

团体互动理论认为,成员在互动中可以了解到别人眼中的我,即库利

---

[*] 唐晓,南京大学社会学院 2013 级 MSW 研究生;孙妍,南京大学社会学院 2009 级社会工作专业本科生;肖萍,南京大学社会学院社会工作与社会政策系副教授。

所说的"镜中我",通过了解自己在别人眼中的形象,也可以从另一个方面来更清晰地了解自己的性格、情绪、行为等;同时,在互动中个人也可以学习到对他人"共情"的能力以及与人沟通的能力,这些要素对个人的心理健康有着非常重要的作用。团体行为理论认为,成员在团体中可以相互交换和相互学习,成员可以通过语言交流、肢体接触、游戏等方式进行信息的交换,也可以在团体中通过观察他人的行为进行学习。本小组从以上对大一女生生活的观察和假设出发,针对她们生活中的健康问题进行探索,希望她们能通过在团体氛围中的实践和督促,然后在小组中能找到适合她们自己的健康生活。

具体而言,本小组对健康的理解借鉴了世界卫生组织下的定义,即健康包括身体和心理两个方面的健康。身体方面,我们着重从饮食、睡眠、运动来探讨健康;心理方面,我们着重从情绪调节来探讨心理健康。当然,贯穿于始终的,最重要的还是成员自己对自己的了解与自己对自己的期望。因为只有成员对自己有更深的了解,她们才能明白适合自己的是怎样的健康生活,以及自己在多大程度上需要这种生活,这对实践健康的生活方式来说,也是必要的。此外,成员也只有了解自己对自己的期望以后,才能更清楚地知道怎么平衡自己的追求与生活的关系。小组也希望能借助小组这个开放、宽容、友好互助的氛围来帮助成员更加了解自己,寻找适合自己的、健康的大学生活方式,因为每个人都是不一样的,适合每个人的生活方式也是不一样的。

二 项目基本信息

"成长小组"是南京大学社会学院社会工作与社会政策系开展的面对大一新生的成长问题的课程,由肖萍老师进行督导,已有多年发展历史。"健康有道"是"成长小组"下的一个项目活动。

"健康有道"小组工作实务项目于2011年9月12日至2011年12月16日在南京大学仙林校区展开,该项目由南京大学社会工作与社会政策系三年级本科生唐晓、孙妍进行实务带领,由南京大学社会学院肖萍老师担任督导老师。服务对象为南京大学仙林校区 2011 级（一年级）女生。本小组共招募了 6 名女生，一共进行了 8 期活动，每期活动 2 小时。

三 需要分析

（一）评估方法

需要分析主要是在进行社会服务前，针对服务对象的服务需求而进行的预评估内容。

我们主要采取一对一会谈的形式进行需要的搜集和分析。会谈对象一共为六人，每人会谈半小时左右，由两名工作者和一名对象共同完成每次会谈，地点在南京大学仙林校区活动教室。

（二）评估内容

1. 身体健康的需要

大一女生刚进入大学，由于环境的变化所导致的行为上的变化对身体有较大的影响，如晚睡晚起、没课的时候不按时吃饭、上网时间过长、缺乏运动等都是比较普遍的行为特点。这些状况会对身体造成负面影响。

2. 情绪管理与心理解压的需要

健康泛指身心两方面的健康，心理是否健康对身体是否健康有非常重要的影响，大一女生由于刚进入大学，到了一个新的场域，需要学习新的规则，适应新的环境，很容易产生情绪上和心理上的压力。

3. 大学生活的指引需要

作为大一新生，进入新的大学环境，有转变自己的认知、行为习惯的需要，所谓"人在环境中"，在不同的环境中需要有不同的实践模式，所以大一的女生也有自己大学生活的指引需要。

4. 人际沟通能力培养的需要

人与人之间的互动和关系对刚进入大学的女生来说也是非常重要的，大学的人际关系模式更具有多样化、复杂化的特点，需要学习不同的人际沟通的方式。

5. 自尊、自信的需要

刚进入大学的新生都曾是各个学校的骄子，而在大学各自有各自的能力，评估优秀与否的方式也更多样，这对于一贯以成绩取胜的学生来说在心理上是一个新的转变。在大学，新生需要去寻找自己、了解自己、找到自尊和自信。每个人都是不同的。自信和自尊作为认同自己的独特性的方式而富含新的特质。

四 项目实施过程

活动一共分为 8 期，采取小组活动的形式。

（一）初见

1. 活动目标

（1）团体形成；

（2）成员相互认识，建立互动关系；

（3）建立团体规范；

（4）让成员更了解团体的目标以及内容，澄清成员关于团体的疑问。

2. 活动器材

卡片、白纸、笔。

3. 活动内容与过程

（1）破冰活动：自我介绍

目标：使成员相互认识，增强团体互动气氛。

方法：

① "姓名的含义"

让成员把自己的名字、昵称、外号、网名等写在卡片上，然后逐一分享，特别要解释自己为什么会被别人这么称呼。

② "三人行"

先由工作者点成员甲的姓名，在其右边的成员代其答"到"，在其左边

健康有道　大学女生成长小组

的成员代其举手。然后再由甲点成员乙,乙右边的成员代其答"到",左边的成员代其举手。以此类推,点名答到的速度加快。

(2) 订立团体规范

工作者说明团体规范的重要性。

成员轮流说一个自己希望或不希望在团体中看到的事,比如不要窃窃私语。

由一人将每位成员的意见写在白纸上。

工作者综合成员意见,订出应遵守的团体规范及违规时的处理方式。

另外,讨论属于团体的名称和口号。

(3) 阐述团体目标和内容

工作者向成员详细介绍团体的目标和内容。

工作者回答和澄清成员的疑问。

(4) 大家一起来交流

从以下两个方面来谈:谈谈你对大学新环境的认识,从学业的变化、对人际和环境的适应等方面轮流谈;分享进入大学以来自己在健康生活方面做得好与不好的地方。

(5) 总结

讨论、分享对此次活动的感觉。

工作者再次向成员澄清团体规范及其相关注意事项,并交代下一次活动的地点以及时间。

(二) 十字路口

1. 活动目标

(1) 进一步增进成员之间的了解;

(2) 帮助成员初步探讨自己对大学环境的看法以及其面对的困扰。

2. 活动流程

(1) 热身游戏:暴风骤雨

当工作者说小雨的时候,大家就拍手三下。

当工作者说中雨的时候,大家就用力地拍三下大腿。

当工作者说大雨的时候,大家就用力地用脚踩地三下。

（2）写下你的朋友

工作者发给每个成员一张纸和一支笔，让成员在纸上写下进大学以来：最经常和朋友一起做的一件事；和朋友在一起做得最开心的一件事；近期和朋友做得最难忘的一件事。

大家写好之后，轮流分享，分享完之后，大家一起来讨论与大学的朋友在一起和与高中朋友在一起的感受有什么不同的地方。

（3）我的时间蛋糕

成员在纸上画一个像蛋糕一样的圆，然后自己将它分成任意几个部分，成员自己思考目前生活的时间都花在哪些方面，例如学习、睡觉、运动、上网等，按照其分别所占的比例大小划分"蛋糕"。完成后，成员挨个展示和解说自己的时间蛋糕。每一位成员在展示后再谈谈自己对自己的时间蛋糕的想法、自己是否喜欢这样的时间蛋糕、喜欢和不喜欢的原因是什么。

（4）让我们来抢凳子（报纸也行）

工作者播放音乐，让成员围成一个圈，中间放几个凳子或几把椅子，音乐响起时，成员以走或跑或蹦跳的形式绕圈走，当音乐停时，成员就抢凳子或椅子坐下，没抢到的成员被淘汰，然后继续下轮。每次淘汰一个成员，撤出一个凳子或一把椅子，淘汰的成员站中间随音乐跳动并控制音乐。直到最后一位成员胜出。

（5）练瑜伽

（6）总结与回馈

成员在笔记本上写下自己的心得与收获。

工作者做本次活动的总结。

（三）生命在于运动

1. 活动目标

了解成员的运动爱好、习惯与促进其健康运动的意识。

2. 活动流程

（1）热身踢腿练习

兔子舞（与上一次不同的地方在于围成一个圈跳，并把踢腿的动作幅度加大）。

健康有道 大学女生成长小组

(2) 我的运动爱好

成员依次交流自己喜欢的三项运动（包括走路、骑自行车等），并分享自己喜欢它们的原因。

(3) 运动的好处

成员相互分享运动的好处，并由一个成员记录下来，随后这位成员进行总结。这可以让成员更加清晰地认识到运动的好处。

(4) 代表性物体

成员想一个物体来形容自己，并分享为什么。

(5) 瑜伽练习

由工作者或者一位成员带领大家伴随音乐做瑜伽练习。

(6) 运动在于坚持

每个人在纸上订立出下周的运动小计划，订立好之后大家相互分享，并约定下次活动进行自我运动的汇报。

(7) 总结与回馈

成员在笔记本上写下自己的心得与收获。

工作者做本次活动的总结。

作业：成员回去上网查看有关睡眠的知识。

（四） 睡美人

1. 活动目标

增强成员对睡眠的作用、怎样提高睡眠等问题的认识。

2. 活动流程

(1) 运动计划实施分享

成员逐个分享上周的运动实施情况。

(2) 作息时间分享

每个成员在一张纸上写出自己最平常的作息时间，然后轮流做分享。

(3) 睡眠的好处

成员头脑风暴，相互讨论和交流睡眠的好处与睡不好的坏处（包括对身体、皮肤、心情、状态等的影响）。由工作者记录，并在讨论后总结。

(4) 你来比画我来猜

把成员平均分为两组，其中一组朝一个方向排成直线，可坐可站，不能回头。另一组观摩。

工作者把写好表情的字条，如"风情万种""喜气洋洋""怒火中烧""似笑非笑"等让队伍末尾一成员抽出一张。让其思考片刻后轻拍前面成员的背令其回头，并以身体语言传达字条的意思，但不能发出任何声音。

表情一直传到最后一位，主持人把答案亮出让他选择，看其是否能猜中所传表情的真正意思。

另一组可同样进行，每组做一次后，大家分享活动中的收获。

(5) 最喜欢的特质

请成员写出五项自己最具代表性的特质。

请成员分享其中自己最喜欢的特质，成员之间相互回馈。

(6) 睡得香的小绝招

成员从以下几个方面来依次讨论：床上用品的设置、室内环境、睡前饮食、睡前思绪与心情。

(7) 瑜伽练习

(8) 总结与作业：睡眠小检测

成员在接下来的一周每天写一篇睡眠小日志，记录自己的作息时间、睡眠质量以及运用的小方法。

（五）吃出健康来

1. 活动目标

(1) 进一步增强团体凝聚力；

(2) 了解不同地域人群的饮食习惯；

(3) 帮助成员合理膳食；

(4) 帮助成员进一步了解自己。

2. 活动器材

卡片、纸。

3. 活动内容与过程

(1) 暖身活动

健康有道　大学女生成长小组

①进化论。进化论分为四级：鸡蛋，小鸡，凤凰，人类。

鸡蛋：蹲下来，双手抱膝；小鸡：半蹲下来，双手叉腰；凤凰：站立，双手放在头上；人类：站立，双手叉腰。

游戏开始时，全体成员蹲下化为鸡蛋，然后两人一组，开始猜"包剪锤"，胜方可晋升一级成为小鸡，再找同级的同伴继续猜拳，直至变为人类；相反，负方须退化为前一级，再找同伴继续猜拳。

②暖身活动备用方案：安静的生日

让成员根据自己的生日，按照由小到大的顺序排成一组或者"U"形。唯一要求就是禁止大家相互交谈。

（2）我的饮食习惯

每个成员分别介绍在学校时通常会选择怎样解决早中晚三餐。包括时间的选择、经常吃什么、会不会挑食、对学校食堂的看法等。其他成员予以响应。

成员结合具体的水果和蔬菜分享常见蔬菜、水果的功效。

（3）健康知识小问答

请每位成员在工作者发放的小卡片上分别对下列问题做出回答：

请至少列举三种不当的饮食方式；

请列举至少三种常见的健康减肥食物；

对减肥以及整容、整形的看法。

（4）三件我想改变的事

目标：协助成员澄清问题和计划改变。

方法：让每个成员写下三件愿改变的事；完成后轮流分享；成员需要选出其中一点，详细解释为什么不喜欢它、想改变什么、计划如何改变等；在下一次聚会时每个成员报告进展。

（5）瑜伽练习

（6）工作者总结，成员写活动感想

（六）做个情绪好管家

1. 活动目标

（1）帮助成员归纳日常生活学习中常常遇到的情绪困扰；

（2）帮助成员正视并积极面对困扰；

（3）帮助成员形成乐观的心态。

2. 活动器材

卡片、白纸、笔。

3. 活动内容与过程

（1）暖身活动：解人结

目标：活跃团体气氛，增强团体的团结感和信任感。

方法：成员围成一圈，伸出双手，随意与他人的手相握，但每只手要握着不同的人，于是形成一个很紧的"人结"。解结时，不能把手松开，只能通过钻、跨等方式打开。经过大家的共同努力，"人结"便可渐渐解开，形成一个或两三个，或独立或互相连接的圆圈。大家坐下来，一边放松，一边分享活动感受、心得。

（2）我的心情日记

请成员写下5个自己常有的情绪。并用两个词语说明现在自己的情绪（如愤怒、快乐、悲哀、恐惧、喜悦、惊喜、满意、苦闷、悲伤等）。

（3）快乐有道

小组成员根据自愿原则结合自己经历分享自己发泄情绪的方式。

（4）情景再现

工作者事先准备好情景，并分别写在卡片上。然后由成员根据抽签结果完成相应的要求。没有抽到的成员点评其他成员的表现。

情景1：想在某门课程上得优秀，但是在期中考试时却只得了及格。这时候，你该怎么办呢？

情景2：多年以来，你一直想重学一种你在儿时学过的乐器，而现在只是为娱乐，你又开始学了。你想最有效地利用时间，你该怎么去练习？

情景3：当你走过一群陌生人身旁时，他们突然哈哈大笑。你会有何情绪反应？

情景4：在食堂排队打饭时，你前面的那个人把排在你后面的他/她的朋友叫过来站在你的前面，你怎么办？

（5）性格描述：帮助成员进一步了解自己以及别人眼中的自己

工作者准备一些即时贴，给每位成员背后贴上。然后让每个成员在他人的即时贴上写下自己对该成员特性的评价的词语。大约五分钟后，让成员将自己背后的纸条拿下来，并且回答：看到纸条后，是否感到意外；是否认同别人对自己的评价。

（6）工作者带领大家在舒缓的音乐中练瑜伽，帮助成员达到心境平和

（7）总结

工作者总结本次活动，并说明下次活动的时间、地点。

（七）困惑的美

1. 活动目标

（1）帮助成员树立健康的心态，从而养成正确的饮食习惯；

（2）成员分享自己对美的认识。

2. 活动内容与过程

（1）暖身活动：一见钟情

目标：活跃团体氛围。

方法：工作者先解释并示范下列成语的意思，调动起大家的情绪。当工作者说"一见钟情"时，两人面对面而站，"反面无情"是背对背站立，"不解风情"两人面对同一方向，但女在男背后，"自作多情"男在女背后。参加者分男女两行，面对面横排站立。工作者随意叫出四句成语中的一句，成员马上做出动作反应，错者被淘汰。最后未被淘汰的胜出。

（2）情绪与膳食

成员结合自己的体验，谈谈有没有因为情绪问题影响到自己的饮食的情况出现，有没有比较严重的（比如较长时间厌食或暴饮暴食）及其后果。如果有，是怎么样度过这一时期的。

（3）自然美与人工美的选择

请成员回答以下问题，并把答案写在工作者发的白纸上，然后分享。工作者总结。

①大家谈谈对为了苗条的身形而长期节食的看法；

②怎么看待为了更漂亮而去做整容、整形手术这一行为；

③大家对手术的效果及安全性有什么认识。

（4）总结

工作者总结本次活动。

（八）别离

1. 活动目标

（1）回顾小组的活动，了解小组对成员生活的影响；

（2）让成员分享自己以后的健康生活计划或构想；

（3）进一步帮助成员了解自己；

（4）宣布小组活动结束。

2. 活动流程

（1）暖身活动"信任跌倒"

每个成员轮流跌倒在大家怀里。

（2）回顾

工作者回顾前几期活动的主要内容。

成员自我评估自己在活动中的表现与心得。

团体分享。

（3）每位成员在纸上简单描绘出自己以后生活的健康计划，从睡眠、运动、饮食、情绪方面描述并思考怎样付诸实践。

（4）我对小组的感觉

每个成员轮流分享自己对小组的感觉，让其中一个成员进行记录并总结。

（5）我想对小组说的一句话

每个成员在工作者准备的纸上写下想对小组说的一句话，并依次念出来。

（6）工作者宣布小组结束

工作者总结小组活动并宣布活动结束。

五 项目评估

（一）评估方式

1. 团体评估

主要包括工作者评估、成员评估、督导评估三个方面。

健康有道　大学女生成长小组

（1）工作者评估

包括团体目标的达成度、评估成败的原因、活动设计的调整、活动执行的得失、所花资源是否恰当。

（2）成员评估

包括分析成员与预期对象的差距、评估成员的改变以及开放程度。

（3）督导评估

督导评估活动程序的过程得失、社工的专业技能等方面的内容。

2. 按照活动进度评估

（1）小组前期：工作者可请督导或相关指导老师进行小组计划书的评估。

（2）小组中期：工作者通过成员的表现，以及每一期活动总结成员的感觉和收获以及工作者自身的体会来对小组活动进行评估。

（3）小组结束后：小组活动结束后，在最后一期，工作者给成员填问卷，以评估小组的效果。

（二）成效评估

1. 成员分析

鉴于我们小组探讨的主题是健康生活学习，在招募成员时并没有设定性别要求。本打算招募8到10人。受上这门课程的总人数的影响，我们最终选择了6名女生成员，加上工作者共8名女生。在筛选成员时，我们出于异质性的考虑，选择了4名汉族、1名藏族和1名朝鲜族成员。并且同一寝室的成员数不超过2人，以免她们形成小团体。最终选定的成员并没有同预想有出入。

2. 宣传和招募策略

宣传活动就是在事先预定的教室以PPT简单、生动活泼地阐述我们小组的主题和活动主要方面；在后期筛选成员时，跟每位选择我们小组的成员进行简单的有关运动、饮食、睡眠、人际关系等方面的沟通，大致了解她们的情况。并再次阐述我们的主题和人员条件限制，推荐几个成员到其他小组去。最后确定我们的成员。

3. 筹备工作

总体上是按照原定的计划来的，但在每一期具体活动设置时，有根据督导老师的建议及我们讨论时间的限制调整过活动进行次序以及删减个别活动。早期遇到的问题是连续三期（二、三、四期）都有成员缺席，后来工作者一再重申小组规范，就再也没遇到过这个问题。中后期的问题是成员似乎习惯了各自在小组中的角色，有的成员会一直滔滔不绝，有的成员一直沉默不语。这个工作者注意到后，不断提醒让说得少的成员有机会讲话。

4. 目标达成度

总体上来说，小组目标达到了。成员的变化体现在两方面。一是储备了饮食、睡眠、运动、情绪管理和应对压力等方面的一些小知识，并且有部分已经在实施。二是通过这样一个交流的平台，成员逐渐有了这些方面的意识，并会积极去思考相关问题。

小组成员彼此更熟悉，有可能在小组外忽略了其他人。或者在小组内彼此很熟悉了，但是小组结束后少了这个平台互相交流，过一段时间又变得陌生了，可能导致对曾经共同活动的小组失望，觉得小组并没有真正让自己有收获。

另外，本来计划的活动没有完成，小组成员可能会觉得我们的承诺没有兑现。第一是会受诸多因素的影响，效果要看她们在小组结束以后的生活学习轨迹及与他人的相处。第二是程序执行的问题，前期工作者有跟成员讲以后尽量每次都有十分钟瑜伽练习，但由于时间不够以及后期天气越来越冷，不适合在教室练习瑜伽，所以后来没有坚持下来。

5. 活动设计的评估

按目标的达成度，分析活动设计须加留意或改善的地方。

化解压力方面，设计活动应该再全面一点儿，预设的可能性多一点儿。活动设计可以更多样，趣味性更强些。并且在督促成员写计划及分享执行情况时可以强调得多些。

6. 成员对程序安排的满意程度

（1）每期活动主题明确，按照计划进行。

（2）工作者要顾及团体的整体氛围，关注到每一位成员。注意协调让每位成员获得同等的表达机会。

六 总结反思

(一) 专业实务能力表现

1. 对成员的感受情绪

通常能够运用同理、支持关怀等技巧去倾听、理解和反应成员的情绪和感受,能够适当地给予支持性反应。

2. 对成员的想法

在结束时的讨论环节,前几期的总结并没有做得很好,通常是直接跳到下一个环节,后几期,尤其是从第三期开始,工作者就适当地运用复述或者简述的方法去总结成员的表露内容,进行一个环节的总结和过渡。

3. 对成员表情、动作、姿势的把握

一般来说,成员的喜怒哀乐都可以敏感地被工作者把握到;成员在玩手机的时候,工作者也会及时地给予提醒;当成员走神或者相互之间打闹的时候,工作者也会敏感地捕捉到并给予暗示。

4. 对小组气氛的营造

当小组出现沉默或者尴尬的气氛时,工作者一般采取转移话题的方式或者插入游戏的方式来活跃小组的气氛,介入成效明显。

5. 对小组活动进程以及时间的掌握

差不多每次都可以按时地完成小组活动流程。

(二) 理论与实务结合的能力

1. 优势视角的运用

以成员自身的优势和能力为着眼点,帮助成员建立自信心。

2. 增权理论

开发成员自身的潜能,帮助他们认识到自己的需要和权利,可以在多大程度上适应环境并拥有进行自由选择的权利。

3. 团体互动理论

相信在团体互动的过程中,通过"别人眼中的我"以及互动过程中产生的看法和认识来帮助成员更深刻地认识自己。

4. 生态系统理论

将成员看成系统中的一个人,他蕴含在家庭系统、学校系统、同伴系统、社会文化系统之中,这样更易理解他的观点和想法,他身处的环境,对他来说重要的人、事物以及价值观。

5. 团体动力理论

在小组中利用小组的凝聚力与压力使成员可以更易融入小组中,感受到自己对小组的责任,也能在其中表明自己的动机,平衡自己的需求和小组整体的需求,从中得到发展。

(三) 督导表现

督导在专业技巧、理论的运用以及情感等方面都给予了及时的支持。

1. 专业技巧方面

督导在小组活动设计的时间把握上给予了建议,让我们能够按时完成小组活动;在讨论环节,督导也给予了具体化和情景化的建议,让讨论得以顺利地展开。

2. 情感方面

督导每次研讨会都耐心地鼓励、支持我们,帮助我们分析问题,并给予我们足够的信任。

人与人之间有相通的地方,比如我们都需要情感交流,都需要找到自己生活的意义,都需要和别人建立各种各样的关系,都需要认识和了解自己。每一个人也有自己的特点和潜能。

(四) 工作者感受总结

这次的活动也让我们了解了在面对一群人的时候,应该怎样更好地带动小组的气氛,怎样把握小组的敏感点,怎样关注到每一位成员,怎样敏锐而自然地转移话题。这些都是很重要的,也是很需要实践锻炼的技巧。在面对一组成员的时候,工作者切忌的是将关注焦点放在自己的身上,比如总是考虑自己是否说得好,做得好,自己是否反馈了成员的信息,自己是否赢得了成员的关注、赞同和喜爱等,这样的话,工作者就很容易出现紧张，或者忽略很多小组中的重要事件和信息，也不容易带好整个小组的气氛。所以工作者应该努力将关注的焦点放在成员乃至整个小组上，细心关注成员的反应，细心体会小组的氛围，给予成员及时的回馈、支持、关怀、理解等。

在讨论技巧方面，我们应该设计一些具体化和情景化的讨论主题，让讨论可以顺利地深入，这样成员通常可以很具体地回忆某一事件或者想象某一事件，这样就可以带动成员思考，并且有具体的感受、故事情节和想法。这样对成员的自我探索和深入思考都是很有帮助的。

参考文献

顾东辉，2008，《社会工作概论》，复旦大学出版社。
李军红，2011，《新妇科千金方》，江西科学技术出版社。
刘梦，2003，《小组工作》，高等教育出版社。
孙静，2012，《女人28天身体日历大全集》，云南人民出版社。
周沛，2009，《社会工作概论》，天津大学出版社。

新生女性
打工姐妹情感支持小组

全桂荣　聂春艳[*]

一　项目背景

全国总工会2010年关于新生代打工者问题研究报告显示，2010年，中国的流动人口达到2.3亿人之多，有1亿多人是新生代打工者。在长三角制造业最集中的区域——苏州，流动人口以年平均增长将近20%的速度从2000年的86万人增加到2010年的584万人。其中因为苏州以制造业为主，而女性较易于管理，制造业企业更倾向于青睐使用女性，这也使苏州有大量的女性打工者。

流动人口从熟悉的、有互相支持网络的农村来到城市，各种问题也随之产生，而其中的女性更是面临着比男性要多的挑战，情感问题是其中之一。本项目根据女性打工者面临的情感困扰，特别开展了"姐妹情感支持小组"，为新生代女性打工者提供遇到情感时倾诉、支持的平台与对象，使女性打工者的情感、家庭问题在自身生活圈内有互相支持的网络。

二　项目基本信息

"姐妹情感支持小组"社会工作实务是苏州工友家园于2011年5月至

---

[*] 全桂荣，苏州工友家园创办人；聂春艳，苏州工友家园项目干事。

新生女性　打工姐妹情感支持小组

11月开展的针对女性打工者提供情感支持的社会工作实务项目,该项目经费由香港乐施会支持。本项目由苏州工友家园统筹全桂荣主持,项目实施人员由项目干事聂春艳、苏丽珍负责,特约顾问、独立学者为林志斌博士。

"姐妹情感支持小组"社会工作实务是苏州工友家园在苏州针对打工者开展社区活动、丰富打工者业余精神文化生活项目中的子项目,项目实施地点在苏州打工者生活聚集区SX村。在SX村,当地居民约300户,1400余人,外来打工者常年保持在两万人左右。SX村有妇女儿童活动中心、青少年活动中心,但这些公共活动场地以面向当地居民为主,且没有适合打工者特别是女性需要的相对独立的空间。所以该项目的实施是在苏州工友家园的活动室完成的,项目总共招募了34名男女性参与活动,在活动末期,形成7名女性在情感上能互相支持的小组。

三　需要分析

打工者来到城市,需要的帮助多种多样,如权益维护、工作信息提供、精神生活的丰富等,但很少有人会关注打工者的情感生活,特别是在情感上相对男性面临更多问题的女性打工者。本项目在前期调研中把女性打工者设为服务对象,但女性打工者面临的问题也是多种多样的,这就需要进行进一步的需求评估,以了解女性打工者面临的迫切问题,从而设置有效的社会工作实务方案。

(一) 女性打工者需要评估方法

打工者社会工作实务的需要评估需了解以下几个方面的基本信息:一是所处社区或周边的产业分布状况;二是产业从业人员的年龄结构、受教育情况、性别比例、籍贯分布等信息;三是打工者生活区的社区样态。

在了解上述基本信息的基础上再来评估女性打工者的需求,女性打工者的需求可以通过个案访谈、座谈会、社区走访三种方法来了解。

1. 个案访谈

主要以开放式访谈为主,通过对个案的访谈和与其交流,了解了服务对象面临的迫切问题与需要。访谈对象以女性打工者为主,同时还有与女性打工者在生活、工作上相关联的男性打工者、社区居民等。

2. 座谈会

主要以半结构式访谈为主。通过座谈,可以更全面地了解女性打工者所面临的问题。"姐妹情感支持小组"社会工作实务项目通过与社区内的男性、女性打工者座谈,更全面地了解了女性打工者在家庭生活、工作中所面临的较突出的问题。

3. 社区走访

主要走访了女性打工者的住所以及日常生活中经常去的场所,实地了解了女性打工者的日常生活情况。

(二) 女性打工者需要情况

通过个案访谈、座谈会、社区走访,"姐妹情感支持小组"社会工作实务项目组(以下简称项目组)发现,女性打工者主要有以下几种需要。

1. 人际支持网络建立的需要

SX 村的女性打工者从农村或城镇来到城市,绝大部分人以往的人际网络关系发生了根本性的改变,以往在农村老家的亲戚、邻居、同学、朋辈等立体人际网络被单一的或亲戚或老乡或同学或同事或孤身一人的人际网络所取代,在遇到工作、生活中的问题时,这种单一的人际网络关系不能满足大部分正处于青春期的女性打工者的需要,因此,项目组认为女性打工者有人际支持网络建立的需要。

2. 学习培训的需要

经调查发现,有 85% 的女性打工者的学历在初高中、中专或以下,这使她们在城市的生存、发展受到了较大的制约,女性打工者对于提高自身综合能力都有较迫切的渴望,女性打工者对于学习培训的需要是无可置疑的。

3. 职业发展、职业规划的需要

女性打工者由于生活经验、受教育程度有限,对于自身的职业发展规划难以做出有效的评估,对生活与未来普遍比较迷茫。

4. 情感纠纷、家庭事务咨询交流的需要

SX 村的女性打工者年龄以 18~25 岁为主,这一年龄段的女性打工者面

新生女性 打工姐妹情感支持小组

临着谈恋爱、组建家庭的现实问题,在谈恋爱、组建家庭的过程中,遇到问题,女性打工者不能像在老家一样可以在现实中向众多的亲戚、邻居、朋辈等咨询。

四 项目实施过程

(一) 项目服务方式

根据上述需求评估,"姐妹情感支持小组"社工实务项目组认为,女性打工者最需要建立"姐妹情感支持小组"以应对上述需要,通过小组的建立,组员可以得到更多的人际网络支持,能够得到更多的学习培训的信息,可以相互间对于职业的发展规划有更好的沟通,同时,在遇到情感、家庭纠纷时也有建议、支持的网络。

按小组的类型来分,"姐妹情感支持小组"属于支持和成长型小组,在小组开展的过程与结束后,她们都能形成互相支持的小组;同时,在小组活动开展的过程中,小组组员通过经验分享、能力建设与提升,也能在活动过程中得到成长,提高自信心。

所以,"姐妹情感支持小组"项目旨在通过系列服务活动的开展建立起3人以上的、较稳固的、能互相给予多方面支持的姐妹小组,使女性打工者在打工的城市能更好地生存、发展。本项目的服务方式具体包括以下几种。

1. 小组社会工作

社会工作三大方法包括小组、社区与个案工作。小组工作通常指的是社会工作者指导下的、将两个以上且有共同的需求或相似的社会问题的成员组织在一起而开展互动性活动的团体,最终使组员之间形成较高的相互依存、相互影响与相互帮助度。项目组根据参与人员的年龄以及受教育情况等设计了7次专业的小组活动,如夏季皮肤护理、月经的那点事、我和我的他/她、谁该来做家务等,开始从女性打工者比较关注的个人生理、美容等方式切入,以后逐渐引入女性的情感、家庭、社会生活方面,使参与人员的视角从个人逐步地投向他人,从关注个人到关注社会。

小组社会工作采用的形式有社会工作者描述、参与者分享、情景模拟讨论、男女性别平等对话、小组讨论等,从而使小组组员互相间能有充分的了解和信任。

同时,社会工作者也会关注参与人员的心理状态、个人能力的变化,视参与人员的变化而鼓励其参与小组活动的策划与实施,从而使小组在项目结束后,参与人员也能够有一个互相支持的小组。

2. 社区文艺演出活动

通过与小组成员座谈与开展活动,与小组成员一起尝试把工作、生活中的情景戏剧化。这些自编、自导、自演的戏剧排练与演出,让小组成员对自身工作、生活有了更多的反思。同时,演出又能使女性/家庭问题社会化,让社会成员更多地认识到女性打工者面临的种种困难,理解她们,从而提高了女性打工者的自信心。

3. 个案社会工作

个案社会工作是指运用专业的知识、方法和技巧,帮助有困难的个人或家庭发掘自身及周围的环境,改善其与社会环境之间的适应状况。"姐妹情感支持小组"在实施项目的过程中根据参与组员的情感状况,采取个案跟进的方式,持续跟进了3个个案,并成功使一个濒于破裂的家庭得以复圆。

(二) 项目实施过程

"姐妹情感支持小组"社会工作实务项目包括五个阶段:需要评估阶段、方案制定阶段、方案实施阶段、方案结束与评估阶段、小组跟进阶段。具体时间安排如下。

1. 第一阶段,2011年3月至4月的需要评估阶段

"姐妹情感支持小组"实务项目组主要采取了个案访谈、座谈会、社区走访三种方式,评估打工者生活区女性打工者的实际生活情况、女性打工者面临的主要问题与需要。

(1) 个案访谈。开放式访谈,了解女性打工者实际的生活、工作状况,访谈对象包括6名女性打工者、4名男性打工者、6位社区居民(职介人

员、当地居民、商店人员各两名）。

（2）座谈会。通过交流，从不同的视角了解女性打工者面临的问题。"姐妹情感支持小组"主要通过两场与男性、女性打工者开展的座谈会来评估女性打工者的需求。

（3）社区走访。通过对打工者生活区，特别是女性打工者居住地的走访，加强了项目组对女性打工者实际生活状况的了解，项目组走访、观察了三个女性打工者的居住与生活情况。

2. 第二阶段，2011年4月至5月的方案制定阶段

在方案制定的过程中，在上述需要评估阶段的基础之外，项目组还邀请个案访谈、座谈会中的男性、女性打工者一起来参与方案的制定，以使方案的开展更加适合和贴近参与者的实际生活与需要。

3. 第三阶段，2011年5月至8月的方案实施阶段

在这一阶段，按照方案的制定情况针对女性打工者开展实务介入。系列活动的开展，使参与活动者从不认识到认识，从互相认识再过渡到互相了解、互相信任，从而为解决女性打工者面临的情感问题、建立后续支持性小组夯实了基础，并且通过活动提高了女性打工者的自信心与能力。

本项目组设计了7次小组活动，小组活动的名称分别为：

（1）夏季防晒技巧；

（2）情感大冒险；

（3）女性"四期"保护；

（4）怎样和例假"交朋友"；

（5）家务活是谁的事；

（6）认识中国女性；

（7）我们的姐妹组。

4. 第四阶段，2011年8月至9月的方案结束与评估阶段

宣布小组活动结束。

评估组员对于活动的感受及建议，以及后期希望开展什么样的活动，主要由参与较多次数的女性参与，而且让女性打工者自我评估；由小组成员根据自身工作、生活编排成舞蹈和戏剧向大家展示，发出女性打工者心声，加深小组成员间的情感联系。

（1）小组组员评估

①收集小组成员参与活动的感受和意见，并进行整理和总结；

②了解大家小组结束的离别情绪，以更好地在小组活动后跟进；

③评估小组组员在参与活动前后的变化。

（2）小组组员汇报演出

①根据组员工作、生活以及兴趣能力简单编排舞蹈、戏剧等进行演出，进一步锻炼组员的综合能力；

②促进组员相互间的支持与团结，为小组活动结束后成员间的关系奠定坚实基础；

③发出女性打工者的真实心声。

5. 第五阶段，2011年9月后的小组跟进阶段

"姐妹情感支持小组"项目针对女性打工者建立情感支持网络，小组活动的开展与评估、跟进有其特殊性，主要体现在以下两方面。

①开展活动的目的不以小组成员的满意度作为主要的衡量指标，而是以小组结束后小组成员间能否形成互助、支持的网络与关系作为衡量指标。

②小组活动是联系和增强小组成员之间关系与信任感的方式之一，小组成员间的网络关系的建立更多的是体现在日常的生活当中。在小组活动结束后，固定的小组组员都能够在生活中分享情感信息，能互相给予情感的支持与关怀，而且包括交流租房、工作、学习培训、职业规划、婚恋等信息。

五　项目评估

（一）项目成效评估方式

"姐妹情感支持小组"社会工作实务项目的评估采取过程评估、成果评估两种形式。针对女性打工者的"姐妹情感支持小组"的过程评估有别于其他社会工作实务的评估。

1. 过程评估使用的方法

一是观察小组成员在小组活动前后，特别是参与三次以上小组活动后

新生女性　打工姐妹情感支持小组

的变化，是否在与人沟通、交往上有较积极的变化。

小组成员在参与项目活动的过程中，由被动的参与者逐渐变成主动的参与者。工作者在小组活动开展的过程中会安排一些角色让较积极的参与者扮演，如参与小组活动具体流程的策划、主持小组活动的游戏环节，或者试着让其主持小组活动的开展。

二是小组成员自评法，如在小组活动后发放留言便签让小组成员写活动感受，有小组组员的留言是："这样的活动很好，在参与的过程中，让我提高了自信心，变得更开朗了"；"我都不敢想象，以前我是个很内向的人，现在我却可以主持活动了，很开心"。

2. 成果评估方法

"姐妹情感支持小组"社会工作实务项目组不仅是为了开展一次项目，还希望在项目结束后，一方面，小组组员的网络互助联系可以持续；另一方面，项目过程中的活动成果可以通过文字资料、图片等向社会倡导提高女性的社会地位与权益。另外，还有个案的协助。项目组还希望在活动过程中能帮助女性打工者解决自身面临的各类问题。在小组活动开展的过程中有个组员小美刚结婚后就跟着老公来苏州打工，两人是在老家相亲认识的，没有什么感情基础。来苏州后他们住的地方很狭窄，由于生活的琐事两人也经常发生争吵。丈夫还有严重的家庭暴力，常常把小美身上捏得青一块紫一块的，有一次甚至用有利齿的菜刀脊把小美的手臂都割伤了。小美参加"姐妹情感支持小组"后，把她遇到的家暴跟小组组员分享了，大家积极地帮她出主意，有时还邀请她老公来参加小组活动，后来她老公意识到了自己的错误，做了深刻的反省，两人此后的家庭生活也变得很恩爱和谐了。

另外，有两个组员小洁和小芬的男友都是在打工过程中认识的，而且都还是异地恋，感情时有起伏，不时有这样那样的问题困扰着，两人遇到问题就和小组的姐妹们倾诉，寻求姐妹们的支持，从而使她们的异地恋一直都能得到较好的处理。

同时，"姐妹情感支持小组"组员在遇到找工作、租房、学习培训等问题时，其他组员都能够提供相关的信息或给予帮助，这使组员能够在打工地更好地解决面临的实际问题，以及使她们在打工的城市更好地生活。

· 167 ·

（二）项目成效

"姐妹情感支持小组"社会工作实务项目组从服务对象的参与深度、目标达成度、成果三个方面进行评估。

1. 服务对象的参与深度

"姐妹情感支持小组"服务对象的特殊性与非强制性注定了参与人员是难以固定的，所以在这方面的评估主要侧重与服务对象的参与深度与成长度，而非仅仅以固定对象的参与度来评估。

服务对象的参与深度是指服务对象不是单纯、被动地参与项目组所设计的活动，而是在参与活动中逐渐融入并有可能成长为主动服务对象，甚至成为服务者角色的过程。如在本项目实施过程中共有26位男性和女性打工者参与了项目组的活动，形成了7位固定的姐妹小组组员。这些组员当中又有3位小组组员在参与活动过程中成长起来，不仅参与活动，甚至在活动后期，还担当了活动的策划与实施的部分工作，这使她们的自信心与能力在这一过程中得到了更多的锻炼与提升。她们从被动的参与者转变为主动的联络者与行动者，角色发生了质的变化，这为后期小组网络的持续性提供了基础性的保证。

2. 项目的目标达成度

"姐妹情感支持小组"社会工作实务的主要预定目标是在项目结束后能形成、建立三个以上女性打工者的网络互助小组。最后，项目参与人员达到了34名，参与人次数达到52人次，最后形成了一个有7名女性打工者的稳定的网络支持小组，这一人数高于预期的目标。

在解决女性打工者的情感问题上，小组在开展活动的过程中就得到了个案"实践"，而且实践取得了很好的效果。

在目标达成度方面，有74%的活动参与人员认为参与小组活动后变得更自信了，有70%的人认为这样的活动加强了自身与人沟通的能力，有85%的人觉得认识、了解了更多的朋友，有81%的人对于男女性别平等有了较多的了解，但也有19%的人认为活动的专业性存在不足。

3. 项目的成果

项目组在项目实施的过程中，与活动参与人员进行了多次关于男女社

新生女性　打工姐妹情感支持小组

会角色、男女性别平等、女性的家庭角色等内容的座谈和讨论,这些座谈和讨论的成果对于了解当下女性打工者在社会、家庭中的意义有着重要的参考价值。同时,这些讨论的成果被整理出来后通过资料分享的方式与其他人分享,能够使更多人反思女性打工者在社会、家庭中的地位,有利于男女平等问题得到更多的关注。

项目组在项目实施过程中,还安排了一些反映社会、家庭生活对于女性打工者影响的情景剧模拟表演,通过这些表演,让参与人员加强了对性别平等问题的反思。

在小组活动开展的过程中,小组组员帮忙解决了3个小组组员的情感方面的问题,有效地提升了小组组员的信心、情感支持与互助能力。

从上述评估的结果来看,"姐妹情感支持小组"社会工作实务项目组通过为期7个月的持续活动,共开展了7次小组活动、1次汇报演出,大体上实现了预期的目标:

①增强了女性打工者的性别平等意识以及对社会问题的关注度;

②提升了女性打工者与人沟通的能力,提高了其自信心;

③建立了姐妹情感支持网络,让女性打工者在遇到各类问题时有互相支持的人际网络;

④发出了女性打工者的心声,让社会更加关注女性打工者的权益、情感等方面的问题。

六　经验与反思

(一) 项目顺利开展的原因

"姐妹情感支持小组"能够顺利开展,并且最终能够形成一个持续联系、支持、互助的网络,有以下三个方面的原因。

1. 满足了女性打工者的实际需要

女性打工者在外打工,遇到工作、生活上的问题很难得到理解与支持,而"姐妹情感支持小组"很好地解决了这一问题。

2. 小组活动开展的开放、活泼、互动性

由于女性打工者普遍比较拘谨、胆小,小组活动的开放与互动性有效消除了女性打工者的心理障碍,并转而在这样的小组氛围里让女性打工者放松心情,进而敞开心扉与人交流,分享个人的生命体验与思考。

3. 有工友家园这样的公益性活动平台

如果没有打工者生活区的公益性空间,"姐妹情感支持小组"的情感支持仅靠小组活动的开展是很难建立起来的。有这样的公益性空间,小组成员就能有更多的时间和轻松的空间进行沟通、交流。

(二) 项目开展过程中遇到的问题

"姐妹情感支持小组"项目在开展的过程中还是遇到了不少问题,主要有以下几个方面。

1. 项目工作人员的非专业性

除了特约顾问是独立学者外,其他项目参与人员都不是社会工作专业的,这对于如何更多地运用社会工作的专业知识与技巧来开展小组活动有着较多的制约,特别是在理论指导与活动经验的总结上。

2. 活动成果的应用与研究

在开展"姐妹情感支持小组"的过程中,女性打工者很多交流和分享的内容是女性打工者现状与思想的一手资料,如何整理、应用这些材料,甚至以此去做社会倡导与政策倡导,是值得思考与尝试的。

3. 小组成员后期跟进面临的问题

有些小组成员在参与活动后,具备了一定的组织与领导能力,如何跟进并让其持续地团结其他姐妹、关注更多的社会议题与性别议题,还需要进一步的实践、探讨。

参考文献

丁国锋,2011,《解决好农民工问题将为加强社会管理提供新引擎》,法制网,http://www.legaldaily.com.cn/dfjzz/content/2011-07/15/content_2796294.htm? node = 7093,最后访问日期:2011 年 7 月 20 日。

高峰,2006,《苏南地区外来农民工市民化长效机制的构建》,《城市发展研究》第 4 期。

何晓红,2011,《一个女性农民工的 30 年进城打工生活史——基于生命历程理论研究的视角》,《中国青年研究》第 5 期。

林志斌、张立新,2008,《打工者参与式行动研究》,社会科学文献出版社。

潘毅,2011,《中国女工》,九州出版社。

秦阿琳,2011,《女性农民工的"个体化困境"及社区支持研究》,《湘潮》(下半月)第 9 期。

任秀杰,2009,《新生代女性农民工的社区融入研究》,《农村经济与科技》第 8 期。

佟新,2003,《异化与抗争——中国女工工作史研究》,中国社会科学出版社。

刑玉兰,2011,《新生代女性农民工社会融入问题及应对策略——以苏州为例》,《苏州大学学报》第 4 期。

杨曌、宋言奇,2011,《新生代城市农民工生存状况的调查与思考——以苏州市农民工为案例》,《泉州师范学院学报》第 11 期。

张志胜,2007,《脱根与涅槃——新生代女民工的市民化释读》,《中国青年研究》(社会调查版)第 3 期。

邹农俭,2008,《江苏沿江农民工现状调查报告》,《南京师大学报》(社会科学版)第 3 期。

邹农俭等,2009,《江苏农民工调查》,社会科学文献出版社。

舒心家庭

单亲家庭社工服务

李 立 杜婧芸[*]

一 项目背景

家庭是社会的细胞,社会的发展影响着家庭的变迁。如今单亲家庭这一特殊的家庭结构在各个国家均呈逐步上升的趋势。民政部门有关统计资料显示,我国单亲家庭比十年前增加了七成,尤其是以女性为户主的单亲家庭大量增加,单亲母亲已成为社会的新增弱势群体,亟须社会各界对她们提供有效的帮助。

无锡市崇安区政府于2010年6月在省内率先尝试政府购买社工服务项目,区妇联积极响应,组建注册专业社工机构——舒心家庭社工服务站,申请并承接政府购买社工服务项目——单亲家庭社工服务,探索服务单亲家庭的新型社会工作模式,并积极推进服务家庭和服务妇女儿童专业化、社会化和规范化发展。

崇安区舒心家庭社工服务社(以下简称"舒心")是一家针对贫困、单亲、教育缺失等特殊家庭,开展专业妇女家庭社会工作服务的公益性组织,于2010年7月正式成立,拥有项目督导3名、专业社工12名、家庭志愿者30名。舒心以项目化运作来承接政府购买社工服务项目,运作两年来,获

---

[*] 李立,无锡市崇安区舒心家庭社工服务站站长;杜婧芸,无锡市崇安区舒心家庭社工服务站项目负责人。

舒心家庭　单亲家庭社工服务

得了较好的社会影响。

舒心的主要服务领域包括单亲家庭舒心服务、青少年成长教育服务、婚姻关系疏导服务等。近两年来，舒心主要承接并实施崇安区政府购买社工服务项目——单亲家庭社工服务。舒心以江南大学社会工作专业教授、香港资深社工为核心，建立了一支社会工作实务经验丰富的专业督导队伍，发挥了专业社会工作者、妇女工作者和家庭志愿者队伍的优势，使舒心在较短时间内用良好的服务赢得了社区居民的认同与信任。

（一）项目目标

1. 任务目标

（1）进行个案辅导。包括对心理不适个案进行危机干预和对有特殊需求的家庭进行个案辅导，帮助服务对象寻求更多的社会支持，建立正常的生活秩序。

（2）组织开展小组活动，构建互助平台。建立小组，引导和帮助单亲母亲和孩子发挥主观能动性，积极参与小组活动；构建互助平台，拓展目标家庭的生活外延，帮助单亲母亲和孩子树立生活信心，提升目标家庭的生活质量，促进家庭与社会的和谐。

（3）增强社区团体意识。强化单亲家庭的社区参与意识以及集体归属感，引导和帮助他们发挥主观能动性，积极参与各类活动，更好地融入社区，建立新的支持网络，寻求到更多的社会资源。

（4）建立延伸性服务品牌。通过建立服务平台开展各种活动，如单亲母亲QQ群、青少年快乐成长营，宣扬坚强团结精神，传播合作、健康、和谐的美好理念。

2. 过程目标

（1）走访单亲家庭，确定服务对象，沟通了解需求，制定介入方案，确定评估标准。

（2）以社会工作优势视角（Strength Perspective）和增能理论为出发点，梳理、重建、整合单亲家庭社会关系网络。在项目实施中搭建沟通和交流的平台，强化一定区域内单亲家庭与其他成员之间的互动以及社区互助的意识和理念。

（3）提供社会支持、就业机会，帮助家庭摆脱经济压力，提高家庭对于社区重建的参与度。

（4）为单亲家庭营造相对宽松的社会环境，充分发挥它的正向功能。

（二）理论基础

本项目以优势视角和增能理论为基础，充分发掘服务对象的潜能和优势，为他们建设一个社交互助平台，提供一个展示自我的舞台。

1. 优势视角

优势视角是一种关注人的内在力量和优势资源的视角，其核心理念是相信人们天生具有一种能力，即通过利用他们自身的自然资源来改变自身的能力。优势视角着重于挖掘案主自身的优点，帮助案主认识其优势，从而达到解决案主外在或潜在的问题。

优势视角下的助人关系是合作的、相互的伙伴性的关系——一种与他人一起共事的权力，而非其中一个人凌驾于另外一个人之上的权力。伙伴关系这一目标要求社工不仅要为案主制订助人计划，而且要在助人过程中分享权力和决策，让案主为其自我恢复负责。

2. 增能理论

增能（empowerment），也称增强权能，是个人在与他人及环境的积极互动过程中，获得更大的对生活空间的掌控能力和信心，以及促进环境资源和机会的运用，以进一步帮助个人获得更多能力的过程。增能社会工作认为，个人需要不足和问题的出现是由于环境对个人的排挤和压迫造成的，社会工作为服务对象所提供的帮助应该着重于增进他们的能力，以对抗外在环境的压力。

在增能社会工作中，社会工作者应避免以权威的姿态出现，而要与受助人建立平等的伙伴关系。在助人过程中，社会工作者应该真正做到与服务对象对话，鼓励他们讲出自己真实的经验。在针对群体运用增能社会工作时，社会工作者应该鼓励群体成员建立协同关系，促进成员之间的互相帮助。在与服务对象的关系中，社会工作者的角色是多元的，但最基本的角色是他们的伙伴。

（三）工作理念

运用社会工作的专业理念与工作方法介入单亲家庭服务，既可以在宏观上呼吁和影响社会政策与福利制度的制定，又可以在微观层次运用社会工作的技巧与方法，通过个案、小组和社区社会工作等多种形式相结合，促使服务对象的问题得到有效解决，促进服务对象家庭和社会的和谐与稳定。

因为"单亲家庭"是一个敏感的称谓，是被社会标签化了的，如果使用这一名称直接对单亲家庭开展个案和小组社会工作，将会造成单亲家庭的阻抗和加深社会标签的烙印，这样对社会工作的开展是很不利的。所以在开展工作过程中，避免对外强调"单亲家庭"，而只将"单亲家庭社会工作"作为内部的项目名称使用。

（四）项目来源

无锡市崇安区政府购买社工服务项目。

二　项目基本信息

（一）项目服务对象

舒心主要服务于崇安辖区内有需要帮助的单亲家庭。服务对象的来源包括：

（1）主动前往舒心工作室求助的单亲家庭；

（2）由社区妇联及其他相关机构转介的单亲家庭。

从上述对象中，开展问卷调查，从中选择亟须帮助的 20 户单亲母亲家庭作为个案服务对象。

（二）项目参与人员

1. 项目督导 1 名。

2. 项目社工 8 名，其中社会工作师 3 名、助理社会工作师 5 名。

3. 项目志愿者 12 名，其中社区妇联主席 8 名，心理咨询、法律维权、家庭教育等专业人士 4 名。

（三）项目实施时间

2010 年 7 月至 2010 年 12 月。

（四）项目实施地点

无锡市崇安区。

三 需要分析

项目组通过问卷调查发现，单亲母亲面临经济资源减少的困境。一旦离婚或丈夫去世，家庭收入就会急剧下降，其生活易陷入困境。同时，单亲母亲面临社会支持减少的困境，社会往往给单亲母亲家庭特别是因为离婚而解体的单亲母亲家庭贴上屈辱的标签。由一人抚养孩子所带来的压力增大又会消耗女性大量的时间和精力，这直接限制了单亲母亲的发展。有部分单亲母亲家庭存在亲子沟通和教育等方面的问题。

因此，帮助单亲母亲勇于面对现实、探索反思自我、增强自信自爱，是走出经济危机、情感困惑、积极应对挑战、重新规划人生的基础。社工通过外部干预和帮助增强单亲家庭成员的社会生存与竞争能力，保护单亲家庭在社会参与、就业、合法收入等方面的权利。通过组织一系列活动帮助单亲母亲建立互助资源网络，鼓励单亲母亲积极参与社区活动，扩大社会交往，建立较强的社会支持系统；通过亲子小组、家长小组等活动协助单亲母亲更好地处理亲子关系，帮助孩子健康成长；针对有需求的单亲母亲开展个案辅导，提供长期个别化专业服务。

四 项目实施过程

（一）服务方式

对全区单亲家庭进行摸底，以社会工作视角开展现状调查，了解单亲

舒心家庭 单亲家庭社工服务

家庭所面对的困境与难题，分析需求，制定目标；以社会工作优势视角和增能理论为出发点，梳理、重建、整合单亲家庭社会关系网络；通过个案、小组、社区工作方法，激发服务对象潜能，摆脱原有羁绊，再组幸福家庭。

（二）实施进度

1. 项目的总时间

2010年7月25日至12月30日。

2. 项目进度安排

（1）初期筹备阶段（2010年7月15日至7月30日）

①开展项目讨论，制订服务计划。聘请专家督导，招募社工、志愿者（义工），形成"社工＋义工＋专家督导"的模式。制定单亲家庭社工服务项目实施方案，初稿多次征求意见，经专家督导指导修改后定稿；设计单亲家庭社工服务项目实施流程表，方便社工按照时间节点安排服务工作。

②拟定服务对象，科学分类。了解各社区单亲家庭的组成状况以及生活现状，掌握单亲家庭的目前需求。初步拟定20户单亲家庭作为此次项目的服务对象，这些家庭不同程度地存在经济、家庭教育缺失、心理危机等方面的问题。

③汇总基本信息，建立服务档案。开展社区调查，掌握20户单亲家庭的家庭基本信息，为个人及家庭建立服务档案，了解他们的需求，建立工作关系。

④拟定服务口号，加强初期宣传。设计"舒心社工"标识，制作"舒心社工"宣传折页，内容包括：服务社服务项目范围、服务内容、服务宗旨、社工理念，"舒心社工"QQ群号，心理咨询热线等。开展初期项目宣传活动，通过活动增强舒心在社区中的舆论影响和宣传导向。

（2）中期实施阶段（2010年7月31日至11月25日）

①开展渠道服务。针对服务对象的各种问题和需求，开发社会资源，搭建与政府有关职能部门沟通的平台，建立有效的应对模式。

②开展志愿服务。一是动员服务对象本身参与志愿者工作，这一方面可以增加与他们的沟通，另一方面可以为他们提供发挥能力和特长的机会，帮助他们实现自我价值，从而提升满足感；二是引进大学生、热心公益并

有一定特长的专业人士，通过开展各项志愿服务活动，帮助服务对象，也促进了服务对象与志愿者们的互动。

③开展社工专业服务。根据服务对象的需求和问题，运用个案、小组、社区社会工作专业知识和技巧，开展专项活动。

A. 个案工作

社工通过"一对一"的服务，为服务对象提供物质和心理方面的支持和服务，以帮助服务对象减轻压力、解决问题、挖掘生命潜能，不断提高个人和家庭幸福指数。一是上门访谈，确立服务关系。每个社工认真做好上门访谈工作，事先详细了解服务对象家庭基本情况，合理拟定访谈提纲、预约访谈时间，通过一次、两次乃至多次访谈，与服务对象建立了初步的服务关系。二是运用社会工作社会生态系统理论分析服务对象所处的环境，分析服务对象的需求，勾画出服务对象的社会网络资源图，在此基础上制订了针对性强、切实可行的社工服务计划，开始"一对一"的个案辅导。三是注重沟通交流，及时分享经验。在个案援助计划执行期间，多次组织社工开展讨论和分析。社工之间遇到好的方法及时分享，遇到服务中的困惑及时商议解决，如就服务对象不配合、如何提高服务对象参与的主动性等问题各抒己见。同时，还及时整合心理支持、就业创业培训等5类支持资源，提供给有需要的单亲家庭。四是查缺补漏，规范个案资料。逐步统一规范成现在的家庭基础资料、社工服务计划、社工服务记录、个案服务评估与反思等4个大类7个小类的内容。五是分析个案，寻找同质对象开展小组工作。在个案服务的基础上梳理出6位具备相同特质的单亲母亲（缺乏心理支持、需要通过倾诉减压、自身较为积极乐观、愿意通过自己的努力改变现状等），社工帮助她们建立小组。

B. 小组工作

社工通过专业技巧，招募有相同背景、相似压力的服务对象形成小组，开展活动，引导和帮助服务对象发挥主观能动性。小组成员之间互动、互助，使参加小组活动的个人获得压力宣泄及心理成长、行为改变和社会能力的发展。一是借助专业机构。由于6位单亲母亲都需要寻求心理支持，因此项目借助心理咨询专业机构来实施小组工作。经过选择，确定无锡源沐心理咨询（以下简称"源沐"）作为项目的合作伙伴。二是协商活动方案。

与源沐一起商议开展小组工作的方案，确定小组活动主题是"幸福单亲路"，安排4次小组活动。三是适时调整方案。10月11日开始第一次小组活动，但是活动的预期并不理想，单亲母亲都很沉默，不太爱讲话。于是，及时与小组活动负责老师沟通，调整活动方案。自第二次小组活动起，老师以单亲母亲为主，通过身体锻炼、情绪调节、观念引导等环节，单亲母亲在首次活动的拘束后便很快彼此敞开心扉，将自己的真实情感和生活经历与同伴分享，这使小组活动能够在预定的设计情境中圆满地完成目标，取得较好的效果。

C. 社区工作

社工依托社区服务中心、社区工作站，形成关怀和照顾服务对象的网络，为他们提供多元化服务，针对他们的生活、心理、情感、社交等需求开展活动，从而发展和强化服务对象在社区居民之间的互动、互助关系，营造社会关爱大环境。一是借力开展扶贫帮困活动。项目运作适逢秋季开学，各个条线、单位对社区贫困家庭子女纷纷开展助学行动。社工借助社区青少年成长基金、助学基金等，为贫困单亲家庭募集资金近万元，及时解了他们的燃眉之急。二是借力提供志愿服务。有的单亲家庭存在有残疾人需要陪伴、孩子学习需要辅导等困难，社工借助"欢乐义工"等组织，招募心理咨询师、大学生志愿者协助做好单亲家庭的帮扶工作。三是借力指导家庭教育。多数单亲家庭在子女教育上出现了问题，社工运用社区家长学校这一平台，邀请崇安区家庭教育讲师团专家专门解析单亲家庭子女教育问题，指导单亲母亲如何教育这些较为特殊的孩子。四是借力进行司法援助。有的单亲母亲与夫家发生了房产纠纷，在区妇联的帮助下，社工及时联系区法院法官，为单亲母亲做法律指导，及时维护单亲母亲的合法权益。五是借力推介培训就业。有的单亲母亲下岗失业在家，社工借助区妇联、街道劳动保障部门等机构，介绍单亲母亲或者子女参加免费就业培训，联系合适的工作，已有3位单亲母亲重新上岗。六是借力改善邻里关系。社工借举办社区邻里节之机，邀请单亲母亲家庭成员参加活动，增进母子之间、邻里之间的了解、认识与理解，强化单亲母亲家庭与其社会支持网络成员之间的关系。

（3）后期总结评估阶段（2010年11月26日至12月30日）

一是专门设计跟进服务评估表。在专家督导的指导下，设计修改跟进服务评估表，下发给社工。二是重视结案阶段的工作，上门进行问卷调查。社工上门开展问卷调查，进行情绪安抚，告知单亲家庭社工服务项目暂告一段落，今后会继续提供帮扶服务。三是撰写个案评估报告和小组评估报告。根据问卷调查情况，社工完成20户单亲家庭的个案评估报告和小组评估报告，对服务中的优势和不足进行分析。四是拟写项目总结与评估报告。

五 项目评估

（一）案主收获

项目评估调查显示，20户单亲家庭的母亲或者孩子对这次社工服务的满意度较高，无论是其社会支持还是亲子关系，甚至经济困境都得到了一定程度的改善和缓解。一是获得了心理支持。进一步增加了服务对象对社工的信任，使单亲母亲更多地看到了社会对单亲家庭等弱势群体的关怀，有勇气更加积极地面对困难与挑战。特别是在小组活动后，单亲母亲的心理压力得到了舒缓，不像以前"老觉得自己很差，什么条件都没有"，而是能够从更为积极的角度看待自己和家庭，增添了对未来的希望，能够有更强的动力去学习，去克服生活里的困难与问题。二是增强了成长能力。许多单亲家庭在社工、义工的帮助下，得到了社会各方的援助，经济条件得以改善，单亲母亲日益自信开朗，有的靠自己的力量获得了一份尚属满意的工作，改变了无力感，实现了增能。三是加强了亲子沟通。通过环保夏令营亲子互动游戏、单亲母亲支持小组活动、专家家庭教育指导、社工个案辅导等，多数单亲母亲和子女的关系得到了改善，她们"与家人、朋友、同伴在一起的大部分时间里，感到很快乐、自信，没有压力"。

（二）社工收获

对于8位专业社会工作者而言，这个服务项目是一个全新的尝试，他们感慨颇多，收获也不小。一是社工能力得到较好的锻炼。社会工作是看重经验积累的一项职业，经验的丰富不仅可以帮助社工更加熟练地运用各种技巧和方法，还可以帮助社工对个案做出准确的判断和知道自己今后努力的方向。社工们通过尊重和沟通、真诚的关注和倾听，与服务对象建立了良好的关系。在服务过程中运用优势视角和增能等技巧，运用任务中心模式、心理社会模式、危机介入模式、叙事疗法等专业工作模式，通过有针对性地运用积极实践"助人自助"的理念，短期内取得了较好的效果。二是服务对象给予社工更多的启示。许多社工在项目感悟中写道："当我们以社工的身份影响着服务对象时，服务对象也在影响着我们……有的单亲母亲让我们看见了女性的坚强，如有单亲母亲在丈夫突然去世后，面对两个未成年的女儿和年老的父母，顾不得自己伤心，毅然擦干心中的泪水，扛起了全家人生活的重担，坚强地去面对！有的单亲母亲让我们看见了女性的柔韧：几年前同时遭遇了下岗和离婚，对生活和爱人的怨恨曾一度占据了她的生活，但是她渐渐释怀了，脸庞留下的就是历经风雨以后的平静和宽容。"在个案辅导过程中，单亲母亲对社工的信任与依赖，增添了社工的热情和勇气。她们的改变和感激，则增加了社工"助人自助"的信心。

（三）社会效果

舒心实施单亲家庭社工服务项目期间，通过社工运用社会工作理念及其特有的工作方法，使单亲母亲对单亲身份的自卑感有了改观。有些单亲母亲已经把社工当作自己的朋友，不管是开心还是遇到问题都会找社工聊聊。通过专业社工服务扩大社会影响力，得到上级领导和社会认可。2011年6月，单亲家庭社工服务项目被评为江苏省妇女社会工作方案征集评选实践类二等奖。

（四）机构主管单位效果

崇安区妇联作为舒心主管单位充分感受到，舒心承接和实施单亲家庭服务项目，不但拓展了该区妇女工作新领域，延伸了区妇联的工作手臂，开辟了妇联参与社会公共服务的新途径，也培养了一批具有一定社会工作理论和实务能力的妇女干部。一是更新了工作理念。她们在实践中认识到，妇女的诉求更加多样化、个性化和复杂化，传统的妇女工作模式已不适应，而社会工作作为运用专业理念和方法助人的职业活动，其所倡导的平等、尊重、民主、接纳和助人自助的工作理念，有其独特的优势，符合当前妇女发展需求和妇女工作的需要。二是探索了工作新模式。引入妇女社会工作理念和专业方法，将社会工作与妇联工作有机结合，服务于妇联单亲家庭工作的新模式，对于崇安区妇联工作有着创新价值。三是提供了工作新途径。这次帮扶的单亲家庭大多需要的是经济援助和心理支持，特别是单亲母亲的心理支持，这是平时妇联工作所触及不到的。开展社工专业服务，为妇联做好单亲家庭帮扶工作提供了新的路径。四是增强了工作能力。这次参加社工服务项目中的社工、义工中，担任社区妇联主席的占85%。妇联干部在妇女工作与社会工作相融双赢的新模式中得到了进一步的锻炼，服务能力有了新的提高，为今后区妇联力塑"舒心社工"品牌奠定了基础。

六　经验与反思

（一）项目经验

舒心在实施单亲家庭社工服务项目中，从全区招募了8名社工，其中取得全国社会工作师资格的5人、初级的3人。社工在项目运作中充分体现了以下特点。一是工作热情高。社工们认为社会工作理论学了不少，真正在实际中用得很少。这次政府购买社工服务项目，给了社工一次很好的实践机会。因此，社工十分珍惜这次"试水"机会，无论是在服务对象——单亲家庭的挑选，还是在上门访谈、个案计划制订与实施等方面都给予较大的热情和工作积极性。二是操作能力强。虽然项目运作没有范本可以参照，但是大家通过不断努力，每一个阶段都反复推敲，把个案资料台账经过几遍的"磨合"，形成了现在较为规范的样本。有些社工在做个案时，善于利用资源对服务对象进行经济、心理等多方面的帮扶，使服务对象的物质和精神生活有了较大的改观。三是团队合作好。社工和义工从项目开始运作就合二为一，社工在义工的协助下，义工在社工的指导下，合力服务好单亲家庭。正是没有服务范本可循，每一个阶段，舒心都召集社工、义工开展讨论，融合集体的智慧，提出要求措施，因而使这次探索性的社工服务项目能够较为顺利地走到现在。

(二) 项目反思

一是项目实施时间较短。这次规定的时间起初只有三个月,后来延长,但是要达到项目预期要求,使单亲家庭成员受益,还是显得较为仓促。二是社会支持资源有限。舒心尽可能为社工、义工开展单亲家庭社工服务提供了5类社会支持资源,但还是十分有限,特别是在为困难单亲家庭实施经济救助帮扶方面显得力不从心。三是社工服务时间不够。这次聘请的社工大多在社区工作,有的还担任着社区党总支书记、副主任、妇联主席等职,他们日常工作的繁忙程度可想而知。在做单亲家庭社工服务项目时,他们跟服务对象的沟通通常不能达到预定的1~2个小时。这对于服务对象的帮扶,特别是心理帮扶不能起到很好的效果。四是社工理论联系实际的水平有待进一步提高。多数社工是第一次接触真正意义上的社工服务,在进行个案访谈时缺乏经验,往往把它等同于平时的社区干部家访,访谈语气摆脱不了"行政口吻"。在个案的评估和分析中,有些还不能很好地结合社会工作理论加以提升。

参考文献

何雪松,2007,《社会工作理论》,上海人民出版社。
李婵,2004,《社会学视野下的单亲家庭》,《湖南人文科技学院学报》第5期。
王瑞鸿,2010,《社会工作项目精选》,华东理工大学出版社。
张文霞、朱冬亮,2005,《家庭社会工作》,社会科学文献出版社。
朱眉华、文军,2006,《社会工作实务手册》,社会科学文献出版社。

阿强康复

戒毒个案社会工作案例

刘　柳　潘雅莉　黄静雯[*]

一　戒毒社会工作背景

"吸毒"已经越来越成为一个严重的社会问题。吸毒者人数呈现逐年增加的态势,尤其是越来越多的年轻人加入到吸毒者的行列中(刘柳、段慧娟,2015)。相应地,社会对于戒除毒瘾的需求也越来越多(刘柳,2015)。我国目前对显性吸毒人员主要采取以强制隔离戒毒和社区戒毒为主、自愿戒毒为辅的戒毒政策。其中,强制隔离戒毒已经拥有较为完善的制度体系和实施计划,而社区戒毒则尚处于起步阶段。社会工作的"生态系统理论"持"人在情境中"的观点,将戒毒人员置于其所处的环境中进行分析,了解其吸毒的综合性原因,从而减少贴"标签"的现象;而优势视角强调突出服务对象自身优势,注重服务对象的参与和合作,发挥其优势(许书萍,2014)。相信社会工作在此领域的介入将显著提升我国社区戒毒的水平和成效,以完善整个戒毒工作体系。而戒毒社会工作就是借助于社会工作专业方法对吸毒人员进行干预,促使吸毒人员成功戒毒,并回归社会的专业社会工作领域(高巍,2014)。

---

[*] 刘柳,南京大学社会学院社会工作与政策系副教授;潘雅莉,广州联众戒毒社会工作服务中心社工;黄静雯,广州联众戒毒社会工作服务中心社工。

阿强康复　戒毒个案社会工作案例

二　服务对象基本情况

　　服务对象名阿强（化名），男，43岁，自1996年起吸食海洛因，前后9次进过戒毒所，自2006年开始接触新型毒品。阿强有一个哥哥，因吸毒过量去世。但哥哥的经历并未给阿强以警示作用，其明知毒品"不是好东西"，却依然在朋友的劝说下接触了海洛因，并迅速染上了毒瘾。

　　在吸毒之前，阿强做的是蔬菜批发生意，每个月的收入可达几万元，这在20世纪90年代初期可算是相当可观的收入。那时的阿强自我感觉非常好，认为"自己的钱一辈子也不可能花完"，他天天和朋友们吃喝玩乐，酗酒、赌博样样不落。就这样，在一次朋友聚会中，阿强接触到了海洛因。第一次的吸食经历并没有朋友口中的那么"美好"，但阿强并没有就此放弃，他又反复尝试了几次以后，阿强便觉得上了瘾。"第一次觉得牙痛，有点飘飘然，上瘾之后不吸就会骨头痛，要吐，全身像是蚂蚁在咬……一沾上，就很难戒了。"在谈及吸毒的经历时，阿强如是说。在当时，"用海洛因是身份的象征，只有有钱人才用得起"，阿强仗着自己"家底丰厚"，海洛因的价格对那时"财大气粗"的阿强而言则不是很高。刚开始，阿强每日对于海洛因的需求量也不多，便不是很在意吸食海洛因的经济花销。"那时花费不是很高，1克100块钱，可以吸3~4天，吸完之后就觉得很舒服，很想睡。"

　　自1998年之后，蔬菜价格越来越便宜，阿强的蔬菜生意收入也越来越少，且因其对海洛因的依赖越来越重，他便无心再打理蔬菜生意。没了收入，吸毒的花销又越来越大，阿强很快就败光了自己的积蓄。没钱了便跟亲戚朋友借，并最终走上了"以贩养吸"的道路。1998年7月，阿强第一次被抓，放出来之后，就进入到"复吸—被抓—戒毒—复吸"的恶性循环之中。阿强表示，除了9次的戒毒所经历，自己尝试过戒毒至少30次了，吃药、把自己锁在家里干戒、出远门去没人认识自己的地方，什么方法都试过了，"可是全都失败了"。阿强逐渐丧失了戒毒的信心，开始自暴自弃，他的家人也逐渐将其放弃。

· 185 ·

2013年，阿强再次被抓并送入强制隔离戒毒所戒毒，2015年到期出所。在戒毒所期间，曾有社会工作者找到其本人和家属，希望与其建立联系并提供服务，却均被阿强拒绝。"那时候社工找过我二三十次，但我都拒绝了，我那时很抗拒，不想理他们"，阿强说，"我那个时候心情不好，脾气也差，我觉得自己有种很强的对抗心理，我觉得自己是一个被社会所抛弃的人"。

三 服务流程

（一）专业关系的建立

1. 流程

吸毒者对于毒品的依赖不仅是身体上的，还有心理上的，而戒毒的历程通常都需要持续很久，据现有的研究来看，无论是强制戒毒还是自愿戒毒，吸毒者戒除毒瘾后的复吸率都非常高（刘柳、段慧娟，2015）。也正因为此，我们对吸毒者常有负面印象，即便他们已经完成了戒毒所的两年强制戒毒回归社会，我们依然认为他们是社会不良分子。在日常生活中，我们都对这些"瘾君子"敬而远之，甚至退避三舍。吸毒人员由于长时间处于社会边缘位置，与社会形成双向排斥的状况，促使吸毒人员普遍会产生低自尊感、高度敏感性、低效能感。其实，吸毒人员是弱势群体中的特殊群体，更需要社会的关怀帮扶，哪怕只是一个尊重的眼神，一句简单的"你好"，都会使他们深深体会到社会的关爱。社会工作者在接触吸毒人员时，应秉持最纯粹、最基本的社会工作价值观——接纳、尊重、真诚、知情同意、个别化、保密。将社会工作价值观充分内化，并灵活运用于服务之中，是服务吸毒人员的宗旨。

在此案例中，社会工作者原本希望在阿强于强制隔离戒毒所戒毒期间便与其见面以建立专业关系，但却被阿强拒绝。因此，社会工作者选择在阿强出所的当天与其见面，并开展"无缝对接"服务。在阿强2015年出所当天，社工和其户籍所在地民警在强制隔离戒毒所门口等候。在阿强走出

阿强康复　戒毒个案社会工作案例

戒毒所大门之时，社会工作者便主动迎上前向其问好。之后，社工和民警都做了自我介绍，并邀请其回去接受社区康复服务。阿强在社工的指引下，登上了来接他出所的车，但一路上面部表情僵硬，并无应答。在回程途中，社工向阿强询问了他出狱之后的打算，并表示会全力支持和帮助他重新回归社会生活。但阿强却显得暴躁及激动，并不断大声表述："我还能有什么打算呢？你们喜欢送我进去也行，喜欢接我出去也行，上一次出来都没一个月又把我抓回去了！"见此情形，社工即时安抚、疏导阿强的负面情绪，建议其稍后到社工站面谈室后再详谈。阿强生硬地回应："最好，你们都别来烦我。"社工顺势点头表示同意，建议阿强先休息一会儿，并递上一瓶矿泉水。阿强见状，接过了矿泉水，并用眼角余光扫了一下社工，示意地点了点头。

当车到达社区社会工作站之后，社工首先下车并为阿强打开车门，做出邀请的姿势欢迎阿强来社会工作站。阿强在社工的引导下进入面谈室，社工为其倒上了一杯热茶。此时，民警也走进来，并拿出社区戒毒康复决定书，解释内容并让其阅读后签署。当阿强看至吸毒事实一栏时，情绪再次激动起来，并大声嚷嚷道："上一次的吸毒事实根本不存在，这个写的不对，我不会签的，我也不会承认！那时抓着我时，我就没签，我今天更不会签！"见此状况，民警在社工的示意下离开面谈室，而由社工独自平复其情绪。

待民警离开之后，社工尝试重新与阿强打开话题。社工在阿强稍微平复下来之后，真诚地注视着其双眼并询问道："阿强，刚刚你说的事件，能详细一点儿说给我听听吗？听上去，好像你说的事情，是由很多原因造成的，我很想了解一下！"阿强仿佛感受到了社工的真诚，叹了口气，缓缓开始向社工叙述自己上次被抓的经历，在他的叙述中，强调了自己是被朋友出卖和陷害的，而拒绝承认自己再次吸毒的事实。在其讲述的过程中，社工秉持中立而不批判的态度，向阿强表示了共情，并表述了理解他的心情：虽然不了解整件事情的始末，然而相信阿强从始至终坚决不签字，哪怕是在接受了强制隔离戒毒所的处罚后，仍然不签署，其中必然有一定的原因。慢慢地，阿强对社工的态度明显缓和了，也愿意用眼神正视社工，并与社工展开交谈。

此时，社工进一步地澄清了尊重、接纳的价值观，并向阿强再次出示社区戒毒康复协议书，再次向其讲述了阿强在社区戒毒康复期间的权利和义务，并表示自己将会无条件地陪伴阿强度过整个康复期。阿强不再表现得那么激动，并表示自己愿意接受社区康复协议书，还在文件上签了字。紧接着，阿强配合社工完成了整个个案服务的信息采集工作。

最后，社工邀请阿强第二日再来社工站进行第一次面谈，以进一步了解其家庭、生活情况和吸毒历程，并完成需求评估以及共同制订康复的帮扶计划。对此，阿强均表示同意，并向社工承诺自己翌日一定会准时前来。结束了交谈之后，社工将阿强送出社会工作站，并道别，阿强在离开之时，主动向社工表示感谢。

建立良好的服务关系，能够起事半功倍的效果。运用社会工作敏锐的触角，设身处地地了解作为吸毒人员的内心和需求显得非常重要。"瘾君子"的背后大多隐藏着一颗柔软、脆弱、敏感的心。因此，营造一种真诚、尊重、包容、接纳的氛围，与戒毒康复人员建立信任关系，有利于戒毒康复服务的开展。当社工可以更好地洞察服务对象的内心时，便能够与服务对象更顺利地建立良好、专业的服务关系。

2. 要点总结

（1）与服务对象面谈时，社工应注意个人行为的细微呈现：真诚的眼神、可心的一杯热水、聆听者的专注神情、安全舒适的环境营造等。

（2）首次与服务对象面谈时，需要向其通俗地解释清楚服务过程的内容、权利与义务等，使服务对象感受到自己作为独立个体的自主控制权，而不是一个受管制的对象。

（3）首次面谈时，不建议与服务对象商讨更加细节的服务内容和程序，也不建议为服务对象做尿检服务。应该在充分与服务对象沟通之后，根据其具体情况再共同商议帮扶计划，并且要提前告知服务对象会进行定期和不定期的尿检之后再进行尿检服务，以使其充分感受到社工对其的尊重。

（4）在面谈过程中，社工应多使用"我们""一起""听听你的意见"等容易引起服务对象共情的词句，以促使服务对象从内心深处接受并认同社工。

（二）需求评估和制订康复帮扶计划

1. 流程

阿强遵守了与社工的决定，次日上午准时如约来到社会工作站与社工进行面谈。在面谈的过程中，社工详细了解了阿强自1996年初接触海洛因至今20年的吸毒历程，同时关注了其这期间的工作、家庭和生活故事，以及他9次入戒毒所和30多次自行戒毒的经历。基于对其生活和吸毒史的全面了解，社工对阿强的戒毒和生活状态评估如下。

（1）对毒品的认知和戒毒的信心

阿强吸食了近20年的海洛因，对海洛因有着非常全面的了解。不过，虽然其也接触过新型毒品，但对新型毒品的危害性却了解得不是很多。阿强深感毒品对其的生活有着严重的负面影响，很希望能够彻底戒断毒瘾，恢复身体健康。不过，由于有着多次戒毒失败的经历，阿强对自己能够成功戒毒没什么信心。

（2）家庭和社会交往状态

阿强的家庭成员并不多，他的父亲在他很小的时候便已离世，母亲一人养大他和哥哥二人。但由于忙于赚钱养家，母亲对兄弟二人疏于管教，使二人过早辍学进入社会，并混迹于不良的社会网络之中。阿强的哥哥首先染上了毒瘾，年纪轻轻便因吸毒过量致死。阿强之后也走上了吸毒的道路。由于幼年和青年时的经历，阿强对人缺乏信任感，更养成了偏差的人生观和世界观。他开始吸毒是源于"社交"的需要，为了满足自己的虚荣心和想赢得别人的"尊重"，因为毒品被认为是"有钱人享受的东西"和"身份的象征"。母亲开始还寄希望于他可以戒毒，可以重新走回正途，然而当阿强常年吸毒且一直处于"戒毒—复吸"的恶性循环之中时，母亲也对其逐渐丧失信心。而阿强也渐渐断了和母亲的联系。阿强也未曾结婚生子，故而长期以来一直是独自生活。因常年吸毒，阿强的朋友圈几乎全是毒友，缺乏正常的人际交往。

（3）工作状态

阿强在吸毒前是做蔬菜批发生意的，有一定的做生意的头脑。但是由于长期吸毒，需要大量毒资，他无暇顾及这些"不赚钱"的正经生意，转而以贩毒为生。阿强也了解,要想成功戒毒、回归正常生活,有一份可以养家糊口的工作,能够自力更生是最重要的。可是由于常年缺乏正常的工作,且自己学历不高(仅初中毕业),除了"做生意"之外没干过别的,阿强对自己将来的工作没什么信心。

(4)心理状态

阿强有着强烈的自卑感,认为自己是"被社会抛弃的人","和常人不一样"。说到与人打交道,他就有很大的心理压力,认为大家都会看不起他。一想到这些,阿强就觉得沮丧、焦虑和脾气暴躁。自小形成的错误人生观、价值观、世界观根深蒂固。另外,他也很担心自己的生活,担心自己没有生活来源。经过心理测试评价,社工发现其自信程度和自我评价都偏低。他想要过回正常的生活,但明显信心不足。

基于这些评估,社工在和阿强共同商议之后,订立了为期半年的康复帮扶计划,其目标以下四点。

①帮助阿强巩固戒断期,防止复吸。

②帮助阿强找回自信,纠正错误的人生观、价值观、世界观。

③改变阿强目前的生活状态,帮助他恢复与母亲的联系,并建立正常的人际关系网络。

④帮助阿强找到一份稳定的、可以自食其力的工作。

而具体的康复帮扶计划有如下四点。

①阿强每周需定期前往社会工作站接受社工的个案辅导。

②社工会使用家访、社区走访等方法帮助其重新建立家庭和社会关系。阿强需给予配合。

③社工会帮助阿强寻找合适的工作,在还未落实工作期间,社工会首先帮助阿强申请最低生活保障。

④阿强需接受定期和不定期的尿检。

在本次面谈之后,阿强对社工的信任进一步加深,并对自己未来的生活有了一些信心。他表示,自己将会努力按照社工的安排,重新规划自己的生活。

2. 要点总结

①在评估服务对象的现状和需求时,应充分了解其生活经历和毒品使

用的历程,并仔细分析其面临的困难。

②在制订帮扶计划时,应尽量做到目标明确、清晰,具体的计划应有较强的可操作性,避免大话空话。

③吸毒人员大多缺乏自信,且不愿与人交流,在与服务对象交谈时,应尽量采用平等而尊重的姿态。不要让服务对象觉得自己"与众不同"。

(三)康复帮扶计划的实施

1. 流程

戒毒人士康复的目标包括个体和社会两个层面。个体层面的康复是指戒毒人士心理和生理的康复;而社会层面的康复则是指戒毒人士的社会功能得以恢复,包括承担家庭和社会义务与责任,和谐地融入社会生活等。在社会工作视野下,社工需要充分了解服务对象的心理特征、社会角色限制及其潜在效能优势,理性识别、挖掘、整合各种有效资源,综合运用各种社会工作方法,开展针对服务对象实际问题的帮扶工作。在戒毒社会工作的实践中,帮助戒毒人士重新回归正常的社会生活是一个传统难题。而其中最重要的环节,莫过于帮助服务对象寻找一份稳定的、可以使其自食其力的工作。可以说,就业帮扶是促使服务对象走向健康生活方式、重新融入社会的最重要组成部分。

在本案例中,通过社工前期评估,阿强在工作方面仅有过"做生意"的经历,缺乏其他工作技能,且相对学历较低,帮助其找工作成为社工首先面对的难题。而这一现象并非阿强所独有,在该社会工作站接受服务的戒毒人士中,就有多位人士和阿强具有相似的情形——有一定劳动能力、学历不高、缺乏劳动技能、常规就业意愿低。为此,社会工作站联系当地政府以及公安部门,希望为此类人群策划一个专门的就业途径。经过多方探讨,在政府的大力支持、热心企业家的资助以及社区居民的充分理解之下,该社会工作站开展了为期五个月的"无水洁车"就业/创业帮扶项目。社工在与阿强沟通后,认为其很适合参与这个项目,便通过个案服务强化了阿强的就业动机,且通过介绍和推荐,激发其萌发参与该项目的兴趣。在得到阿强的认可之后,他顺利地成了"无水洁车"就业/创业帮扶项目参与者中的一员,和其他戒毒人士共同进行了五个月的学习。

在学习期间，技术提供方公司为参与培训项目的戒毒人士提供了细致而有针对性的培训项目，使他们能够掌握"无水洁车"的技术。能够顺利完成培训的戒毒人士，均可被推荐就业。在培训服务期间，社工还致力于发掘态度积极、学习能力好、社会经验更为丰富的戒毒人士，作为骨干学员开展培育服务。根据骨干学员的需求，开展一系列创业帮扶小组服务。通过定期的小组服务开展，凝聚骨干学员的团队力量，逐步引导、赋权骨干学员自主解决问题，包括职责分工安排、运营经费来源、薪酬分成制度、场地选取和维护等。并以座谈会的形式，适时邀请技术提供方公司作为智囊团提供指导建议，洽谈"无水洁车"材料提供方案等。这些完成额外训练的骨干学员在培训结束之时便可在技术提供方公司的帮扶下，自主创业，开展低门槛、低成本的"无水洁车"服务。阿强因为之前有过做生意的经历，且学习态度积极、表现良好，便被作为骨干学员参与了特别的培训。在这期间，他不仅学习了"无水洁车"的技术，还学会了经营技巧。在与社工的交谈中，阿强也表示，自己现在"干劲很大"，并且"对自己的未来充满信心"。最终，在社会工作站多位社工和戒毒人士的共同努力下，由戒毒人士自主运营的"无水洁车"站正式营业了！阿强也是这个"无水洁车"站的一员，对此他感到很自豪。这个"无水洁车"站不仅仅是一个新的商业部门，更是这批戒毒人士迎接新生活、新挑战的开始，还是戒毒人士重拾信心、回归社会的起点。

在帮助阿强解决了工作的问题之后，阿强的生活状态已经有了明显的改善，并对自己的未来充满了信心。在阿强参与"无水洁车"就业/创业帮扶项目培训的五个月时间里，社工还不间断地为其进行个案辅导，帮助其纠正错误的人生观、价值观和世界观，以及逐渐改变自己不好的生活态度和偏低的自我认知。配合以工作技能的获得，阿强在心理方面也有了较好的康复成果。

社工还在阿强的配合下，帮助其重建了与母亲的关系。阿强的母亲在得知阿强正在参与"无水洁车"就业/创业帮扶项目培训并表现良好之后，也对阿强重拾信心，并且主动提出希望阿强"搬回家住"。阿强听闻母亲所言，禁不住热泪盈眶，真切感受到了久违的温情。与此同时，他也下定决心和过去的毒友圈决裂，平时除了和同为戒毒人士的学员共同为"无水洁车"项目努力之外，还在社工的帮助下积极建立自己新的社会网络，也努力和社区里的邻居们搞好关系。

最后，阿强也应社工要求，在定期或不定期的尿检时，均积极配合。所有检测结果均为阴性。

2. 要点总结

（1）在整个帮扶过程中，社工都注重社会工作专业价值理念——平等、尊重、不批评的合理运用。尽量抓住服务对象的闪光点，挖掘潜藏其深处的潜质，以使其增强自信。

（2）社工应灵活运用多种工作方法促使服务对象重拾对生活的信心，让服务对象意识到戒毒后，他还能过上正常的生活。

（3）各帮扶工作之间是融合的，是相互影响、相辅相成的，在具体针对某一服务对象进行服务时，不能把各种帮扶工作割裂开来。

（4）社工要善于链接各种不同的资源，运用不同的社会工作方法来完成任务。如服务对象的家人、社区资源、朋友等，帮助服务对象摆脱了原来的朋友圈，为其营造了一个健康的人文环境。

（5）在各种帮扶工作中，就业帮扶是帮助服务对象重新融入社会的最重要组成部分。

（6）戒毒社工看似是针对一个服务对象进行服务，但实际上却需要与服务对象的家人、朋友、社会关系以及所属社区联络并开展相应的服务。切不可仅仅面对服务对象个人。

（四）康复帮扶计划的评估

1. 流程

经过为期半年的康复帮扶，阿强生活正常、工作积极、情况稳定。社工不定期地对其进行尿检，他均能在规定时间内到达社会工作站接受检查，且结果呈阴性。经所属区域民警反映，偶尔要求阿强去派出所进行尿检时，其也较为配合，情绪表现稳定。在社工看来，本个案基本达到预期目的，服务对象不仅连续六个月保持操守，未再碰毒品，且在生活、工作、社交、心理等方面都表现良好，逐步回归正常的社会生活。

阿强的人生道路还很长，这六个月的康复帮扶计划只是社工帮助阿强走过了生命中的一个"坎",还需要阿强再接再厉,保持住较好的生活和工作状态,和社工保持密切的联系。事实上,社工还会持续为阿强提供服务,重新制订更加适合其目前状态的帮扶计划。比如更加注重教授和培养服务对象解决问题的能力和方法,增加其自我保护能力;以及通过"助人自助"的形式放手让阿强独立成长。如果阿强可以连续保持操守三年,社工在综合评估其状态之后觉得很好,才会正式认定阿强已经戒毒成功。

2. 要点总结

(1) 社工对服务对象的评估应该是多维度的,而不仅限于某一方面。

(2) 在一个帮扶计划顺利完成之后,社工需要根据评估结果和服务对象的情况再制订更加合适的帮扶计划。

(3) 社工在对其评估和做进一步帮扶计划时,需和服务对象共同商讨决定。让其充分参与这个过程,充分尊重他的想法。

四 服务理论与方法

(一) 理论基础

1. 人本主义理论

人本主义理论强调人的尊严、价值、生命的意义、潜能、创造力和自我实现,把人的本性的自我实现归结为潜能的发挥(曹绍平,2014)。与精神分析对人普遍持悲观态度相比,人本主义对人性的看法较为乐观和积极,其实质是让人领悟自己的本性,重视自我力量,关注自我的发展(曹绍平,2014;李华,2013)。对于吸毒者群体而言,长期被边缘化造成大多数人自信心不足,对自己的人生和能力均持悲观态度,再加上反复戒毒失败的经历使其很难对未来产生信心。在这种情况下,采用人本主义理论的积极视角更有利于促使吸毒者重拾信赖,消除外界环境通过内化而强加给他的负面评价,使其可以更加自信和把握自己的未来。

2. 认知行为理论

认知行为理论是认知理论和行为理论的整合,主要通过改变思维或信念和行为的方法来改变不良认知。它是对认知和行为理论所存在缺陷的一种批评性接受,且基于二者基础之上的发展,而不是简单的相加和拼凑(王竹换、庞鑫,2009)。该理论强调将认知用于对行为的修正,强调认知在解决问题中的重要性;同时,该理论也强调认知与外在环境之间的互动,认为外在环境的改变与内在认知的改变都会改变人的行为(刘春洋,2015)。具体到吸毒人群,社会工作者在面对此类治疗对象时,如能通过对其内在的认知的重塑而达到对其行为加以修正的目标,将会有效地帮助其恢复到理想的生活状态。

(二) 主要的社会工作实践方法

1. 动机式访谈

社会工作者需要运用专业方法介入戒毒工作,其中最具代表性的是由美国心理学及精神医学教授威廉·米勒(William Miller)和英国心理学家史蒂芬·罗尼克(Stephen Rollnick)开发的动机式访谈法(Motivational Interview,MI)(刘柳,2015)。该方法主要关注使治疗对象清楚认识到自己目前的问题(现状)与其所希望达至的目标之间的差距,并将这一差距视为突破点,综合运用一系列方法和技术激发治疗对象寻求改变的一种访谈技术(Miller & Rollnick,1991)。该技术既是一种发现问题的方法,又是促进与治疗对象沟通的模式,还是一项能够进行干预治疗的临床技术(刘柳,2015)。与传统的以治疗者为中心的社会工作方法不同,动机式访谈法强调以治疗对象为中心,强调改变是治疗对象自己的责任,而治疗者在治疗过程中只起到引导和协助的作用(刘柳,2015;童韵、潘东海,2016)。正如动机式访谈法的名称一样,它强调对于改变动机的激发,并坚信动机的改变会导致行为的改变。有研究者对社会工作介入青少年戒毒进行了研究,强调动机式访谈能有效性地促进青少年对于戒毒服务的参与度(Wood et al.,2011)。

2. 理性情绪疗法

理性情绪疗法(Rational Emotive Therapy,RET),又称合理情绪疗法,它是认知疗法的一种(苏茜、王维利,2009)。它是认知疗法和行为疗法的结合,故也被称为认知行为疗法(李世虎,2010)。该理论认为,人们的情绪是由人的思维、人的信念所引起的,而不合理的信念往往使人们陷入情绪障碍之中（Herink，1980）。理性情绪疗法强调以理性控制非理性，帮助治疗对象改变认知，减少由于非理性或不合理的信念带来的情绪障碍以及随之出现的行为异常（李世虎，2010）。在吸毒人员中，存在大量的非理性行为，主要表现为毒品亚文化（如认为吸毒是时尚的表现），对毒品的错误认知和评价（如认为新型毒品不上瘾），对困难和挫折的非理性认识，和对自我抵抗能力的过于自信等（李世虎，2010）。而理性情绪疗法正是作用于这些非理性的思维，有针对性地进行矫治，从而使吸毒人员能够正确认识吸毒问题，更好地实现戒毒的目标。

五　案例使用说明

（一）教学的目的与用途

本案例教学使用说明主要是针对矫治社会工作课程的教学而编写的，用于阐述戒毒社会工作具体实践方面的内容，对案例的反思和归纳也围绕这一要点。

1. 适用的课程

本案例适用于"矫治社会工作"，也可成为"高级社会工作实务"等课程的辅助案例。

2. 适用的对象

本案例的适用对象为社会工作专业的本科生和社会工作专业硕士（MSW）学生。

3. 本案例教学目标规划

（1）涉及的知识点

本案例在"矫治社会工作"中主要涉及的知识点有：戒毒人士心理和行为分析；戒毒人士治疗方法；戒毒人士个案帮扶计划设计；动机式访谈法；家庭治疗法。

（2）能力训练点

本案例在"矫治社会工作"课程中涉及的能力训练主要有：学会分析

戒毒人士独特的心理状态和行为模式；全面掌握各种戒毒治疗方法；学会对戒毒人士的现状和需求进行评估；掌握设计戒毒人士个案帮扶计划的方法；学会将各种社会工作方法综合运用在戒毒帮扶计划之中。

（二）教学思考题

本案例的思考题用于进一步深化案例教学中知识点的梳理和强化，使学生学会运用专业知识和视角分析和解决戒毒人士矫治的相关问题。具体有如下五点。

（1）戒毒人士的生活和吸毒经历是怎样的？

（2）戒毒人士是如何走上吸毒道路的？在吸毒的过程中其心理和行为发生了怎样的变化？

（3）社会工作者应采取什么样的介入方法，帮助戒毒人士树立戒毒的信心？

（4）戒毒社会工作者在帮助戒毒人士戒毒的过程中主要需要承担哪些任务？

（5）社会工作者和戒毒人士应建立怎样的专业关系？如何建立？

（三）建议课堂安排

本案例分析应重点考虑学生的个体性差异，对不同层次的学生开展与之能力相对应的教学。本案例分析计划预计用2个课时（100分钟）完成，具体有如下五点。

1. 了解案例的基本情况。学生在分析解决案例问题前应先了解案例的基本情况。老师可将学生分为讨论小组（3~4人为一组），使用15分钟时间阅读和讨论案例的基本情况。

2. 知识点讲解。老师应就案例涉及的关键知识点进行小结和提点，使学生充分了解知识点使用方向。用时15分钟。

3. 案例讨论和方案制定。在老师的指导下，各小组分头讨论案例，并制订帮扶计划。用时20分钟。

4. 方案汇报和难点讨论。每个小组选派代表汇报本小组制订的帮扶计划，并提出方案中的重点和难点以供讨论。用时40分钟。

5. 总结和答疑。老师总结各小组的情况，重新回顾案例，以及解答学生疑问。用时 10 分钟。

参考文献

曹绍平，2014，《人本主义理论在大学生就业焦虑心理辅导中的运用》，《教育教学论坛》第 42 期。

高巍，2014，《社会工作介入强制隔离戒毒领域的重要意义》，《中国司法》第 9 期。

李华，2013，《人本主义理论在英语课堂教学中的应用》，《内蒙古师范大学学报》第 7 期。

李世虎，2010，《理性－情绪疗法在戒毒工作中的应用及评价》，《云南警官学院学报》第 5 期。

刘春洋，2015，《认知行为理论视角下青少年成长困境的个案探究》，《产业与科技论坛》第 14 期。

刘柳，2015，《帮助药物成瘾者实现自我转变——论动机式访谈法在社会工作教学与实践中的运用》，《南京医科大学学报》（社会科学版）第 4 期。

刘柳、段慧娟，2015，《关于中国女性吸毒者维持毒品使用行为的研究》，《人口与发展》第 4 期。

沈黎，2009，《支持与应对：家庭为本的青少年戒毒社会工作模式研究》，《中国青年研究》第 3 期。

苏茜、王维利，2009，《对理性情绪疗法的反思》，《护理研究》第 23 期。

童韵、潘东海，2016，《社会工作介入青少年社区戒毒探索与实践》，《中国药物依赖性杂志》第 25 期。

王竹换、庞鑫，2009，《浅析认知行为理论在社会工作实务中的运用》，《法治与社会》第 1 期。

许书萍，2014，《强制隔离戒毒的治理理念纠偏及创新——基于社会工作与强制隔离戒毒相融入的视角》，《政法学刊》第 31 期。

Herink R. 1980. *Psychotherapy Handbook*. New York：New American Library.

Miller W. & Rollnick S. 1991. *Motivational Interviewing：Preparing People to Change Addictive Behavior*. New York：Guilford Press.

Wood A. R., Ager R. D. & Wood R. J. 2011. "Motivational Interviewing：A Qualitative Examination of Factors Impacting Adoption and Implementation in a Community—Wide Setting," *Journal of Social Work Practice in the Addictions* 11（4）：336 – 351.

释放压力

化解问题的沙盘游戏服务

马　桦　罗玉兰[*]

一　项目背景

（一）项目目标

为了更好地为社区家庭及青少年提供服务，探索并验证适合社区的青少年心理保健服务的办法，研究"问题"家庭及"问题"儿童的个性化辅导模式，南京市玄武区锁金村街道万家帮家园和谐促进中心，锁金村街道计划生育协会、关心下一代工作委员会、妇联等有关部门人员自2008年4月起在社区建立了沙盘游戏活动室，配置了沙盘及沙具，工作人员学习掌握了复旦大学及华南师范大学心理学申荷永教授及其团队教授的心理治疗方法。希望通过沙盘游戏来帮助被服务人群认识自我，减轻压力，改善家庭关系和人际关系，促进个人发展和家庭和谐，并以此促进社区和谐。

（二）理论基础

沙盘游戏是一种非语言的心理治疗技术，也是心理治疗的有力工具。它由瑞士的心理学家多拉·卡尔夫（Dora M. Kalff）创立。荣格学派沙游治

---

[*] 马桦，南京锁金村万家帮家园和谐促进中心主任；罗玉兰，南京锁金村沙盘游戏工作室老师。

疗的前身是"世界技术"（world technique），由英国的一位小儿科医师玛格丽特·洛温菲尔德（Margaret Lowenfeld）在20世纪20年代末期发明。如今，在整个欧洲和美国，沙游已经找到了属于自己的位置。在过去，沙游主要被用于儿童心理治疗，现在它已成为对成人、夫妻、家庭和团体进行治疗、实现个人成长、增进沟通以及解决问题的一种工具，被广泛使用。

沙盘游戏提供"自由与保护的空间"，在一个小小的盘子中，装有或湿或干的沙子，来访者可以自由使用小物件来配置沙子，创造出一个场景。来访者在心理咨询师的陪伴下，从沙具架上自由挑选沙具并在装有细沙的沙箱里进行构建，运用触觉、视觉、听觉和嗅觉，将其最内在的意识和无意识想法、感觉变成物质的形式。通过运用积极的想象和创造性的游戏，把无形的心理事实以某种象征性的形式呈现出来。它创造了一个从无意识到意识、从心灵到物质、从非语言到语言的沟通桥梁。由于三维的视觉形式取代了语言沟通，因此绕过了来访者的心理防卫。来访者通常说不出自己的困难、痛苦、冲突的来源及解决方案，当这种困境发生时，沙游就提供了一个机会，让来访者可以用意象来呈现发生在个人内在或外在世界的各种状况，从而获得转化与治愈。

（三）工作理念

项目的理念是：为居民提供公益性质的专业心理保健服务。

心理工作室建在社区，不仅仅是面对需要心理治疗的人群，更多的是为心理健康和亚健康的居民提供心理保健服务。很多人因经济原因或社会偏见的影响，在有了心理困惑的时候不能及时得到援助。而工作室建在社区，采用公益模式，降低了心理咨询的门槛。工作室建在居民家门口，没有围墙。孩子有了压力，放学后可以自己直接过来。因为对于儿童来说，那就是个游戏。他们可以通过游戏宣泄情绪，减轻压力，在积极想象中，学会沟通，改善关系。咨询师通过陪伴，观察游戏中的呈现，再与家长做深度交流，从而促成家庭成员之间的有效沟通。咨询师在整个过程中，始终是一名守护者、见证者。孩子及家庭可以在咨询师伴随、见证的过程中共同成长。

释放压力 化解问题的沙盘游戏服务

(四) 项目来源

2008年以来,项目得到了玄武区计生委和关工委、南京市中小学生科技活动基金、锁金村街道办事处等部门的大力支持,2011年,我们在南京玄武区民政局开展的购买社会工作服务活动中申请到了项目活动经费,2012年获得江苏省慈善总会增爱爱老基金的资助。同时,2012年又得到了街道的支持,扩大了服务阵地,增添了新的服务设备。

二 项目基本信息

(一) 服务对象

1. 直接服务对象

该项目直接服务对象为本街道居民,预计每年服务400人次。其中以青少年及其所在的核心家庭为主,兼顾单亲家庭、空巢独居老人等。

2. 间接服务对象

来访者的家庭为间接服务人群,数量应大于等于直接服务人群,暂定为直接服务人群的2倍。

(二) 参与人员

(1) 青少年及他们所在的核心家庭;
(2) 单亲家庭;
(3) 空巢及失独老人;
(4) 有资质的志愿者。

前三类人员为服务对象,第四类人员为服务者。

(三) 时间和地点

1. 时间

工作室全年定期开放,平时每周至少2天,根据需要可预约增加服务时

· 201 ·

间，每年暑期为小学生团体周一、周三、周五全天开放。

2. 地点

南京市玄武区锁金一村 5 号二楼。

三 需要分析

随着社会的进步和经济的发展，人们需要承受的压力日趋增加。家庭是社会的基本细胞，孩子又往往是家庭中关注的核心，孩子身上的"问题"背后往往折射着家庭中的问题关系。家庭和谐对整个社会的和谐至关重要。

本项目的服务对象以本社区的青少年为主。该群体普遍存在学业压力，该群体的父母都处于职场竞争阶段，常呈现焦虑状态，与孩子的沟通容易产生问题。孩子因为大多为独生子女，家庭中少有同辈沟通条件，在与父母及外界沟通时亦容易发生对抗。

锁金村街道自 2001 年起就曾经尝试将心理保健服务引入到为社区居民服务的范畴中。心理咨询专业人员曾做过谈话咨询、网络咨询、电话咨询，但最终服务面都比较窄，往往是有较重心理障碍的人才会悄悄前来。而且有的时候，特别是在面对儿童时，仅仅是面谈，因而难以达到沟通效果。因此，2008 年，我们选择在社区建立沙盘游戏工作室，用沙盘游戏这种非语言技术为社区居民提供心理保健服务。

四 项目实施过程

（一）服务方式

本项目服务方式为：政府（锁金村街道办事处）提供硬件，如房子，办公家具等；由锁金村万家帮家园和谐促进中心具体实施，招募有资质的心理专业工作者，以志愿者形式，通过个体沙盘游戏、团体沙盘游戏、小组工作等方式，为社区居民提供心理保健服务。工作人员上岗前均参加了

释放压力 化解问题的沙盘游戏服务

专业课程的培训学习。

（二）实施进度

该项目实施 4 年来，已有 1534 人次接受了沙盘游戏心理保健服务，该受益人群以青少年为主，涵盖了人生发展的各个阶段。他们中年龄最大的已经 84 岁，年龄最小的才 2 岁。另有小组工作参与人员 538 人次。4 年总计服务 2072 人次。本项目工作已呈常态化，正以每年服务 400 多人次运行。

（三）个案介绍

1. 个体沙盘

（1）儿童：我的噩梦消失了

图 1 是一个七岁小女孩的沙盘，一共只做了二次。家长带她来是因为她"总是做噩梦"。家长的焦虑状态引起了咨询师的关注。量表测试显示，该家长为中度焦虑。职场竞争压力引起家长的焦虑并影响到孩子。当家长明白是自己的焦虑情绪在影响孩子而非孩子本身有"病"时，开始调整自我情绪。二周后，孩子的噩梦完全消失。

图 1　小女孩的沙盘作品

（2）作业拖拉的背后：从炸弹到星星的梦

图 2、图 3 是一个单亲家庭的二年级男孩的作品。来询是因为学校所有老师对孩子都是负面评价，其中最主要的问题是作业拖拉。家长情急之下会采取暴力行为，但孩子的作业却越发拖拉，形成恶性循环。

图 2　小男孩第一次沙盘作品　　图 3　小男孩第二次沙盘作品

在交流中咨询师了解到：因为婚姻破裂，家长面临生活和工作双重压力，往往将压力投射到孩子身上。孩子的前几次沙盘中都有一个独特的"炸弹"（图 2 中的黑色圆形物），而且不停重复把一切都炸光的动作。沙盘呈现了孩子内心的恐惧和冲突，这种冲突在沙盘中得以释放。

家长的焦虑量表测评显示为中度焦虑。当家长意识到自己的情绪对孩子的影响时，便开始调整自己的情绪，改变行为，用正性评价取代对孩子的负性评价和暴力行为。

游戏过程快乐并放松。第六次会面时，家长提到，孩子的作业拖拉状况已好转，老师的评价开始由负性转向正性，而家长的情绪趋向平和，焦虑程度减轻。

（3）家长：我知道我们的问题在哪里了

图 4 是 11 岁男孩的沙盘。家长由于工作很忙，和孩子共处时间较少。所以孩子给沙盘取名为"梦幻家园"。

图 4　梦幻家园

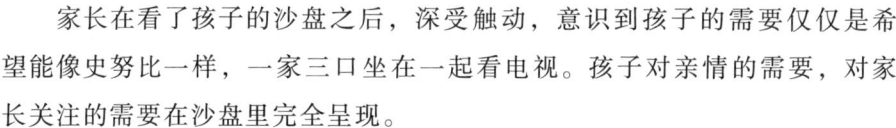

家长在看了孩子的沙盘之后,深受触动,意识到孩子的需要仅仅是希望能像史努比一样,一家三口坐在一起看电视。孩子对亲情的需要,对家长关注的需要在沙盘里完全呈现。

家长的思考促使其做出了行为的改变,家长尽量多抽时间陪孩子,亲子关系因此而改善。很多家长在陪伴孩子游戏的过程中都能感受到,不但孩子在进步,自己也学到了很多东西。

(4)大学生:告别失恋,迈向未来

22岁大四女生,在咨询师陪伴下对自我进行探索,5次沙盘之后走出了长达2年的失恋阴影,重新回到了正常生活轨道。

(5)离婚妇女:我的心结打开了

49岁女性,离婚8年。因婚姻破裂造成的不安全感使她拒绝一切关心和帮助,从而失去了所有的朋友。孤独的她在非常无助的情况下前来求助。她的前3次沙盘如出一辙,反映了自己希望走出阴影、广交朋友的愿望。经过治疗,她开始做出改变,下岗的她重新找了份工作,又变成一个快乐的人。她对咨询师说:"我的心结打开了。"

(6)空巢老人:夕阳无限好

图5是56岁女性老人的沙盘。场景由不舍又无奈地看着离家到外地工作的孩子的背影,转换到悠闲自得高朋满座的生活。惆怅情绪得到处理,退休生活充满阳光。

图5 退休老人沙盘作品

（7）归侨：社区的居民有福了

图 6 是一青年女性归侨的沙盘。她在春节回国探亲时慕名前来体验沙盘。回国后，她给咨询师发来邮件说："那个沙盘游戏我很喜欢，可以看到人内心的东西，然后改过。这个方法治疗大人非常直接，甚至好过谈话疗法。在你们那个社区里有这样的服务和帮助，是我没有想到的，我觉得你们小区的人有福了，有支持你们的领导也是你们的福气。"

图 6　归侨女青年的沙盘作品

2. 团体沙盘

（1）规则和合作

在 2009 年至 2012 年暑假期间，沙盘游戏室专为学生开设了团体沙盘专场，每周开放三天。孩子们在游戏中自行决定顺序，并按照规则轮流摆放。游戏培养了孩子们的团队合作精神，增强了遵守规则的意识。

（2）外来工子女：我也是社区小主人

有一个小姑娘，是外来工子女。看着她那灿烂的笑容，谁也想不到，5 周之前，她还是一个不敢多说一句话，不敢多走一步路的小孩。在暑期团体沙盘游戏活动中，这个孩子完全融入群体之中，真正成了社区小主人。

3. 小组工作

（1）生命成长小组

2011 年 5 月，我们举办了生命成长工作坊。带领老师对服务对象开放式提问关于生命成长过程中遇到的问题，如夫妻关系、亲子关系、家庭教育等影响到生命成长的问题，通过聆听、分享和交流，感受爱与尊重，引导参加者提高自我认知。该活动深受参与者欢迎。

（2）青少年成长小组

2011年8月，在团体心理治疗专家的带领下，我们为12～18岁的中学生举办了两期成长小组活动。活动以动力学（精神分析）取向为背景，对团体成员的人际交往能力、学习动机、情绪宣泄、伤痛疗愈等进行干预。活动结束时，同学们纷纷留言表示自己的恋恋不舍，觉得收获最大的是学会了许多应对方法，解决了一些心理问题。

（3）老年心灵茶吧

2012年3月至6月，我们在本中心及各社区邻里服务中心先后开展老年心灵茶吧小组活动共52次，参加人员416人次。心灵茶吧的举办为老人们提供了一个很好的交流平台，让他们真正感受到了来自社区的关爱。

五　项目评估

（一）目标达成情况

本项目设计之初，预计每年为社区居民提供心理保健服务400人次，现在项目实施4年，统计数据显示，总计超过2000人次接受了服务，平均每年超过500人次，已全面完成目标。一些个案咨询工作初步收到了成效。特别是在帮助儿童减轻压力，改善与家长及同学的沟通上取得了较好效果。量表显示家长的焦虑减轻，亲子关系随之改善。儿童在游戏中学会了合作，获得了自信。

（二）成效评估

1. 社区居委会的支持力度

居委会工作人员对此项活动表示认可并大力支持，不但提供场地、茶水，还积极组织相关成员参加活动。

2. 社区居民的知晓度与参与度

社区居民对项目口口相传，曾发生过有个孩子在家被父亲打了，他很愤怒，自己跑到沙盘室来，在游戏中宣泄自己的情绪。还有的会介绍自己的邻居、同学等人员前来。

3. 相关媒体的报道

江苏卫视公共频道、江苏国际频道、江苏少儿频道、南京新闻台、湖南卫视、央视4套、MAP《凤凰周刊·城市》、《扬子晚报》、《金陵晚报》、《现代快报》、《家教周报》等多家媒体相继对项目进行了采访报道。

4. 社会影响

沙盘游戏工作室成立以来，受到各方关注，接待了很多参观者和来访者。2009年，本项目获得南京市文明办的创新服务奖；2010年，获南京市首届十佳社区优秀服务项目奖；2011年，论文《沙盘游戏治疗——一例成人社交恐惧症的个案报告》被中国第14届心理学大会论文摘要集收录。

5. 撬动的社会资源

以南京万家帮家园和谐促进中心为平台，以沙盘游戏心理保健服务为主线，依托政府，整合社会资源，与多家公益组织、多所大学、多家心理咨询机构合作，挖掘人才优势进行合作，为居民提供专业服务。

6. 服务群体的满意度

凡享受过项目服务的人群，对服务均表示较满意。经常有人慕名而来。

家长表示，看到了自己和孩子沟通时的不足，受益匪浅。

参加小组活动的同学感觉活动相当有趣，可以激发自己的潜能。难得有与朋友如此坦诚交谈的机会，可以互相了解，对交际能力有所提升。活动帮他们解决了一些心理问题，还是很不错的。他们学会了许多紧急或其他情况的心理应对方式，体验到成长的快乐，激发出探究的欲望，获得自信的感觉。并且大家都很快乐，收获很多。孩子们对沙盘游戏的最多建议是，希望游戏时间久些，再久些……

老年朋友通过互相分享生活经验和人生感悟，认识了更多的朋友，感受到友情与温暖的同时，也通过游戏等活动让自己的心情得到愉悦，思维得到训练，在老人之间形成了相互理解和支持的力量。

释放压力　化解问题的沙盘游戏服务

六　经验与反思

锁金村万家帮家园和谐促进中心从心理保健入手,由政府搭台,机构运作,专业义工实施,为社区的家庭和谐做出了尝试,并已走出了第一步。锁金村的实践证明了,心理工作室建在社区,在社区有极强的生命力。

沙盘游戏项目将心理学技术,以社会组织的方式在社区落地生根,为将心理学应用于社会服务的实践做出了探索。沙盘游戏作为桥梁将专业的心理学知识、公益组织与社区服务有机地结合起来,成为现代社会工作方式上的一种创新发展模式。

前期沙盘游戏工作以儿童为主,但在工作中我们发现,儿童和家庭密切相关,原生家庭对儿童的影响至关重要。另外,随着老龄化社会的提前到来,空巢独居老人、失独老人会越来越多,这个群体的心理状态不容忽视。因此,在今后的服务中,我们将加大对家庭及老人的服务投入力度。

由于该项目需要具备高素质的心理咨询专业人士,对于专职人员和志愿者的要求很高,而高素质的心理人员对于经费的要求比较高,在市场上,多数心理咨询是高价的、有偿的,因而如何吸引到高素质的心理人员成为项目专职人员是项目以后发展壮大的难题。

参考文献

博伊科、古德温,2012,《沙游治疗:心理治疗师实践手册》,中国轻工业出版社。

伊娃·帕蒂斯·肇嘉,2006,《沙盘游戏与心理疾病的治疗》,广东高等教育出版社。

下篇 宏观社会工作实务

阳光伙伴

流动儿童成长助力社会工作服务

刘玉兰[*]

一 "阳光伙伴"项目的社会背景与专业背景

随着我国经济的发展,大批的适龄儿童随其父母进入城市,成为流动儿童。根据《中国2010年第六次人口普查资料》,0~17周岁流动儿童规模为3581万人,其中0~14周岁的流动儿童规模为2291万人。江苏省常州市作为苏南经济发达地区,是流动儿童(人口)重要的流入地。据统计,2013年常州市登记的流动儿童就有18万人。流动给儿童的成长和发展带来了各种风险,比如:流动儿童大多生活和学习条件比较差;流动儿童遭受歧视的比例较高;流动儿童社会融入水平不高。如何协助流动儿童在城市中更好地发展,成为政府和社会极为关注的重大问题。

"阳光伙伴"流动儿童助力成长计划(以下简称"阳光伙伴")的实施秉持生态系统理论和优势视角(赋权理论和抗逆力理论)。这主要与流动儿童、流动人口家庭和流动儿童学校所面临的问题和其展示的需要有关。20世纪70年代,社会工作领域中生态系统理论(Ecological Systems Theory)得到广泛应用,其对个体和环境系统双重聚焦的整合视角,挑战了传统社会工作实践中个体心理聚焦的视角。生态系统理论对系统之间互动的强调,使得"人在环境中"的核心概念得以复苏,为整合型的、通用的社会工作

---

[*] 刘玉兰,常州大学社会工作系副教授。

实践模式奠定了基础。20世纪80年代，优势视角的兴起，使得儿童或者家庭社会工作实践聚焦于寻找困境儿童内在能力和系统优势。

20世纪90年代，将生态系统理论和优势视角整合在一起，越来越成为社会工作实践的主流模式，这一时期兴起的抗逆力提升实践，就是生态系统理论和优势视角结合的产物。受这一社会工作实践理念的启发，本文将流动儿童问题置于广阔的社会文化和制度背景下予以审视，将流动儿童抗逆力视为特定环境中各种力量互动的结果。

图1反映的是优势视角下的流动儿童生态系统：一方面，流动儿童的成长直接受到微观系统中家庭、学校和邻里的影响，宏系统中的社会文化、社会制度和政治经济状况以及外系统中社会服务组织、基层政府（社区）、社工高校也会间接地影响流动儿童；另一方面，各系统之间的互动也会对流动儿童的抗逆力产生重要作用，如系统之间的互动或者是系统内部的互动。无论是系统本身还是系统内部或系统之间的互动，均包含影响流动儿童抗逆力的优势因素和劣势因素。

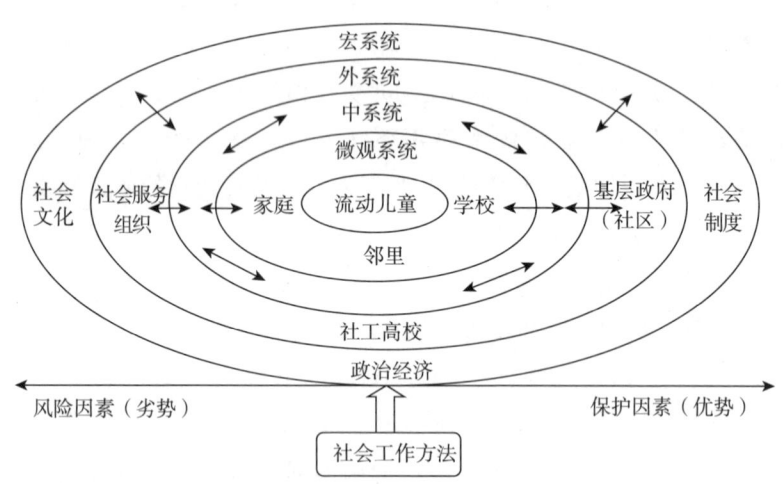

图1 优势视角下的流动儿童生态系统

"阳光伙伴"聚焦于流动儿童所生活的家庭、学校系统，以发挥流动儿童在自我发展和成长方面的主体性，完善流动儿童所处的家庭、学校系统，最终提升流动儿童抗逆力，促进其融入城市，达至探索新型的流动儿童保护模式的目的。

本项目主持人刘玉兰副教授长期从事流动儿童及其社会工作研究，主持过国家和教育部相关研究课题，发表了20余篇学术论文，并有多篇论文被人大复印报刊资料《社会工作》全文转载。这为本项目的开展积累了丰富的社会工作理论和实务经验。本项目还获得常州市妇联和团委的支持，在常州市流动儿童聚集的 NH 社区和 LH 小学开展服务活动。

二 "阳光伙伴"项目的基本信息

"阳光伙伴"是常州大学社会工作系于 2015 年 3 月至 2017 年 6 月开展的提升流动儿童城市融入水平的社会工作实务项目，常州市妇联、团委是本项目的经费支持单位。本项目主持人为常州大学瞿秋白政府管理学院社会工作系副教授刘玉兰，项目助理为常州大学瞿秋白政府管理学院社会工作系学生姜慧、李富云，项目实施人员为常州大学瞿秋白政府管理学院社会工作系学生。

"阳光伙伴"项目组选取了常州市 NH 社区和 LH 小学作为服务实践点。NH 社区住房由政府投资兴建，主要供常州市武进高新区外来员工居住，是典型的流动人口聚居区，几乎没有本地人居住。目前全社区居住着来自全国各地的 13800 余人，其中带孩子流动的外地家庭有 150~180 户，流动儿童数量约 240 人。社区周围交通不便，环境较差，社区较少开展居民活动，居民的社区参与度和认同感偏低。

LH 小学是由天宁区人民政府管辖的公立小学，原是常州市一所本地普通小学，随着流动儿童的大量涌入，本地儿童逐渐转出，LH 小学也逐渐演变为公立"打工子弟学校"。目前，该小学有 20 个教学班，共计 1008 名学生，其中 90% 是流动儿童。小学的基础设施少，只有一个图书室、一个计算机室，没有学校食堂，教室较少，一个班里有近 50 个学生。学校的流动儿童存在被边缘化的情况，城市适应能力差。

三 流动儿童需要分析

（一）流动儿童需要评估方法

了解流动儿童及其家庭的需要是开展社会工作服务的前提。本项目综合采取社区/学校观察法、访谈法、问卷调查法和座谈会的方法,全面地了解了流动儿童及其家庭的需要和社区/学校资源。

1. 社区/学校观察,是为了更好地了解流动儿童及其家庭所生活的环境和系统。社会工作在服务的过程中特别关注人所生活的环境,认为要提升服务对象的能力,必须从改变其系统开始。同时,社区/学校观察能够有效地了解服务对象所生活的系统有哪些优势资源,这对于服务项目的开展比较有利。"阳光伙伴"项目在社区服务和学校服务前期分别进行了两次深入的社区/学校观察,以此全面地了解服务对象所生活的社区与学校物理环境等。

2. 个案访谈,主要以半结构式访问为主,以此进一步了解社区与学校情况以及服务对象的需要状况。"阳光伙伴"项目组在社区服务中访谈了社区工作人员(1位)、流动儿童(40位)、流动儿童家长(14位);在学校服务中访谈了学校教师(6位)、流动儿童(14位)、学校服务人员(3位)。

3. 问卷调查,此次问卷共调查了650名学生,问卷有效回收率为95%。调查对象基本情况是:男生占30.5%,女生占69.5%;来常州的平均年限为5年;外地城市户口的占3.2%,外地农村户口的占96.8%;父母文化水平较低,初中及以下文化水平的占87.4%;家庭年收入较低,30000元以上的仅占14.9%。通过问卷数据收集,全面了解了流动儿童的在校情况。

4. 座谈会,主要以半结构式访问为主。通过交流,工作员可以收集到更全面和多样化的资料。"阳光伙伴"项目组通过与妇联工作人员、NH社区工作人员、团委工作人员以及LH学校管理人员的座谈,较好地了解了社区、儿童及其家庭的基本情况。

(二) 流动儿童需要情况

通过以上方法,本项目组全面了解了流动儿童及其家庭的需要,为以后的服务开展提供了基础性材料。综合来看,流动儿童面临的照顾议题、社会教育资源匮乏问题、安全需要等都与以下几项需要有关,具体包括如下几方面。

1. 亲子关系建立的需要

项目组调查发现,流动儿童父母反映,没有充足的时间陪伴孩子,且陪伴形式单一,一般仅仅是辅导作业,从而导致亲子之间沟通较少,缺少交流的话题。部分流动儿童父母则表示自己很关注亲子关系,但是缺少相应的技巧,致使孩子不听自己的意见,亲子沟通效力不高。在社区访问的45位流动儿童中,大多数儿童均表示期待父母能够多陪伴自己。基于此,本项目认为对于流动儿童家庭而言,亲子关系建立的需要亟须满足。

2. 社会支持网络建立的需要

项目组调查发现,流动儿童所生活的城市社区与家乡的农村社区有明显的区别,流动儿童的教育和照顾往往只能依靠家庭,原有的亲属关系无法有效地提供帮助。因此,流动儿童及其家长均表示社会支持网络单一,无法借助更多的资源来协助家庭相关事务的处理,造成一些儿童只能独自在家,因而造成新的儿童风险。

3. 家庭和学校活动参与的需要

流动儿童在家庭决策方面较少表达自我的意见,父母在做决策时也较少征求儿童意见,这造成了流动儿童家庭沟通动力较单一,无法形成良好的家庭动力。与此同时,流动儿童所在的学校课外活动较少,儿童对学校课外活动的参与率较低,因此所受的教育形式单一化,校园生活缺乏趣味性。

4. 儿童个人发展的需要

调查中了解到,流动儿童在课业辅导、业余兴趣培养、学校课外活动、家庭活动参与方面均面临较多障碍,现有的学校和家庭均无法有效地满足儿童个人发展的需要。

四 "阳光伙伴"项目服务方式

"阳光伙伴"项目立足于流动儿童的微观系统,充分挖掘流动儿童的系统资源或优势,综合采取外展服务、社区大型活动、小组社会工作、个案社会工作、社区教育和社会倡导等几种服务方式,开展流动儿童相关服务。

项目以促进流动儿童社会融入为最终目的,分析并整合儿童的四大系统,充分挖掘各系统资源。首先,针对流动儿童本身,通过开展儿童兴趣小组、儿童成长营活动来协助儿童挖掘自我优势，提升自信，并在小组中学习人际交往技巧，扩大社会支持网络。其次，项目也十分重视儿童的家庭与学校系统，通过亲子小组来增强家庭抗逆力，通过亲子教育会、家庭互助小组来协助流动儿童及家庭重视儿童权利，习得儿童保护技能。最后，通过教师培训活动，提升学校对流动儿童的教育与服务能力，几种服务方式的具体开展情况如后文所示。

（一）外展服务

外展服务，又称为外展社会工作（Outreach Social Work），是指专业社会工作者通过拓展社会工作服务的地域外延，主动地接触社区内潜在的服务对象，协助其处理个人所面临的各类问题，并透过专业的个案、小组和社区服务，从而协助服务对象的成长。在项目的社区服务中，NH社区居民对社区开展服务的知晓率较低，且服务的参与度较低。这主要与流动儿童家长工作时间较长，与服务开展的时间冲突有关。除此以外，社区居委会所在地离社区有500米左右的距离，且居委会时常不在社区居民的活动区域开展活动，这使得项目组需要考虑改变传统的在社区居委会开展活动的方式。"阳光伙伴"通过为期两个月的外展服务，一方面与服务对象建立了较好的专业关系，另一方面也为NH社区居民开展了儿童综合服务、亲子小组服务、需要调查、服务推展等系列的活动，详细内容见项目实施过程。

（二）个案社会工作

个案社会工作是社会工作的基本方法之一，它以个人或家庭为服务对象，通过专业关系的建立和发展，针对个人的特殊情况和需要，了解个人内在的心理特性和问题，以激发个人潜能，增强和发展个人或家庭的社会适应能力。"阳光伙伴"项目对在外展活动中表现出独特需要的流动儿童及其家庭，特别是活动中的破坏者、垄断者和沉默者，在活动后专门采取个案辅导的方式跟进。除此以外，对于一些在亲子教育、亲子关系建立方面有疑惑的家长，本项目也开展了相应的个案辅导服务。在为期一年的服务周期中，共跟进4个个案。

（三）小组社会工作

小组社会工作也是社会工作的方法之一，它是通过社会工作者的参与，组织小组活动及小组成员的互动，使得参与小组的成员获得行为改变、社会功能的恢复与发展并达到小组目标。"阳光伙伴"项目组根据流动儿童的特点和需要，设计了5个主题共39次专业的小组活动，如：儿童成长营小组活动（6次）、家庭互助小组（13次）等。随着活动的逐步开展，流动儿童的抗逆力得到逐步提升，流动儿童的家庭及学校系统的支持力度也逐步加大，流动儿童逐渐融入城市生活。

小组社会工作的推行有多种方式，本项目组主要采用的形式有：工作员讲授、小组组员发言分享、角色扮演、家庭作业、小组讨论、体验活动等多样化的形式，这些都是符合流动儿童的发展阶段和特点的，从而使得服务对象对活动的投入度很高。

（四）社区教育和社区倡导

社区活动也是社会工作方法之一，它通过动员社区资源，以促进服务对象与社区之间的整合，从而加强社区的凝聚力，增强服务对象的个人权能。"阳光伙伴"项目组认为流动儿童城市适应能力的提升，除了要完善流动儿童、流动儿童家庭的微系统以外，还需要改善流动儿童所处的社区、学校系统环境。基于此，项目组在服务后期的活动中，根据流动儿童家庭及其学校的特点，设计了"家庭成长互助小组"、"阳光"教师工作坊，通过建立家庭互助小组，提升流动儿童学校教师的教育和服务能力，扩展并完善流动儿童及其家庭的社会支持网络，从而推动亲子关系、家校合作关系的良好发展。

五 "阳光伙伴"项目实施过程

基于以上服务理念，"阳光伙伴"项目具体实施内容包括两部分，第一部分为社区服务，为期一年，包括以下六个阶段：需要评估阶段、方案启动阶段、方案实施阶段、方案结束阶段、方案评估阶段、方案回访阶段。第二部分为学校服务,为期半年,包括六个阶段(同社区服务六阶段)。

(一)"阳光伙伴"项目社区服务

1. 第一阶段,2015年3月至5月社区服务需要评估阶段

需要评估是指了解服务对象的需要和社区的资源,从而指导实务介入。需要评估有两个步骤,首先是社区资源评估;其次是服务对象需要评估,确立目标对象。需要评估阶段目标为:了解社区资源;了解流动儿童的需要状况。工作人员采取多种评估方法,包括社区观察、座谈会、个案访谈和问卷调查。

(1) 社区观察

社区观察,是为了更好地了解流动儿童及其家庭所生活的环境和系统,它能够有效地了解服务对象所生活的系统有哪些优势资源,这对于服务项目的开展比较有利。

"阳光伙伴"项目社区服务在前期共有两次深入的社区观察,以此全面地了解社区和服务对象所生活的物理环境等。在项目实施前期,指导老师带领工作员对社区进行实地调查,并与社区的工作人员进行洽谈和衔接,以为之后开展服务活动做好准备。

(2) 座谈会

主要以半结构式访问为主,通过交流,工作员可以收集到更全面和多样化的资料。"阳光伙伴"项目通过与妇联工作人员、社区工作人员的座谈,较好地了解了社区、儿童及其家庭的基本情况。在项目初期举行了三方工作人员座谈会,为关系建立和社区基本情况的了解奠定了基础。

(3) 个案访谈

主要以半结构式访问为主,以此进一步了解社区情况和对象的需要状况。"阳光伙伴"项目访谈的对象主要包括流动儿童、社区居民(包括流动儿童家长),共对约54名相关人员进行了访谈,其中访谈了40位流动儿童、14位社区居民(流动儿童家长),全面了解了流动人口的情况。

(4) 问卷调查

此次问卷共调查了650名学生,问卷有效回收率为95%。调查对象基

本情况是：男生占 30.5%，女生占 69.5%；来常州的平均年限为 5 年；外地城市户口的占 3.2%，外地农村户口的占 96.8%；父母文化水平较低，初中及以下文化水平的占 87.4%；家庭年收入较低，30000 元以上的仅占 14.9%。通过问卷数据收集，全面了解了流动儿童的家庭情况。

2. 第二阶段，2015 年 5 月至 7 月社区服务方案启动阶段

开展"阳光伙伴"外展服务。项目组在前期观察和评估的基础上，选取社区人流最多的公园、广场作为外展服务的地点，开展了 8 次外展活动，活动内容包括义工招募、安全小组、亲子关系小组、展板介绍、个案咨询等。

外展服务目标有：

（1）提升居民对项目的认知度，扩大项目的影响力；

（2）与服务对象建立初步的专业关系；

（3）评估流动儿童及其家庭的服务需求。

3. 第三阶段，2015 年 7 月至 2016 年 1 月社区服务方案实施阶段

方案实施阶段是服务项目的重点。"阳光伙伴"社区服务在方案实施阶段开展的活动包括儿童综合服务小组活动、家庭互助服务和儿童关爱联盟小组活动。

（1）儿童综合服务，是指通过小组工作的方法为具有共同爱好的儿童提供专业社工服务。在前期的外展服务中，我们基于对儿童的需求评估设计了阅读、歌唱和功课辅导三个兴趣小组，以儿童的兴趣为载体，共开展 18 次小组活动，在丰富孩子假期生活的同时，通过挖掘孩子的爱好和特长来增强组员自信心。儿童综合服务小组活动儿童在小组活动中和同龄群体交流合作，提升了自己的交际能力，而且组员间建立了初步的良好的互助关系，为后面达成互助联盟奠定了基础。

（2）流动人口社区义工培训，是指为有服务志愿的流动人口义工提供基础的义工服务价值原则和服务技巧的集体培训和实践活动，一方面提升义工的服务能力，另一方面也促进义工互相交流，提高他们的团队归属感。

（3）家庭互助服务和儿童关爱联盟建立。本阶段通过 3 次儿童"故事圈"主题活动、9 次家庭互助小组活动协助流动儿童及其家庭建立互助联盟，以达到最终目标。家庭成长小组活动是指以小组工作的方法为具有共

同需求的流动儿童的家庭提供专业服务。通过访谈分析，我们发现流动儿童的家长在家庭教育方面存在教育理念落后或者错误、教育技巧缺乏的现象，因此我们以亲子教育的基础——亲子陪伴为活动主题，改善流动儿童家长的教育理念，协助其习得良好的陪伴技巧，完善儿童的家庭系统，为儿童互助联盟提供更好的发展环境。

4. 第四阶段，2016年1月社区服务方案结束阶段

项目举办了"阳光伙伴"社区服务结束典礼，邀请流动儿童、社区居民、流动儿童家长、项目义工和项目工作人员共同出席。

活动目标：

（1）表扬服务对象在参与此计划中所付出的努力，以肯定他们的付出和成就；

（2）让家长及工作员能分享对儿童的欣赏与期望；

（3）感谢所有支持项目的人和单位；

（4）祝福服务对象，盼望他们未来更加美好。

5. 第五阶段，2015年5月至2016年2月评估阶段

评估工作对社会工作实务的帮助很大。通过对参加者的分析、目标达成度评估和参加者满意度评估，社会工作者可以了解到实务活动是否达到原订的目标、参加者对活动的意见等。

"阳光伙伴"项目采取过程评估和目标达成度评估两种形式，其中过程评估是指评估者着重搜集资料，对活动开展的每一步骤都进行评估，从而改善服务的提供。

6. 第六阶段，2016年1月下旬至2017年2月回访阶段

回访是社会工作者为了进一步评估服务效果和缓解服务对象由于介入活动结束而导致的不适感而进行的。此阶段的回访目标有：

（1）进一步评估服务效果，从而修正服务策略；

（2）顺利做好交接工作，缓解服务对象分离情绪。

"阳光伙伴"项目组在社区服务结束之后，按照一个月回访两次（电话、QQ或者实地回访）的频率和服务对象进行交流。从回访的过程来看，服务对象对于工作员的到来表示很高兴，同时逐步认同了"阳光伙伴"项目的阶段性结束。同时，通过回访，工作员也就活动内容是否对流动儿童

学习和生活产生影响做了交流，这有利于提升以后的活动设计。与此同时，工作员还需要进一步了解服务对象离组后的工作、学习、生活状况、遇到的问题及解决状况、人际交往状况等，并了解组员家庭生活、家庭教育的进展。

（二）"阳光伙伴"学校服务

1. 第一阶段，2016年4月学校服务需要评估阶段

在这一阶段，工作员采取多种评估方法，包括座谈会、个案访谈和问卷调查。

（1）座谈会，主要以半结构式访问为主，通过交流，工作员可以收集到更全面和多样化的资料。"阳光伙伴"项目通过与常州团市委、学校管理人员的座谈，较好地了解了学校的基本情况。三方工作人员座谈会为关系建立和社区基本情况的了解奠定了基础。

（2）个案访谈，主要以半结构式访问为主，以此进一步了解学校情况和服务对象的需要状况。"阳光伙伴"项目访谈的对象主要包括流动儿童、学校教师（管理人员、教学人员）、学校其他服务人员（门卫、食堂阿姨等）三类，共对约54名相关人员进行了访谈，其中访谈了40位流动儿童、6位学校教师、4位学校其他服务人员，全面了解了学校师生的情况。

（3）问卷调查，此次问卷调查共调查了650名学生，有效回收率为95%。通过问卷数据收集，全面了解了流动儿童的在校情况。

2. 第二阶段，2016年4月学校服务方案启动阶段

经过前期的基础调研和评估，"阳光伙伴"学校服务在4月正式开始组织活动。结合小学校方"风筝节"文化活动创新要求及项目扩大影响力的需要，项目组在LH小学开展"阳光校园"小六生筑梦会大型活动。

活动选取小学六年级学生共150名同学为服务对象，于学校田径场和篮球场开展时长为40分钟的活动。此次活动的开展提升了服务对象对项目的认知度，建立了专业关系，提升了学校对项目组的信任度，扩大了影响力。

活动目标：

（1）提升居民对项目的认知度，扩大项目的影响力；

（2）与服务对象建立初步的专业关系；

(3) 评估流动儿童及其家庭的服务需求。

3. 第三阶段，2016 年 5 月至 2016 年 6 月学校服务方案实施阶段

学校服务方案的实施阶段由"阳光伙伴"儿童成长营小组活动、"阳光家庭"亲子教育会、"阳光"教师工作坊三大类活动组成。

(1) "阳光伙伴"儿童成长营（5~6 月）通过六次小组活动、对 44 名儿童的评估，扩大了儿童的同辈支持网络，增强了儿童的自信，挖掘了其期待和潜能。"阳光伙伴"儿童成长营小组活动是指为流动儿童增强其社会融入能力而利用小组工作的方式开展的专业社工服务活动。在前期调研中，我们基于对儿童的需求评估设计了六次小组活动，围绕增强组员自信心，发现组员期待，挖掘组员自身、家庭、学校资源，提升整合资源与解决问题能力等主题，开展增强组员社会融入能力的活动。儿童在小组活动中和同龄群体交流合作，提升了自己的交际能力，同时组员间建立了初步的良好的互助关系，组员有了良性的改变。

(2) "阳光家庭"亲子教育会（5 月）通过 1 次主题活动协助流动儿童父母反思家庭关系，使其意识到家庭支持的重要性，并探讨应对策略和实践方法。"阳光家庭"亲子教育会主题活动是为完善流动儿童家庭支持系统，增强家长对家庭支持的重视程度而开展的一次性活动。前期访谈获取的资料显示，流动儿童所处环境的家校交流少，家长的家庭教育基础薄弱，该活动的开展提升了家长对项目的支持力度，也促进了家长对家庭教育的反思。

(3) "阳光"教师工作坊通过一次主题活动引导教师用新的角度——优势视角看待学生和学生的问题，以新视角为基础探讨教学中的问题和解决方法。"阳光"教师工作坊是为提升教师对流动儿童的关注度，增强教师教育意识而开展的主题活动。活动前期的需求调查显示，学校的老师们对流动儿童的教育关注层次较低，教育能力来自经验，缺乏一定的系统教育视角。教师工作坊主题活动可促进教师反思教育行为，学习优势视角并建立互助系统来完善流动儿童的学校系统，从而提升流动儿童的教育资源质量。

4. 第四阶段，2016 年 6 月方案结束阶段，"阳光伙伴"学校服务结束典礼

我们举办了"阳光伙伴"结束典礼，邀请流动儿童、LH 小学校长、项目工作人员共同出席。

活动目标：

（1）回顾项目，巩固项目成果；

（2）表彰组员，增强组员对未来生活的信心。

5. 第五阶段，2016年4月至6月评估阶段

评估贯彻服务过程的每个阶段。

6. 第六阶段，2016年7月回访阶段

通过回访进一步确定服务成效，缓解服务对象的分离情绪。

六 "阳光伙伴"项目评估

（一）"阳光伙伴"项目成效评估方式

"阳光伙伴"项目采取过程评估和目标达成度评估两种形式，其中过程评估是指评估者着重搜集资料，对活动开展的每一步骤都进行评估，从而改善服务的提供。本项目针对每一次的活动均制定了活动效果评估问卷，共发放约296份活动效果评估问卷，以对每一次小组活动的开展实施评估，了解活动开展的情况，为下一步的服务方案改善提供资料。目标达成度评估主要是对活动目标是否达成做最终的评估，本项目分别设计了流动儿童、流动儿童家长和教师对活动效果的评估问卷，来衡量实务活动在提升流动儿童的自信心，增强儿童的家庭、学校支持力度，改善家庭、学校在流动儿童社会融入过程中所发挥的作用。需要特别注意的是，在整个服务过程中，"阳光伙伴"项目组特别注重定量和定性评估方法的应用，除了问卷，在每一阶段都制定了相应的访谈提纲，作为定量评估方法的补充。

1. 过程评估使用的方法

过程评估，也即每一次活动之后，评估参加者对活动安排的满意程度。这一过程采用了两种方法：一种是观察法，即通过观察小组组员在活动中的投入度来了解活动的合适性；另一种是问卷调查法，根据每次活动的形式和活动的内容，编制相应的问卷，本项目针对不同类别的小组活动和主题活动，制定了过程评估问卷。问卷的内容包括以下几个部分。

（1）你认为活动中采取的形式，如小组讨论、工作员讲授、课堂练习、角色扮演、家庭作业，每种对你的帮助有多大？

（2）对工作员的评价，包括：工作员给了我很大的鼓励；工作员协助我做出改变；工作员协助我处理自己的问题；工作员让我有机会说出我的困难；工作员协助我学习有关的内容。

（3）你对活动安排的意见如何，如节数、每节时间、人数？

（4）对活动的评价，满意度、哪些最有帮助、学习到的内容、是否愿意继续参加后期活动。

2. 目标达成度评估方法

目标达成度评估，即评估目标的实现情况。了解活动是否达到预期的目标，是评估工作的主要任务之一。目标达成度的资料，对反省活动设计有很大的帮助。活动设计者可以就那些没有能够达成的目标，反省活动的设计，做出改进。"阳光伙伴"项目对活动的开展是否有效地提升了流动儿童及其家庭的抗逆力、是否改善了流动儿童所处环境进行了目标达成度评估，主要包括两部分：活动前的前测和活动结束后的后测。测量方式包括问卷调查和半结构式访谈，问卷与访谈的测量内容主要有：

（1）流动儿童基本情况：性别、年龄等；

（2）流动儿童抗逆力情况：乐观感、效能感、归属感；

（3）流动儿童家庭抗逆力情况：家庭结构、家庭流动史、家庭沟通；

（4）流动儿童社区活动参与情况：参与机会、参与意愿、参与能力；

（5）流动儿童学校教育情况。

（二）"阳光伙伴"项目成效

"阳光伙伴"项目主要通过服务对象参与度、目标达成度、服务对象对社会工作者和活动的满意度、服务对象对活动形式的满意度四个方面来综合评估项目取得的服务成效。

1. 服务对象参与度

整个项目过程中，儿童组大多数组员每次活动都是准时参加的，服务对象参与率为95%；家庭服务活动的参与率会受到家长上班和加班时间的影响，如果从重点参与的家庭来看，参与率能够达到90%；教师活动的参与度会受到教师个人时间安排的影响,参与率能达到80%。

2. 目标达成度

"阳光伙伴"项目中,从流动儿童能力提升的角度来看,流动儿童抗逆力得到显著提升。通过活动,他们的自信心和优势认知水平得到有效提高,习得了增强抗逆力的技巧,这对其未来的成长和发展有很大帮助。具体而言,有77%的儿童认为其习得了相应的沟通技巧,有95%的流动儿童能够清楚地认识到自己的情绪,有72%的流动儿童能够在生气时知道如何正确处理情绪,有93%的儿童表示知道能够在哪里寻找资源,有86%的儿童能够认识到自己的优点,有81%的儿童能更加积极地看待自己,有81%的儿童能够为梦想采取行动。

从家庭系统改善的角度来看,流动儿童的家庭抗逆力有所增强。具体而言,有86%的家长发现了在家庭教育中需要改进的地方,有70%的家长认识到家庭支持对于流动儿童成长的重要性,有70%的家长认为从家庭联盟中获得了有效的帮助。

从学校系统的改善来看,教师通过本次活动,知道了如何在实践中运用优势视角支持学生,增强了对老师支持对于孩子重要性的认识。具体而言,有72%的教师发现了自己在教育学生中需要改进的地方,有72%的教师了解到本班学生及其家庭的优势,有81%的教师能够在实际教学中运用优势视角。

3. 服务对象对社会工作者和活动的满意度

服务对象对活动的满意度较高。首先,从流动儿童服务对象的评价来看,有95%的儿童认为工作员给其很大的鼓励,有95%的儿童认为工作员对其帮助很大,有93%的儿童认为工作员让其有机会说出他的困难,有88%的儿童认为工作员协助其学习到相关的知识。其次,从参加活动的家长的评价来看,家长对工作员的满意度为92%,有82%的家长对亲子活动表示满意。最后,从参加教师工作坊活动的老师来看,教师对于工作员的满意度达到100%,对于活动的满意度也达到了100%。

4. 服务对象对活动形式的满意度

服务对象对角色扮演游戏、工作员讲授、个人发言分享、小组讨论等小组活动中采用的形式都比较满意。具体而言,有93%的儿童认为角色扮演的活动形式对其帮助很大,有90%的儿童认为小组讨论的活动形式对其帮助很大，有88%的儿童认为工作员讲授的形式对其帮助很大。在社区服务中，有76%的儿童认为活动节数适中，有81%的儿童认为活动时间安排适中，有75%的家长认为活动的节数适中，有76%的家长认为活动时间安排适中。在学校服务中，认为活动节数安排适中的有76%，认为活动时间安排适中的有76%，认为活动人数安排适中的有81%。

从上面的评估结果可以看出，"阳光伙伴"流动儿童助力成长计划项目组通过为期一年的社区服务和为期半年的学校服务，以及持续的跟进服务，整体来看实现了预期目标：

（1）有效地协助NH社区和LH小学的流动儿童实现了抗逆力的增强，流动儿童的人际沟通能力、情绪管理能力与自我效能感得到提升；

（2）有效地协助流动儿童家庭抗逆力得到提升，改善了流动儿童家庭的支持状况；

（3）有效地提高了社区居民的社区参与度，增强了社区居民的自我管理能力，促进了社区的发展。

（4）有效地强化了儿童的学校支持系统，提高了教师对流动儿童的优势认知，增强了教师的教育信心。

七 "阳光伙伴"项目经验与反思

（一）"阳光伙伴"项目经验总结

"阳光伙伴"项目具有极强的可持续性、合适性和可复制性，这主要表现在系统化、制度化、专业化三个方面。

1. 专业化

"阳光伙伴"社会工作服务项目由常州大学社会工作系主任刘玉兰副教授担任项目主持人，主要实施工作人员则是常州大学社会工作系的学生。这保证了工作人员和督导的专业性，从而也保证了服务的专业性，提升了其服务质量。

2. 系统化

工作员不能只着眼于流动儿童本身，而应该从其生活的系统出发。"阳光伙伴"项目在整个实践过程中一直注重流动儿童所在系统资源的整合和发挥。通过开展"儿童小组活动"、"阳光伙伴亲子活动"以及"教师工作坊",实现资源链接,从而调动流动儿童的自助和互助能力。但是由于项目周期短等限制,互助系统的效果势必会受到影响,但是系统化仍然是流动人口服务应该考虑的重点,也是本项目的特色之一。

3. 制度化

"阳光伙伴"项目组从项目开始就坚持每周都提供在地化的服务。服务效果和服务形式得到孩子、家长以及学校老师的一致好评与支持,制度化的服务使得项目后期服务对象都能每周坚持到学校活动场地参加活动。这一方面丰富了学生的校园生活,另一方面推动了儿童与家长之间的沟通和学校教学管理能力的提升。制度化地提供服务是未来社会服务的方向,也是本项目的特色之一。

(二)"阳光伙伴"项目反思

"阳光伙伴"项目在实践中遇到的问题主要体现在以下两个方面。

1. 社区服务连续性不强

其一,服务对象连续性不强。流动人口具有特殊性,大部分流动人口为生活所迫,忙于生计,能够参与活动的时间不定,但活动无法同时迎合每一位服务对象,因而导致服务对象难以连续参加活动。其二,服务时间的连续性不强。由于工作人员以及服务对象的时间限制,同时受活动场地所限,每周只能开展一次活动,时间间隔过长,影响了服务效果。其三,由于社区的特殊性,社区服务中的小组活动只能采取开放性小组的形式,对服务对象来说更为自由,但主观意愿对活动参与度的影响进一步加大,任何微小的原因都可能导致服务对象缺席活动,这无形中降低了活动参与度,破坏了服务的连续性。

2. 资源链接面狭窄

社工很重要的一个身份是资源的中介者。而在本项目中,社会工作者协助社区居民成立义工组织,充分挖掘利用了社区内部资源,但是项目组缺乏对外来资源的引入,导致服务对象与社会的联系不紧密,项目所提供的服务活动内容和形式不够丰富。

基于以上两个方面的问题,要提高流动儿童社会工作服务的介入效果,我们提出以下几点建议。

1. 以流动儿童朋辈系统为基础，避免以个体为基础的干预模式

社会工作服务要立足于流动儿童所生活的环境系统和资源优势，为流动儿童创建一个良好的可以提升其抗逆力的环境。这包括四个方面：提升学校教育管理能力；促进流动儿童与同辈群体的融合；推动流动儿童与家庭之间的沟通交流；强调从流动儿童自身的优势出发，有效提升流动儿童解决问题的能力。这种"个人-学校-家庭"加上"儿童优势资源"的服务模式，可以保证在社会工作者结束活动之后，仍然有利于儿童和家庭能力的提升。

2. 以流动儿童"参与"、"体验"和"主动性"为活动设计的主旨，有效地使服务对象内化活动的理念和内容

儿童服务活动强调"参与"、"体验"和"主动性"，因此在活动设计和活动形式的选择上，社会工作者应采用适合流动儿童的多样化的活动形式，如角色扮演、小组讨论、太阳花优势卡、行动小分队等形式，从而有利于提高服务对象对活动的投入度，这对项目目标的实现是比较有利的。同时，合适的活动形式可以保证活动结束之后，服务对象仍然能够清楚记得相关的知识要点，以保证在现实生活中推广应用。

3. 多方合作模式，保证整合服务的效果

高校、社区和政府合作模式可以有效提升资源的整合能力。一方面，多个主体带来的资源类型更多样，有利于服务的丰富化；另一方面，该模式下的服务项目在运行中，无论哪一方由于某种原因撤离项目，其他服务主体仍然可以继续保持对流动儿童及其家庭抗逆力提升的关注和介入，有利于整合型服务项目达到预期目标。

参考文献

刘玉兰、彭华民，2014，《嵌入文化的流动儿童社会工作服务：理论与实践反思》，《华东理工大学学报》（社会科学版）第 3 期。

刘玉兰、彭华民，2016，《家庭抗逆力视角下流动儿童家庭社会工作服务实践重构》，《中州学刊》第 11 期。

彭华民，2010，《需要为本的中国本土社会工作模式研究》，《社会科学研究》第 3 期。

塞勒伯，2004，《优势视角——社会工作实践的新模式》，李亚文、杜立婕译，华东理工大学出版社。

温馨家园

城市社区低龄老人服务

赵东曙[*]

一 项目背景

21世纪人口老龄化对国家经济、社会、政治、文化等方面带来了深刻影响，老人在养老、医疗、社会服务等方面的需求越来越大。目前，由于社会转型、政府职能转变、家庭养老功能弱化，中国老年人服务业发展严重滞后，难以满足庞大老年群体的居家养老服务需求。

新街口街道位于南京市商业中心，现有人口95187人，老人占总人口的13.21%，其经济收入处于社会收入中下层，社会互助、自助意识较弱，普遍存在无力感和无助感。尽管各级政府部门和社区干部投入了大量的人力和物力，但仍然不能满足这一弱势群体的需求，随着老人数量的日益增多，老人服务力量薄弱、服务经费有限等诸多问题更加凸显，因此，居民居家养老服务体系亟待完善。南京基督教青年会在社会各界支持帮助下，建立了社区邻里互助社会支持关爱老人义工服务网络，探索出了"温馨家园"城市社区低龄老人服务模式。

该模式可为城市社区低龄老人提供形式多样的文体服务活动，满足老年人在生理、心理和社会活动方面的多样化需求，使他们在社区生活中"老有所学、老有所教、老有所乐、老有所为、老有所养、老有所依、老有

---

[*] 赵东曙，南京基督教青年会副总干事兼办公室主任，社会工作师。

所医"，在活动中激发他们帮助高龄老人的爱心服务意识，从而开创新形势下城市社区居家养老、邻里互助的服务新途径。

在此项目策划推进中，我们采用社会工作的专业督导方法，整合海内外专业社工、心理学专家资源，帮助新街口街道及社区干部组织开展社区干部和居民低龄老人义工培训服务活动，结合高校社工大学生义工进社区服务工作，丰富低龄老人文体小组活动内容，提高当地居民活动组织能力和社会责任感。

二 项目基本信息

（一）项目服务对象

采用社会工作的专业方法，帮助新街口街道干部组织开展60名社区干部和居民低龄老人义工积极分子的培训服务活动。在边学边实践的社区服务中，通过南京基督教青年会外来义工的介入，丰富低龄老人文体小组活动内容，提供义工领袖组织管理经验的分享，提高当地居民活动组织能力和社会责任感。在互动教学内容中，组织低龄老人义工领袖对本街道80岁以上高龄独居困难老人进行入户探访，激发这些低龄老人义工领袖的爱心和同情心，为今后发展低龄老人义工队伍打好基础。

（二）项目参与人员

南京基督教青年会资深专职社工、新街口街道及各社区干部、在宁高校社工系部分教师、心理专家和高校大学生义工形成项目工作团队，60名社区社工和低龄老人居民义工参与、青年会"温馨家园"社区服务管理中心实施管理。在确保项目团队内部行政管理体系有效沟通和执行的基础上，重点加强与被督导机构新街口街道的外部沟通与合作，健全与在宁高校社工教师的工作沟通机制，建立与项目资助方玄武区民政局及社区老人们的相互信任关系，整合海内外义工资源为社区老人服务。

（三）项目实施时间、地点

项目实施时间是2011年8月至2012年8月，地点是新街口街道下属的六个社区。

三 项目需求分析

2012年7月10日全国老龄委正式发布2010年第三次（2000年、2006年）全国城乡老年人口调查结果，结果显示，60岁以上老人占总人口的比例达13.7%，老年男性占49.0%，女性占51.0%，低龄老人占56.2%，城乡"空巢"老人占49.3%。老人面临保障和收入水平较低、抵御风险能力差、护理照料需求增长明显、照料服务资源短缺、健康风险因素多、医药负担仍然沉重、居住安排更倾向于独立居住、家庭"空巢化"日趋严重等问题和挑战。

新街口街道属南京市老城区，居住人口密集，居民家庭收入低，该街道老龄化程度在玄武区是最高的，而各级政府部门下拨给街道用于老人服务的资金有限，随着社区老龄化程度的提高，社区干部居家养老服务工作量增加，对社区内高龄困难老人的照顾就凸显人力资源不足的问题。街道社区干部虽然身先士卒，带动社区党员和居民积极分子进行服务，但义工个体服务行为多，因此，需要以社区居委会为核心，采用社会工作的理念和技巧，形成志愿者服务管理网络，不断扩大义工队伍，满足社区老人居家养老的需求，建立高龄老人社会支持系统，这是应对中国社会老龄化日益严重，政府花费资金最少而又行之有效的社会管理创新模式。

根据上述社会需求，南京基督教青年会学习海内外基督教青年会中标政府社区购买服务的成功模式，结合自身人力资源和工作优势，设计并实施了该项目。

四 项目实施过程

（一）项目服务方式

南京基督教青年会建立了专业社会工作者的服务团队，采用社会工作的专业督导方法，整合海内外专业社工专家资源，帮助组织新街口街道干部全年培训了六社区的 60 名社区干部和居民低龄老人义工积极分子。在边学边实践的社区服务中，南京基督教青年会外来义工领袖的介入，丰富了低龄老人文体小组活动内容，提供了义工小组组织管理经验，帮助当地居民提高了社会责任感，帮助他们提高了组织能力和小组的活动质量。同时，我们组织义工领袖对本街道 291 位 80 岁以上高龄独居困难老人进行入户探访，从而激发了这些义工领袖的爱心和同情心，为今后逐步发展低龄老人义工队伍打好了基础。

（二）项目实施进度

2011 年 7~9 月，挑选第一期培训学员 30 人，并在每个社区召开社区干部、义工骨干座谈会，了解街道六个社区低龄老人文体活动现状，形成基线调查报告。在座谈中，统一大家对"温馨家园"社区服务项目重要性的认识，同时对培训主题征求学员的意见，以增强培训效果。

2011 年 10 月至 2012 年 1 月，第一期社区低龄老人居民文体活动义工骨干培训班开课。采用授课互动方式了解低龄老人的服务需求，在如何参与社区公共事务，如何为社区高龄独居困难老人服务方面提供指导。培训主题有：义工理念；组织技巧；服务技巧和能力培养；激发社会责任感；居民义工社区工作参政议政实务能力开发。

挑选第二期社区低龄老人义工班学员 30 人。加强 30 名社区老人义工骨干的内部互动沟通，结合街道日常工作，组织社区内外志愿者开展高龄老人探访工作，巩固老人各类文体小组活动，开展社区群众文体活动，重点在加强内部组织管理，提高活动质量，筹备"迎青奥、做义工"老人大型文体活动。

2012 年 2~6 月，培训第二期社区低龄老人居民义工骨干 30 人。分别组织参与培训的 60 名义工骨干，对街道 291 位 80 岁以上高龄独居困难老人逐一入户进行专业的老人服务需求摸底调查，对这些独居老人的身体状况、心理健康、居家环境进行了评估，建立了这些老人居家养老服务需求的档案（电子书面文档），为入户持续开展居家养老心理慰藉服务做好了准备。调查表由南京基督教青年会设计、登记归类、造册，报街道和社区备案

温馨家园　城市社区低龄老人服务

一份。

以六社区培训学员为骨干，成立了六社区居民义工服务队，定期开展服务活动，逐步发展居民义工。

6月15日，开展"迎青奥、做义工"老人大型文体活动，根据居民培训学员学习出勤率和老人服务活动频率进行表彰，为30名优秀学员颁发奖状和奖品，鼓励更多的社区老人积极做义工。2012年7~8月，南京基督教青年会派出志愿者做好现有居民小组活动的巩固工作，并对一年的项目督导提交项目结案报告，接受项目资助方玄武区民政局督导评估。

五　项目评估

（一）项目效果

2009年至今，南京基督教青年会组织海内外义工资源，重点在新街口街道各社区开展老人服务。累计服务5000人次。社区居民对南京基督教青年会的服务活动也有了一定的认同感。项目启动后，主要服务内容有以下几方面。

（1）组织海外青少年义工与社区老人联欢，丰富了老人的业余生活，海外青少年学习到了中国文化。服务232人次。

（2）培训社区干部和居民义工领袖学员60人，指导社区培训学员将学过的知识应用到实践中，组织社区居民群众开展文体活动。服务960人次。

（3）组织培训学员和大学生义工对社区高龄独居困难老人进行入户探访。服务291人。

（4）指导高校社工大学生850人次参与社区服务工作，提高社工服务技能，增强社会责任感，服务内容包括探访高龄老人、组织文体活动、采编社区居民潜在义工名单等。

（5）与驻区单位珠江路小学合作，每周三下午针对行为偏差学生进行"完美人格小义工"成长小组活动，一年服务900人次。寓教于乐，春节前动员50名小学生为100名社区老人进行了"迎龙年送温馨"免费现场写赠春联活动,增强了社区老人和青少年对社区的归属感,提高了青少年的社会责任感。

(6) 以各社区10名学员为骨干,成立六个社区的居民义工小组,组织活动,初步形成了社区义工管理小组,为今后发展居民义工打好了基础。

本项目与一般的社区居家养老照顾中心不同,体现了"助人自助"的社会工作专业理念,是社区管理能力建设项目。它不仅为社区低龄老人文体活动提供社工专业辅导服务,提升社区居民的社会责任感,使其成为义工骨干,更重要的是,它复制海内外基督教青年会成功运营的社区管理中心模式,整合社区内外义工资源,通过培训挖掘当地低龄老人"可再生生产力",激发其参与社区事务的积极性,实现了低龄老人的"老有所为"。学习了培训课程,六社区义工培训学员小组能结合所学知识,学习策划老人服务活动,并在社区干部的配合下组织实施。居民义工学员参与社区服务的热情有所增长,增强了对社区的归属感。

项目同时为高校社工大学生提供了公益服务平台,使他们在国际化社工专业服务机构的督导下,成为具有爱心和社会责任感的社区服务专业人才,成为社区居民义工网络的组织者和管理者,在实践中成为和谐社区建设的骨干力量。

在项目实施过程中,新街口街道及六个社区的工作人员与南京基督教青年会"温馨家园"社区服务中心密切合作,形成合力,共同发展居民义工,共同策划各社区的服务活动,初步形成了社区、南京基督教青年会社工、社区居民义工"三社联动"的社区老人活动框架。如北门桥社区主动与南京基督教青年会签订"三社联动"协议,希望南京基督教青年会参与他们的义工管理与督导工作。低龄老人义工"一对一"配对为邻居高龄老人服务,可以更好地激励低龄老人义工服务的持续热情。

社区干部和社工通过培训,进一步提升了服务意识,强化了社会责任感。南京基督教青年会外派社工大学生和社区干部在社区服务中,相互交流,双方都受益匪浅。他们不仅提高了社工服务技能,还意识到整合社会资源、发展义工队伍对社区工作的重要性。

项目社会效益、对于所在社区起到的成效、社区居委会的支持力度体现在如下几个方面。

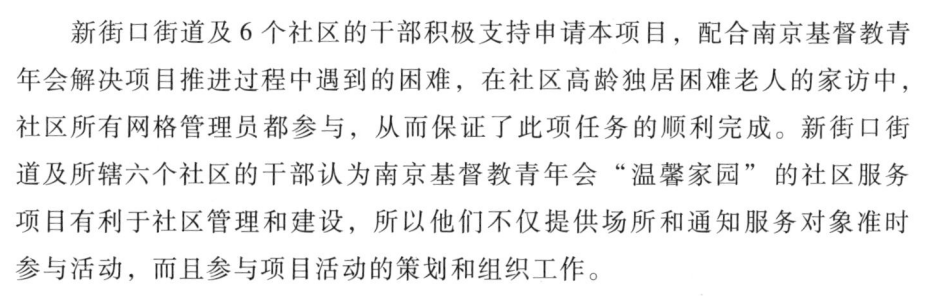

新街口街道及 6 个社区的干部积极支持申请本项目，配合南京基督教青年会解决项目推进过程中遇到的困难，在社区高龄独居困难老人的家访中，社区所有网格管理员都参与，从而保证了此项任务的顺利完成。新街口街道及所辖六个社区的干部认为南京基督教青年会"温馨家园"的社区服务项目有利于社区管理和建设，所以他们不仅提供场所和通知服务对象准时参与活动，而且参与项目活动的策划和组织工作。

本项目只开展了一年，但社区居民对"温馨家园"社区服务中心有了一定的了解，愿意积极参与我们组织的活动。

（二）项目的社会影响力

2012 年获江苏省妇联妇女社会工作实践类方案（全省参赛 110 份，共有 8 个方案获奖）三等奖。相关媒体的报道有：2012 年 2 月 28 日《南京日报》、2012 年 5 月 1 日《扬子晚报》、2012 年 6 月 20 日《扬子晚报》。

通过此项目的宣传，南京基督教青年会 2012 年向香港那达苏慈善基金会成功申请了"口福行动"项目资金，每年为南京市 100 名低保户或低保边缘户中 60 岁以上缺齿 14 颗以上的老人安装假牙，名额优先向玄武区倾斜，自 2012 年 3 月 2 日上午开始由江苏省口腔医院具体实施该项目。

引进韩国、美国、中国香港青少年义工资源为社区老人提供服务和与青少年进行文化交流。

组织在宁高校的海外留学生为街道特困家庭子女开展周末英语趣味活动，逐步发展家长成为我们的义工。

组织珠江路小学学生为 100 名老人写春联，促进老年居民与青少年义工互动沟通模式的发展。

南京基督教青年会实施的"温馨家园"社区服务项目，为街道及社区培训了具有国际化、现代化社会管理理念的义工队伍管理人才，提升了社区干部开展老人活动的能力，激发了社区义工的潜力，使社区义工有了施展才能的空间，增添了低龄老人文体活动的多样性和趣味性。同时为在宁高校的社会工作专业研究生和大学生提供了社会服务的实践平台，累计安排大学生 850 人次参与服务活动。

（三）项目创新性

这是南京市率先开展社区居民义工、社工专业技能培训的项目，体现了"助人自助"的社会工作理念，提高了低龄老人参与社区事务的积极性，实现了"老有所为"，变零散关怀为社区专业网格服务，逐步使高龄独居困难老人得到邻里便捷的心理慰藉服务，减轻了政府服务老人的压力。

为高校社工学生提供了公益服务平台、职前工作体验和培训。

培育了"温馨家园你我他，社区服务靠大家，你帮我来我帮你，共筑和谐温暖家"的社区文化，探索了街道与社会组织合作建设社区居家服务中心的成功模式。

（四）项目的可持续性

老人服务需求持续增长，政府有委托专业机构建立服务网络的需求。

人力资源的可持续性，本项目培养出了有社区义工服务管理专业技巧与能力的社工和居民义工领袖，使社区有了管理服务资源，并能发动更多爱心人士参与老人服务。

社区服务管理中心的能力持续提高，南京基督教青年会将总结"温馨家园"中心一年来的服务经验，加强与海内外基督教青年会的学习和交流，完善中心的管理工作。

资金来源的可持续性，具有政府持续购买服务的潜力；未来能衍生出其他服务，回应社区居民多样化的需求。南京基督教青年会将通过自我评估来调整优化项目执行流程和内容，拓展、深化服务，为持续申请资金做准备，也将通过不同渠道整合社会资源（包括资金、人力资源和社会支持），满足老人安享晚年的需求。

六 经验与反思

项目实施过程中，因缺少人员经费，所以项目管理人员均为兼职义工，这样在项目推进上有时会影响项目的进度。社区干部平时工作很忙，居民

温馨家园　城市社区低龄老人服务

义工也有其他活动安排，有时不能准时参加培训和服务活动，这也影响到项目的培训和服务成效。以下是项目的不足之处及改进措施。

第一，教学方式需要不断更新，且需在课后开展社区活动从而对服务技巧进行巩固。项目培训之初，有些培训人员的授课理论色彩较浓，经过管理人员与培训人员的沟通，我们进行了教学方式的创新，采取老师授课、社工大学生示范技巧并加入到居民培训小组中进行辅导练习的教学方式，这就使社工技巧转变为大家眼见为实、简单易学的方法，受到居民义工的欢迎。课后，我们围绕课程内容，安排社工大学生进入六个社区，通过老人小组活动巩固学习成果，使他们知道如何运用这些知识开展活动。

第二，活动参与者因主观或客观原因在培训时不能出满勤，影响了培训效果。南京基督教青年会第二年的项目申请将工作的重点放在开展社区老人活动上，用组织活动的形式具体辅导居民义工领袖，使之知道如何发展义工、如何开展活动。

第三，2011年至2012年的项目管理人员是兼职负责项目工作，虽然南京基督教青年会整合高校社工师生进社区进行专业服务的能力很强，但因居民义工发展存在不确定因素，需要持续工作才能奏效，因而南京基督教青年会需要聘请专职社工常驻六个社区工作，进行协调管理，从社区居民中发现义工人才。目前本项目没有专职社工人员经费，由南京基督教青年会全额支付项目人员工资等费用。

第四，南京基督教青年会开展此项目的第一年，项目内容以培训为主，主要是提升社区干部和居民义工积极分子对发展义工重要性的认识，增加其为老人服务的理论知识和提升其实际服务能力。我们计划继续申请项目，重点是在六个社区辅导学员和居民义工开展老人服务活动，增加高校社工师生进社区督导、服务的频率，在活动中进一步发展各类居民义工人才。目前我们和新街口街道和社区干部的工作合作关系很融洽，如不能申请到项目资金，将影响到项目的持续发展，居民义工发展工作也会停滞下来。

第五，在动员现有社区居民文体小组成员参与社区服务工作中，存在着困难，有的居民兴趣小组骨干仅仅满足于"自娱自乐"的活动方式，没有参与社区服务的意识，需要对其做思想工作，逐步说服动员，使其成为义工，但参加服务存在未知数，因而需要结识更多的居民，从中物色到更

· 239 ·

多的居民义工人才。

在今后的日子里,南京基督教青年会"温馨家园"社区服务中心将积极整合海内外资源,与社区干部协同推进社区公共服务管理的社区化、公益性、自治化,为共同构建老人服务多元化互助网络做出贡献。

参考文献

王思斌,2010,《社会工作综合能力》,中国社会出版社。

社区融入

社会工作视角下外来人口的社区服务

——以浙江省玉环县楚门镇蒲田村为例

梁 莹[*]

一 案例背景

(一) 宏观环境背景分析

改革开放以来,随着我国工业化和城市化的快速推进,区域间的人口流动和人口迁移日益频繁,大量欠发达地区剩余劳动力涌入经济较发达地区,以谋求更好的生存机会,他们的流动给本地区社会建设与发展带来了一定的资源,却也引发了一些急需关注与解决的问题,给本地社会治理带来了较大的障碍。为保证外来人口与本地人口共享区域资源,共享改革发展成果,双方共同进步,共建和谐家园、和谐社区,就要解决外地人口的社区融入问题,但外地人口的社会融入是社区治理过程中面临的一个较大挑战。

社区是社会的缩影,是个人生活的基本环境。社区作为外来人口融入本地的社会化组织载体,可以帮助外来人口在社会和心理上适应新的社会环境,从某种意义上说,外地人口融入了本地社区也就是融入了本地,对促进本地社区治理有着十分重要的作用与意义。但是在促进外地人口融入

---

[*] 梁莹,南京大学社会学院社会工作与社会政策系教授。

社区方面，政府政策与现有社区服务体系均滞后于地区经济和社会发展的需要，不能够为外地人口更好地融入本地社区提供相应的必要服务；加之本地社区基层工作者专业技能不足、社区服务功能有限，因此并不能回应农民工的融入需要。这种情况就为以"助人自助"为本的社会工作介入提供了一定的介入机会、服务市场和发展空间。

（二）社区蒲田村的背景分析

浙江省玉环县楚门镇蒲田村位于楚门镇北部，三面环山，环境幽静，因"田多种蒲"而得名。2012年，蒲田村创工业总产值6.5亿元，人均收入16800元，集体经济收入180万元。近年来，蒲田村两委认真贯彻落实党在农村的各项方针、政策，围绕经济建设这个中心，狠抓精神文明建设，2003年率先成立了蒲田村综治站，2005年加大投入力度，建起了综治大楼，增设了27个监控点，成为全县首个安装网络监控的行政村，有效地提高了技防水平。蒲田村拥有悠久的历史、深厚的文化底蕴，古有戴礼著作《礼记通释》八十卷，闻名中外，今有戴汉节学识渊博、桃李满天下。因有此文化底蕴，蒲田村建设了文化展示廊、历史文化展示馆、仿古戏台、图书阅览室、少儿图书室、文化讲堂、健身休闲区等设施，以丰富村民的空余生活。并且蒲田有较多的传统文化活动，如每年的元宵节或重大节庆日，蒲田村都要举行具有160多年历史的"五兽戏龙"表演活动，村民们以此传统喜庆的方式祈祷国泰民安、风调雨顺。

蒲田村由戴家、上陈、小蒲田三个自然村组成，地域面积0.8平方公里，常住人口1892人，流动人口2970余人。由此可以看出，蒲田村流动人口较多，这给蒲田社区治理[①]带来了极大的挑战。原因在于，外来人口希望可以融入本地社区，获得本地社区更好的、无差别的公共服务，能够平等地参与社区公共事物决策，参与社区治理，维护社区和谐稳定与长治久安。但外来人口与本地人口语言沟通上的障碍、双方交往主观意愿的缺失、明显的社会分层等原因，导致外地与本地人之间存在较大的隔阂，这是不可避免的社会现实问题。长期的需求得不到满足，外来人口与本地人口的矛

---

① 蒲田是一个行政村，采取村社建制，但从"社区"概念来看，其也是一个社区，所以文中在叙述时也使用"蒲田社区"的概念，尤其是在讨论社区融入和社区理论时。

盾就会加深，隔阂与偏见也会增加。另外，外来人口对本社区也会缺乏一定的归属感与凝聚力，对社区治理活动的参与度自然也会降低，因而会影响社区治理活动的有序高效开展。

二 社区分析与需求评估

（一）社区分析

1. 社区动力分析

社区动力主要划分为本地居民、外来人口、政府和第三方组织的动力。首先，基于人利己的本性，与其通过道德和教化来促使居民参与到社区公共事务的决策，倒不如引入挂钩机制，将公共事务的决策与每位居民的个人利益挂钩，从而促使社区居民为了维护自身利益而参与其中，形成一种居民自决的稳态和常态。因而促进外来人口的社会融入与本地人口的生活质量的提高是关键，外来人口的社会融入不仅仅为蒲田村的经济发展注入了持久的活力，更有利于社会的稳定和可持续发展。其次，只有当本地居民深切地认识到外来人口社会融入的重要性和深刻意义，消除对外来人口的刻板印象和解构标签后，本地居民才会产生对外来人口社会融入的需求，这种需求才会真正构成解决问题的社区动力。此外，外来人口社会融入的主观能动性也是解决问题的社区动力。因此，要在意识层面推动外来人口认识到社会融入给他们带来的利益是重中之重，只有当他们意识到更深层次的社会融入会带来更完善的社会支持系统、更高水平的生活时，他们才会以一个主人翁的姿态积极融入。

政府有责任、有义务也有能力去推动外来人口的社会融入，制度层面的构造、无差别社会公共服务的提供、职业技能水平的培训与提高等都是政府应该去做的。政府也是社会行动的社区动力，因为它要在实践中回应居民的需求。不容忽视的是第三方组织对于外来人口社会融入也具有重要作用，作为第三方组织代表的天宜社会工作服务社也是我们解决问题的社区动力。第三方组织，剥离了政府的色彩，深入基层，通过社会工作的专业价值观和专业技巧提供服务，链接资源和协助政策的制定。有着使命感和社工精神的天宜社会工作服务社必然会成为推动外来人口社会融入的重要社区动力。

2. 社区资源分析

一是政治资源。镇政府和村委会都有构建"美好蒲田"的意愿和能力，而作为构建美好蒲田必不可少的一环——外来人口的社会融入问题，必然会得到镇政府和村委会的高度重视和大力支持，它们可在制度和服务层面提供正式资源。二是经济资源。村里大小企业100余家，这提供了雄厚的经济基础。此外，镇政府和村委会有足够的预算推动解决方案的落实。三是文化资源。蒲田村历史悠久，文化底蕴深厚，有着独具特色的民俗活动，精神文明创建活动丰富多彩。四是其他资源，诸如天宜社会工作服务社这样的第三方组织。

（二）需求评估

1. 经济层面的融入需求

通过调查走访，蒲田村民生活水准较高，就业市场和发展前景较为广阔，这是相对于原住地的贫困、落后、机会匮乏等劣势环境而形成的特有引力，在原居住地的推力与本地引力的协同作用下，大量外来人口迁入本地社区。结合实际需要，此处采用以下指标来分析外来人口的经济融入需求。

职业。外来人口在蒲田村从事的职业类别，会直接影响他们在蒲田村立足和融入的方式以及效果。从蒲田村行业分布来看，外来人口从事的行业以第二产业和第三产业为主，如制造业、服务业等。从文化程度来看，大多数外来人口都只有小学或初中文化程度，从事的大多是简单无差别的体力劳动。

经济收入。由于所从事行业的简单重复再生产性，外来人口的平均月收入集中在3000元左右。

居住方式。从居住状态来看，绝大多数外来人口都是租住在当地人的老房子里，而这些房子或年久失修，或环境杂乱差，且在地理环境上呈现"大杂居，小聚居"的特点。

综上可知，蒲田村的外来人口在职业、经济收入和居住方式等方面，

社区融入 社会工作视角下外来人口的社区服务

都存在一些普遍的更高层次的需求,他们中的大多数还处于一种生存适应状态,而这在一定程度上限制了他们的社会融入。

2. 社会层面的融入需求

外来人口在迁入蒲田村的过程中,需要与蒲田村的社会和文化不断磨合并融入,他们会将"蒲田本地居民"作为参照群体,在确保本身文化多样性的同时会不断调整自己的行为方式或思维方式,旨在融入本地居民生活与活动,并保证整个社区的整体性和协调性。而外来人口社会层面的融入主要指他们与当地人的互动过程以及日常生活方面的适应过程,因此,这里主要从语言使用和社会交往两方面对这个层面的融入进行考察。

(1)语言使用。沟通一直是社会交流与融入新集体的重要有效工具,由于蒲田当地人大多不会说普通话或普通话说得不标准,而外来人口普通话也不是很好,这带来的交流问题是很明显和普遍的。同时,外来人口大多数只是能够听懂简单的当地方言,很少有会说蒲田方言的,因而还是存在较大的语言困难。在中国这样的熟人社会里,基于地缘或者血缘的联系更加牢固,更容易被人们接受,所以方言的使用无疑更易于拉近谈话者间的距离,加速社会融入。由于语言不通形成的沟通问题一定程度上阻碍了当地人与外来人口的交往。但是在优势视角下,蒲田村外来人口的社会融入还是有一些可以被利用的优势的,比如蒲田村本地人对外来人口的印象还是不错的,外来人口努力地通过对本地人友善来加速融入的进程。但是也有些劣势是值得我们去关注的,比如本地人与外来人口的交往意识淡薄,本地人对外来人口的重要性认识不够且存在社会歧视现象,外来人口由于自身的生活习惯、风俗不同等引发的社会问题等。这些劣势为我们解决问题提供了突破口,也必将是我们今后工作的重心所在。

(2)社会交往。蒲田人在和外地人交往方面,很多人只是在上班时间因为工作的需要会与外地人来往,工具性的需要占了主导,缺乏出于情感性需要的交往。其中最明显的是:本地人和外来人口的社会交往的频率和深度相当不够,当地人更倾向于那种以地缘和血缘关系为基础的社会网络,而外来人口则由于背井离乡而社会资本匮乏。从根本上看,外来人口的社会交往具有地缘相似性和身份相似性,基于地缘和身份的联系是最频繁和更偏爱的,这一点从外来人口的日常交往中即可看出:他们更倾向于和同

· 245 ·

乡人或工友交往，这在一定程度上弥补了其社会支持的不足，但这是一种弱联结性的社会支持，且在一定的情况下会凸显其封闭性的特点，从而在客观上限制外来人口的社会融入。

3. 心理层面的融入需求

心理层面的融入其实就是外来人口深层次融入本地社区的过程，是一个内化价值观、行为准则和生活方式的长期过程。一旦融入本地社区，外来人口就会在心理上获得足够的满足，在情感上也会找到一定的归宿。前文提到的经济和社会层面上的融入只是基础，只有外来人口对本地社区完成了心理层面的融入，才算完成真正意义上的对本地社区的社会融入，才能增强对社区的认同感与归属感。他们对于蒲田村的归属感和凝聚力也是对本地社区心理层面融入感的直接反映。

（1）归属感。通过调查走访，我们发现大多数外来人口都有长期居留在蒲田村的意愿，且他们中的不少人都把自己的子女带在身边，让子女在蒲田村本地上学、生活。这在一定程度上表现出外来人口对蒲田村的认同感和归属感。

（2）凝聚力。外来人口与本地人口参与共同活动的频率和深度是社区凝聚力最显著的特征，而在调查走访中，我们发现本地人扼守着特有的风俗习惯，外来人口则几乎从不参与其中，这背后折射出的是互动和凝聚力的不足。

综上可知，外来人口在居住条件、职业等方面，与蒲田本地人相比，劣势十分明显，这就会使本地人口于无形中产生一种优越感，而外来人口也会感到处境尴尬与自卑，这于无形中又制约了他们与本地人的接触和交往，而接触和交往上的困难又会使他们对蒲田村的归属感产生直接影响。因此，总体来看，蒲田村外来人口的社会融入还停留在经济融入层面，外来人口社会层面和心理层面的融入需求还需要政府、外来人口、全体村民和第三方组织的共同努力。

三 社会工作理念与理论

（一）社区工作理念

社会工作中的社区工作是一种从社区角度出发了解有困难案主的问题

和需要，然后动用社区中一切可以利用的资源，并借助外界协作与配合来解决社区当前存在的问题，以满足社区的需要，增进社区福利的社会工作方法。需要明确的是社区工作理念并不是一种直接为有困难的人提供服务的工作方法，它也不是直接解决某个人或者某个家庭的问题，而是以社区为工作对象，通过发展社区内的组织和社区自身的功能来解决社区问题。

解决蒲田社区外来人口融入问题，需要借助社区工作的理念，全方面了解社区外来人口与本地人口在融入上还存在的问题与需要，动员蒲田社区中一切可利用的资源，通过各方努力与协作满足当前蒲田社区外来人口融入需求，增强外来人口社区归属感与凝聚力，激发其参与社区治理的积极性与热情，推动蒲田社区治理活动的有效开展。

（二）结构功能理论和系统理论

社区是一种对环境具有较高程度的自给自足性的社会系统，这个系统建立于个人之上，又相对独立，有自己的边界和平衡机制，其稳定性依赖于行动过程中的不同角色在权利和义务关系上的互补性，也就是说，社区内每一个人，每一个部分，彼此之间都紧密联系，互为影响，牵一发而动全身，社会问题产生的根源在于社区内各构成要素或子系统之间缺乏沟通，从而出现功能缺失。蒲田社区外来人口融入问题就是外来人口没能很好地与本地人口沟通、达成共识，结构无法串联，因而产生了问题和冲突。因此，要深入了解外来人口与本地人口双方的相互关系及其对蒲田社区整体稳定的现实功能，就要肯定双方，促成相互理解和交流，达成共识，促进社区内部各部分的整合。

（三）资源整合与社会资本理论

资源整合是一种系统论的思维方式，通过组织和协调系统内部相互联系却又相互分离的部分，把有着共同使命又拥有不同利益和功能的群体整合成一个为社区内居住者服务的系统，社区居委会（村民委员会）和社区居民就处于同一个系统内，都有着提高社区内生活质量，促进社区内部和谐相处、交流与融合的使命。社会资本是另一种资本形式，它不同于经济资本和文化资本，是一种实际的或潜在的资源的集合，这些资源与相互默认或承认的关系组成的持久网络有关。当两个群体之间拥有丰富的多层次的社会资本时，二者之间的关系将得到很好的巩固，可以减缓一些外来突发事件对二者关系的破坏。

在蒲田社区外来人口与本地人口融入关系的问题上，通过了解历史问题、现下矛盾点，我们发现外来人口的特殊需求是蒲田社区治理的关键所在，通过联系村委会，调动社区青少年、军队文工团、有才艺的社区老人、社工资源等其他一切可利用的资源，举办联谊活动、社区共同治理活动、宣传教育讲座等多种形式的社区活动，积极引导外来人口与本地人口的交流与沟通，以促进外地人口与本地人口两方的融合。这些活动的顺利开展将再一次巩固这些既有的关系网络，并将生成新的关系网络，这对缓解外来人口与本地人口矛盾，改变本地人口对外来人口的歧视与偏见有着重要意义，对促进蒲田社区治理活动也有着重要贡献。

四 社会工作介入方法

社会工作作为一门新兴的应用社会科学，旨在通过借鉴相关的理论，形成一套因时因事而异的工作方法。社会工作介入为蒲田社区外来人口融入提供了新的途径。根据对该社区的调查情况分析，结合社会工作相关理论，我们针对蒲田村外来人口融入蒲田社区的需要，提出了一些方案。首先，通过制定一系列的相关政策，来消减外来人口试图融入时的制度障碍。其次，在实践中探索出一套促进外来人口融入蒲田社区的服务模式，并通过借鉴或是引进社会工作的社区、小组、个案以及行政工作的方法，对有特殊需求的外来人口依据其具体问题提供有针对性的个体化指导服务。在社会工作介入的过程中，要注重发挥社会服务机构的力量。经过对蒲田地区社会服务机构的深入考察，我们发现天宜社会工作服务社具备良好的社区服务资源，因此，可以将之作为社区介入的依托力量，发挥其在社区工作、小组工作以及个案工作中的积极作用。

（一）社区工作

一般来说，社区工作是开展专业社会工作的基本常用方法之一。社区

社区融入 社会工作视角下外来人口的社区服务

工作把社区和社区居民当作服务对象，社会工作者通过发动和组织社区居民参与集体行动，有效调动社区所拥有的资源，并尽可能地争取外力的协助，从而有计划地消减社区内部冲突，提升社区的凝聚力，提高社区居民民主参与意识和民主参与能力，以推动社区的社会福利水平提升以及社区的进步。伴随着我国社区的不断发展和第三部门的逐步完善，社区工作的介入方法也越来越多种多样，以适应不同的地区、问题和阶段，常用的有从社区问题介入、从服务介入、从社区教育介入、从互助合作介入、从社会行动介入、联合各社会团体介入、从策划宣传介入、从社区调查介入、从社区突发事件介入、从社区宣传介入、从各式各样的社区发展计划和规划介入等。根据调查可知，这些外来人口与本地人的交往相对有限，交往少，交往内容也局限于工具性需要，缺乏出于情感性需要的交往。对此，可以在社会工作者的协助下，构建外来人口与家人、同事之间的非正式支持网络，鼓励外来人口参与到蒲田社区建设和丰富多彩的社区活动当中来；另外，社区工作服务中心也可以在村民委员会及社会媒体组织之间进行沟通协调，以增加对外来人口群体的正面宣传，并引导他们积极主动参与社区活动，比如社区展览、法律咨询等公益服务活动等。这样不仅可以丰富外来人口与蒲田社区本地人口的业余生活，而且可以创造外地人口与当地居民之间进行沟通交流的机会，改善外来人口在当地居民心中的不良形象。

（二）小组工作

小组工作作为社会工作的重要方法，有多种模式，如社会目标模式、治疗模式和互动模式。在社会融入过程中，外来人口在职业、居住条件等方面，与蒲田村本地人相比，处于明显劣势地位，这就会使外来人口感到处境尴尬，这又无形中制约了他们与本地人的接触和交往，而接触和交往的困难又直接影响了他们对蒲田村归属感的产生。社会工作者可以借助自己的专业知识和丰富经验，运用小组工作方法对外地人口采取心理疏导、抗逆增能等辅助和干预措施。例如，借助社区服务中心的社会资源，针对有需求的外来人口开办职业技能培训班、个人兴趣拓展班、投资理财班等公益服务课程，使外来人口掌握基本就业技能和方法。外来人口学习了职业技能，提升了自身素养，可以大大增强工作竞争力，进而提高其融入蒲田社区的积极性和自信心。针对外地人和本地人之间语言不通这一重要的融入阻力,小组工作可以举办专门的语言兴趣班,一方面推广普通话,另一方面促使其学习方言的日常表达,帮助双方建立良好的沟通。

(三) 个案工作

个案社会工作是一种单一的、整体的实践方式。这一工作方法以个人和家庭为对象,目标是改善案主的社会环境,并且帮助案主控制社会环境以改善社会功能。个案工作在适应社会需要、满足个人需求和解决问题方面发挥了一定作用,但主要是问题解决取向,即着重于问题的解决。针对蒲田村社区的外来人口社会融入课题,少数激烈冲突和矛盾不可完全避免,对此社会工作相关机构必须在问题出现之前储备好充分的专业理论和方法,培养专门的服务人员队伍,一旦遇到突发情况,又大多能做到协调疏导在前,从而及时且有效地控制纠纷的扩大,保证比较和谐的社群关系。

(四) 社会行政

现代社会工作是以组织化的形式开展的,在社会服务项目的开展、社会服务机构的运行中,社会工作行政处于关键环节,它对社会工作的开展起到重要的保证和推动作用。当前对如何处理广泛的人口流动带来的社会治理问题,社会工作的服务大都局限在比较具体的工作中,而在宏观的国家政策制定、组织协调方面的介入仍有不足。蒲田村经济发展水平高,地方行政管理也有比较丰富的经验,当地政府已经意识到外来人口能否很好地融入社会,对当地的和谐稳定、长治久安有直接影响。随着行政体制的不断改革和创新,相关职能部门可以在社会支持理论的指导下,依托社区服务中心,依据相关政策法规,探索更加因地制宜的基层社区治理模式,为居民提供更为丰富的公共产品和更完善的公共服务。社区服务中心也可以发挥并运用其拥有的行政职能,在保证资质的前提下成立或直接引入有资质的社会营利组织或非营利组织,在现阶段公共资源难以满足社会需求的情况下,可以以这种形式向社区提供相应的服务,承担一定的社会服务功能。

社区融入 社会工作视角下外来人口的社区服务

五 社会工作介入过程

(一) 吸纳外来人口参与社区管理

社区是个人生存和生活的空间,群体归属感的培育依赖于这个载体。要完善社区公共服务和文化设施,实现公共资源的均等化,不因为外来人口的标签而使这一群体被蒲田社区本地人排斥在外。政府要进一步整合管理职能,积极接受和吸收外来人口参与本地区事务的管理,为外地人口提供参与管理的平台,由"for do"向"with do"转变。社工介入协助并指导外地人口的政治参与,外地人口参与蒲田社区自我管理的过程就是外来人口与蒲田社区本地人进行互动的过程,就是社会融入的过程。在这一过程中,要积极寻求社会服务机构的支持。天宜社会工作服务社具备一批专业的社会工作者,他们拥有丰富的理论知识与实践经验,在社工介入方面具备专业的服务素养,有利于更有针对性地帮助外来人口融入当地社区。

(二) 解决外来人口的基本生存需求

根据马斯洛的需求层次理论,衣食住行等生理需求是人的第一层次需求。只有当第一层次的生存需求得到满足后,其他层次的需求才能成为新的激励因素。社会工作者和社会组织切实关注外来人口的生存需求,为外来人口提供基本生活保障,并协助政府部门着重抓好安居工程,通过财政和企业投入资金来改善外来人口的居住条件,避免"村中村"和"贫民窟"现象的出现。

(三) 组织开展群众性文化活动、精神文明创建活动

通过为外来人口组织开展精神文化节以及极具地方代表性的文化活动,让外来人口积极参与,在丰富外来人口文化生活的同时,让他们深切体会到他们与蒲田本地人就是兄弟姐妹,同享一片蓝天。共同的精神文明创建活动不仅有利于搭建外来人口与本地人交往的桥梁,而且有利于提高外来人口的归属感和荣誉感。精神文明创建活动是发扬社会风尚、建设和谐社

会、缔造美好生活的必要载体。立足实际，彰显特色，积极开展创建"十佳外来建设者""十佳外来创业者"等创评活动，为外来人口提供展现自我魅力的舞台，增进本地人对外来人口的了解。

（四）加强对外来人口的就业指导和工作技能培训

实现经济融入是外来人口完成社会融入的第一步，但不容忽视的是外来人口与本地人口之间收入的差距。在一定程度上，人力资本的缺失造成了其较低的社会经济地位。通过开展社会教育，使外来人口实现知识的增加与技能的提高，从而使其提高劳动能力，获得更多的劳动报酬，积攒人力资本。所以，政府应该通过系统的职业培训和就业指导，在社会工作者和社会组织的协助下，对外来人口进行就业辅导以及工作技能培训，提高外来人口的职业技能水平和文化程度，这也就意味着劳动能力和职业竞争力的提升。工作岗位改变，其他的社会需求也随之得到更充分的满足，这也就可以为外来人口争取到更多、更好的就业机会，从而改变其经济上的弱势地位，进而夯实外来人口的社会融入基础并提升其社会融入能力，构建向上流通的通道。

（五）转变政府角色，充分发挥使能者和增能者的作用

促进社会组织蓬勃发展，推动万能政府向有限政府转变，将公共决策的权力真正转移到社区中。以构建"美好蒲田"为主题，通过公共事务的决策连通外来人口和本地人口，在决策中发挥这两者的协同作用，通过共同的目标和积极行动的过程促进外来人口的社会融入。大力扶植社会工作机构的发展，推动社会工作者进入社区，积极开展个案和小组工作，或是通过社会工作行政介入来推动外来人口与本地人的互动交流，促进本地人与外地人的平等与资源共享，以共同的平台和活动为基础实现外来人口社会融入的最终目标。

六 社会工作介入效果分析与讨论

社区工作的核心目标应当是将整个社区视为一个整体，并推动社区的整

社区融入　社会工作视角下外来人口的社区服务

体性改变,而外来人口实现社区融入,与其他本地居民一样对社区拥有同等的归属感和参与权,与社区的自我组织和自我管理的目标实现息息相关。而社区的改变,需要在细致入微的关系基础上,创造改变的空间和机会,并通过持续的社会工作介入得以实现。这种介入力量需要结合当地社区居委会和第三方社会服务机构的力量,如前文提到的天宜社会工作服务社,需将不同来源的社区服务力量融合起来,彼此协助、互相分工,以更好地实现社会工作介入的效果。对于中国内地的农村社区来讲,实现社区融入和社区改变,没有任何现成的理论和方法可以借鉴,当然也没有业已成形的经验可以参考,只能通过不断的探索和讨论,结合社区社会工作的理论知识摸索前行。

从楚门镇蒲田村的调研数据可以看出,本地人与外来人口的交往意识淡薄,本地人对外来人口的重要性认识不够且存在社会歧视现象,对外来人口由于自身的生活习惯、风俗不同等引发的社会问题的关注迫在眉睫。这些劣势为我们解决问题提供了突破口,也必将是我们今后工作的重心所在。蒲田社区外来人口的社会交往具有地缘相似性和身份相似性。基于地缘和身份的联系是最频繁的,这在一定程度上弥补了其社会支持的不足,但这是一种弱联结性的社会支持,且在一定的情况下会凸显其封闭性的特点,从而会在客观上限制外来人口的社会融入。使外来人口逐步融入一个个社区服务体系是实现外来人口社会融入的关键。

(一) 可实现的效果

1. 解决矛盾冲突,促进社区融合

个案辅导和小组工作是两种微观层面的工作方法,而社区活动则关切到了社会治理的宏观层面,旨在运用科学方法解决社区问题、促进社区发展。社会工作者通过与蒲田社区村委会的协调,促使其发挥好社区职能,积极开展各项融入活动,从而有效地促进外来人口与本地人的交流和沟通,进而实现外来人口的经济融入、社会融入等。鉴于镇政府和村委会都有构建"美好蒲田"的意愿和能力,而外来人口融入社区是构建"美好蒲田"的重要环节,得到镇政府和村委会的高度重视和大力支持。它们在制度和服务层面提供资源和帮助,能在很大程度上推动外来人口融入蒲田社区,解决社区零散、凝聚力不足、居民冲突等现实问题,实现社区融合,促进社区改变与发展。

2. 推动经济发展，促进文化交流

社会工作者以社会支持理论为指导，以社区服务中心为依托，通过行政介入社区为居民提供并完善公共产品或服务，建立大众化的公共产品和服务体系，对外地人口平等对待、一视同仁，可以促使外地人感受到融入蒲田社区的必要性和重要性，产生归属感，加强心理认同，从而有效促进社区融合。外地人口的经济融入对于蒲田社区的经济发展来讲，是一股强有力的推力，能给蒲田村的经济发展提供强大助力；外地人口的社会融入以及心理融入也能促进蒲田社区文化交流与创新，有利于摒弃糟粕、推陈出新。

3. 加快社区转型，实现人、村双赢

外来人口融入蒲田社区，除了享有社区提供的公共资源和服务，也承担着推动社区发展的责任与义务。在社区和个体外来人口的互动中，激励双方共同努力，蒲田社区外来人口的社会融入加快，不仅有利于这一群体的个体福利提升，而且有助于推动社区稳定快速发展。当然，实现居民受益与社区发展的双赢，需要社会组织、居民以及政府等各方面力量通过长期细致入微的工作来实现。

（二）面临的挑战

1. 蒲田村本地人对外来人口的歧视不容忽视

这一方面是由于本地居民对于外来人口的负面的刻板印象，另一方面是因为外来人口对蒲田村带来的不好的影响：半数多的被调查者认为外来人口造成了环境污染，其次是败坏了社会风气等。

2. 由于语言不通形成的沟通问题在一定程度上也阻碍了当地人与外来人口的交往

如何跨越语言障碍的鸿沟，促进本地人与外来人口的交流与沟通，成为亟待解决的一大难题。

3. 社会工作介入蒲田社区也存在着社工普遍面临的尴尬困境

首先是社工与政府部门之间如何实现良性互动与有效协调，以及巨大的工作量与社工的有限性之间的矛盾，还有资金短缺等问题，都是解决该社区存在问题的巨大瓶颈。

社区融入　社会工作视角下外来人口的社区服务

七　案例使用说明

（一）教学目的与用途

本案例教学使用说明主要是针对社区社会工作课程的教学而编写的，用于阐述增进社区认同感方面的内容，故本案例呈现的内容是与此相关的，对案例的反思和归纳也围绕着这一要点。

1. 适用的课程

本案例适用于"社区社会工作"，也可成为"高级社会工作实务"等课程的辅助案例。

2. 适用的对象

本案例适用对象有社会工作专业的高年级本科生和社会工作硕士。

3. 本案例教学目标规划

（1）涉及的知识点

本案例在"社区社会工作"中主要涉及的知识点有：社会支持网络、社区动力分析、社区资源分析、结构功能理论、系统理论、社会资本理论。

（2）能力训练点

本案例在"社区社会工作"课程中涉及的能力训练主要有如下几个方面：学会与社区动力有关的分析；学会对社区的资源进行客观且全面的分析；学会对社区的需求进行准确评估；掌握社区社会工作的价值观；学会用社会资本理论分析社区的问题。

（二）启发思考题

本案例思考题的目的在于进一步深化案例教学中有关知识点的梳理和强化，使学生学会运用专业知识和视角分析和解决与社区社会工作有关的问题。具体的思考题有如下四个。

（1）试分析部分社区居民排斥外来人口的深层原因是什么？

（2）社会工作者应采取什么样的介入方法，帮助社区干部有效推进融入工作开展？

（3）社区社会工作者在促进社区融入的过程中扮演哪些角色？

（4）在促进社区融入的过程中汇集了哪些社区支持网络？

（三）分析思路

本案例的分析思路是将有关案例的基本背景材料提供给学生，同时通过老师提前准备的一系列系统性问题对学生加以引导。因此本案例的分析过程体现了一种逻辑性和系统性，案例分析的关键在于突出与社区社会工作有关的工作定位和准确把握社会工作的介入过程以及对社区社会工作中融入性服务体系的构建，案例分析的教学目标是通过案例分析使学生了解社区社会工作中的相关理论，如结构功能理论、系统理论以及社会资本理论等，在充分理解这些理论的基础上，对社区的实际情况进行专业分析。

本案例中的主要融合性服务体系构建点有：

（1）如何定位融合性的社区社会工作；

（2）社区融合体系的构成要素。

围绕上述融合性服务体系的构建点，相关的辅助的融合性服务体系构建的要点有：

（1）如何确定社区中外来人口的社会支持需求；

（2）个人支持网络、外来人口的互助支持网络、社区中邻里支持网络在融合性服务体系中分别是如何建立起来的；

（3）社区社会工作者在推动社区融合的过程中应该扮演哪些角色。

本案例分析的主要逻辑如下：

首先，了解社区的基本背景情况，探寻社区居民的相关需求，如经济层面的需求、社会层面的需求、精神层面的需求等；

其次，分析构建融合性服务体系的意义所在，即从优势视角出发，多发掘外来人口的优势和资源，认可外来人口的社会价值，相信外来人口有能力完成社区融合，社区社会工作者可帮助外来人口梳理现有资源，进而协助外来人口建立各种层次的互助支持网络等；

最后，探索融合性服务体系中社会支持网络的构建要素，如过程性要素。

社区融入　社会工作视角下外来人口的社区服务

（四）关键要点

本案例分析的关键在于把握融合性服务体系建构的关键因素，探索社区的现有和潜在资源，深入了解社区居民的切实需求，将有关资源和需求进行对接，促进外来人口各种互助组织的建立。

本案例分析的具体关键要点如下：

（1）融合性社区社会工作的形成与完善；

（2）融合性社区社会工作之服务体系建构的关键因素；

（3）融合性社区社会工作之服务体系中不同利益相关方的角色、权利与义务。

（五）建议的课堂计划

本案例分析应重点考虑学生的个体性差异，对不同层次的学生开展与之能力相对应的教学。本案例分析计划用2个课时完成。

A计划：学生应先了解案例的基本情况。本科生和全日制的社会工作硕士研究生可通过小组讨论的形式在课下进行案例背景情况和有关信息的预习工作，老师在课堂中更着重对这些学生的引导和启发。

B计划：针对在职的社会工作硕士研究生，由于他们本身时间有限，所以课下预习的效果一般，因此这部分学生可将预习案例基本情况的学习放在课堂中进行。

两种课堂教学具体的安排如表1所示。

表1　课堂教学具体安排

A计划	B计划
课前阅读相关案例分析的背景资料和有关参考文献2小时 分组讨论1小时 针对本科生可适当加入知识点小结的环节 案例分析课堂时间：1.5小时 案例回顾：10分钟 课堂讨论：40分钟 知识点小结：30分钟 机动时间：10分钟	课堂阅读相关案例分析的背景资料和有关参考文献1小时 案例分析课堂时间：1.5小时 案例回顾：10分钟 分组讨论：20分钟 课堂讨论：40分钟 知识点小结：10分钟 机动时间：10分钟

· 257 ·

参考文献

梁莹,2013,《绿色社区中的公民治理:绿色志愿者与社工的伙伴关系》,《江苏社会科学》第 5 期。

梁莹,2012,《公民治理意识、公民精神与草根社区自治组织的成长》,《社会科学研究》第 1 期。

徐永祥、曹国慧,2016,《"三社联动"的历史实践与概念辨析》,《云南师范大学学报》第 3 期。

徐永祥,2002,《论社区服务的本质属性与运行机制》,《华东理工大学学报》第 4 期。

探访快车

流动人口教育扶贫的社区服务

李 真 王瑞海[*]

一 项目概述

2008年,南京市协作者社区发展中心(以下简称南京协作者)申报的"社区探访快车与流动人口社区教育探访服务项目"成了由世界银行支持的第二届中国发展市场项目"中国最具创新性的100个扶贫项目"之一,并得到了最高额的项目资金支持,项目实施周期为2008年11月1日至2009年10月31日;项目重点针对南京江宁、秦淮、建邺、河西新城等城乡结合部社区、打工子弟学校、建筑工地生活区的贫困流动人口及其子女,开展以探访快车为服务载体,由社会工作者引领志愿者(高校学生、城市知识分子、打工青年),链接社会爱心资源,开展家庭教育、儿童成长、就业、法律、健康等巡回流动教育探访服务活动。项目在使贫困流动儿童及其家长得到持续性的综合能力提升的同时,动员青年知识分子深入流动儿童社区,使流动儿童及其家庭与主流社会建立相互沟通的支持网络,最终总结创新出一种动员、整合城市社会资源,以流动的方式服务边缘社区流动人口的教育扶贫模式。

该项目在服务期间共计培育了247名不同群体的志愿者参与项目实施,

---

[*] 李真,南京市协作者社区发展中心首席统筹;王瑞海,南京市协作者社区发展中心社会工作督导。

共计服务流动儿童及家长 12563 人次。项目结束后，南京协作者的这一服务一直持续至今，持续为流动儿童社区教育提供服务，搭建多元的志愿者持续参与的平台，培育了包括城市主流人口和流动人口在内的具备基本的助人理念和技能的多元的志愿者队伍。该项目先后荣获 2010 年南京市首届十佳社区服务项目、2012 年江苏省妇联优秀社会工作服务案例和 2013 年全国优秀志愿服务项目一等奖。

二 项目背景

长江三角洲正在成为继珠江三角洲之后，农民工最密集的区域。南京作为长三角的核心城市之一，其快速的城市扩张使得流动人口家庭不断迁移，而现有的流动儿童教育模式简单地模仿城市儿童教育模式，无法适应随时处于流动状态的流动儿童，更无法深入改善其匮乏的家庭教育环境，而单一的课本教育也无法满足有着特殊成长需求的流动儿童心理、健康、社会认知等综合成长需求。流动儿童能否得到有效的教育，关键是能否探索出适应流动儿童需求的社会服务模式，否则他们将成为新兴城市中的新兴贫民，甚至成为游离于主流社会的对抗群体。在服务走访中，我们发现流动人口主要面临以下问题。

（一）传统社区服务方法的缺陷

我们在服务贫困农民工的社会工作中发现，由于流动人口自身的流动性很大，城市固有的传统的静态教育服务方法无法完全覆盖他们。尽管农民工生活在城市，但他们并不能真正融入城市生活，处于信息社会的"孤岛"，相对封闭，难以与城市居民和主流知识分子建立相互间的基本沟通支持网络，受城市财政安排的制约，其所在的社区服务部门也没有将其完全纳入服务范围，从而使农民工成为被城市与乡村同时"悬挂"起来的新的"贫困"人群。

（二）传统流动儿童教育的缺陷

当前针对流动儿童的教育服务基本是书本基础教育，忽视涵盖健康、心理、沟通等综合性教育服务，要鼓励他们与城市人群交流，让他们感觉到来自成人社会和城市社会的关爱。

（三）流动人口及其子女成长的需求

在社会诸群体中，农民工更加迫切渴望通过"能力"的提升改变自身命运。近年来非农化转移浪潮中出现了一个新现象，即家庭式迁移，这些携家带口的农民工朋友的需求已不再局限于就业、劳动保障层面，而是涉及公共卫生、劳动权益、社区关系、居住权、子女教育等社会生活的各个层面。而由于年龄偏大加上自身所受基础教育程度低，他们渴望获得提升自身能力，尤其是自我教育能力和教育子女能力的机会，渴望建立良好的社区家庭教育环境。

（四）社会发展的需求

很多城市居民，尤其是青年大学生，从内心里并不排斥外来人口，相反，许多人具有强烈的服务社会、贡献自我力量的激情和愿望。然而，由于缺少有效的组织平台和参与渠道，个人很难承受组织化服务成本，很多青年志愿者只能凭热情去做，但都比较松散，流于形式，这使他们难以与边缘人群直接接触，难以实现自己的社会实践理想。

三 项目模式

本项目以社区社会工作为服务方法与理论依据，以"团结协作 助人自助"为服务理念，针对南京城乡结合部的流动儿童及家庭，开展流动教育探访服务活动，以流动教育服务快车为载体承载由（音像）图书馆、参与式教学工具、教育宣传展板、健康器材等基本设备组成的"流动教室"，同时搭载具有专业社会工作服务经验的工作员、城市青年知识分子志愿者和有着切身成长经历与体验的打工青年志愿者，有计划地持续深入城乡结合部流动儿童聚集的家庭、社区、学校，开展家庭教育、儿童成长、就业、法律、健康等巡回流动教育探访服务活动。在使贫困流动儿童及其家长得到持续的综合能力提升的同时，动员青年知识分子等志愿者深入流动儿童社区，培育青年志愿者，使流动儿童及其家庭与主流社会建立相互沟通的支持网络，不断激发社区中不同群体的志愿服务精神和提升专业的志愿服务能力，最终总结创新出动员整合城市社会资源，以流动的方式服务边缘社区流动人口的教育扶贫模式和"专业督导引领专业社工，专业社工引领义工"的志愿者培育模式。

四 项目活动

（一）主要活动

1. 开展教育物资巡回传递的服务活动

跟踪不断迁移的流动儿童及其家长提供包括图书巡回借阅、音像读物巡回放映、基本健康检测、参与式教学游戏等设施服务。

2. 开展参与式教育活动

采用游戏、案例、故事分享、成长小组的形式，将卫生保健、同伴沟通、亲子关系、人生规划等传统教育很难覆盖的成长知识融入活动中，使孩子在社区游戏中得到启发和形成自我认知，并建立相互间的接纳、尊重、关爱的支持关系。

3. 开展流动家长培训服务活动

流动教室配备家庭教育资料，在专家和志愿者的引导下，定期开办社区流动家长课堂，讲述家庭教育、子女沟通以及普法教育知识。

4. 开展流动教师培训服务活动

将"角色扮演""参与式游戏""案例讲述"等传统教育模式中缺乏的教学方法，通过教学车的现场演示在教师中推广，培育老师尊重、接纳、认同、启迪的社会工作教育理念。

5. 开展城市主流人群与流动人口之间的公民教育展示宣传活动

以流动探访快车为载体，进入城市居民与流动人口社区，开展宣传、咨询、交流活动，促进主流人群与流动人口之间的沟通理解。

（二） 实施过程

1. 建立包括不同群体志愿者在内的项目执行小组

为有效落实项目的执行及检测，专门成立了由三人组成的机构方专业支持和执行团队，在此基础上形成了融入政府、媒体、高校、服务对象群体的志愿者参与执行的项目小组。南京协作者负责人、机构督导李真负责项目的督导，社会工作者卢金艳、王瑞海负责项目的志愿者联络、培训、项目跟进和具体执行。

2. 前期准备工作：2008年11月至2009年1月

①项目实施人员通过半结构访谈、参与式需求评估、绘制社区资源图等专业方法，分析社区资源与需求，拓展社区探访服务点，在拓展的过程中发掘热衷于社区事务的社区内的潜在志愿者，使其能够参与到项目的运作和实施过程，最终达到自我服务的目的。

②组织已建立关系的社区儿童、家长、社区干部以及核心志愿者、学校老师通过小组活动方法开展项目交流会，共同完善服务计划。

③发放机构宣传单，宣传项目内容及服务咨询热线，鼓励社区居民参与，调动社会志愿者参与的积极性。2008年12月底，在2009年新年联谊会上正式对外公布项目信息，公开招募高校、城市志愿者参与。

3. 服务试点工作：2009年1月至3月

①通过小组以参与式方法针对招募的志愿者，以及参与服务活动的社区干部、流动人口骨干，开展城市化发展、志愿者管理、志愿服务理念、社区发展、社会工作小组等专题培训活动，培育志愿者志愿服务的精神和理念，使志愿者掌握基本的社区工作专业技巧。

②在专业培训上，协助志愿者制订志愿服务的计划、方案，在QH、JN两个流动人口集中的社区开展图书借阅、社工兴趣小组、现场咨询与宣传等试服务活动，及时总结服务方案的经验和存在问题。

4. 正式实施工作：2009年3月至10月

（1）正式启动项目

通过露天联谊的形式，在一所打工子弟学校开展项目启动仪式，并邀请政府、社区、媒体，以及志愿者、农民工代表参与；正式在流动人口社区挂牌成立新市民之家，建立稳定的社区探访点。

（2）项目推进

通过专业督导的支持和专业社工带动志愿者的参与，开展教育物资巡回传递、参与式教育活动、流动家长培训、流动教师培训以及社区教育宣传活动，在参与中培育志愿者志愿精神，提升志愿服务能力。

在试服务的基础上，开展系统志愿者培训，专业社会工作者与志愿者结合试服务的情况，共同修订、完善服务计划，开展专业的志愿服务活动，并在提供服务的过程中持续跟进督导和给予支持，逐步提升志愿者以专业方法开展服务活动的能力，使志愿者掌握从方案撰写、执行到活动总结评估、资料汇总等一系列的专业服务方法。在此期间，注重对志愿者理念的培育、引导，通过培训和具体的活动，促使志愿者认识到，志愿服务不仅仅是简单的提供服务，而是注重服务对象自身能力的提升，注重挖掘服务对象的潜能，并最终在流动儿童家庭中培育并发掘了由流动儿童与家长志愿者轮流管理与维护的爱心图书角。

每周六社会工作者与志愿者都会定期进入探访社区，为流动儿童及家长提供包括图书借阅、音像读物巡回放映、参与式教学游戏、学习辅导等的服务；定期开展流动儿童摄影、文艺、运动兴趣小组、朋辈交流、感恩等成长小组等参与式教育活动；组织开展家庭教育培训，在社会工作者和志愿者的分享下，总结教育中的困惑和经验，促进家长提升自我教育与教育子女的能力，促进家长间的互相支持；开展参与式教师培训以及定期组织服务对象、志愿者走进南京高校（如三江学院）、南京文化场馆（如南京博物馆、总统府），在工地生活区、边缘社区开展露天电影分享、图书借阅、法律安全知识培训等活动，丰富流动人口的业余生活，促进社会主流人群与流动人口之家的沟通与理解。针对流动儿童在暑期由于家长工作忙而无人照顾的需求，分别在三个社区开展流动儿童公益夏令营活动，组织20名有志愿精神的流动儿童前往北京，登长城、游古都，与北京流动儿童交流，丰富流动儿童业余生活，搭建流动儿童健康快乐的暑期成长平台；并于夏令营闭营时，组织"北京行"小营员走进江苏教育电视台"家春秋"栏目组，分享"北京行"感受，促进社会对流动人口群体的了解与关注。

5. 评估、总结与推广活动

（1）评估活动

在项目后期邀请政府、社区干部、流动人口、志愿者开展社区交流评估活动，评估活动成效，总结项目服务经验及志愿者参与的经验；并邀请项目方走进探访社区，实地了解服务成效及服务对象、志愿者对项目的评价，促进志愿者和服务群体对活动成效的直观了解和认识。

（2）总结活动

根据评估活动的成果，以及项目日常积累的图片、文字等资料，撰写完成通俗易懂便于推广的项目报告，整理日常积累的图片、影像资料，制作完成一部小型项目纪录片；对活动期间表现突出的志愿者在南京协作者的联谊活动中给予表彰，肯定志愿者的志愿服务。

（3）推广活动

通过开展大型联谊活动，邀请政府、媒体、学界、农民工、流动儿童、志愿者等社会各界代表参加，发布项目报告，并进行现场观摩交流活动，将项目经验推广为社会可借鉴的服务经验，使志愿者感受到项目的社会意义，增强其价值感。

五　项目成效

本项目由南京市协作者社区发展中心发起，于2008年成了由世界银行支持的第二届中国发展市场项目"中国最具创新性的100个扶贫项目"之一，并得到了最高额的项目资金支持，项目实施周期为2008年11月1日至2009年10月31日。项目结束后，南京协作者的这一服务一直持续至今，持续为流动儿童社区教育提供服务，搭建多元的志愿者持续参与的平台，培育了包括城市主流人口和流动人口在内的具备基本的助人理念和技能的多元的志愿者队伍。

第一，项目实施期间，开展流动家长培训服务活动14次，至少有200人的家庭了解并认识到了家庭教育的重要性，掌握了亲子教育、两代沟通、儿童心理等家庭教育的基本方法；开展教师服务培训活动11次，至少有

209位教师得到了社会工作教育理念的培训；开展教育物资巡回传递服务、参与式教育活动，共计服务流动儿童及家长12563人次，探索出以探访服务快车为载体、社会多元群体的志愿者参与，从流动儿童到其家长、到社区的流动教育服务模式。

第二，整个项目期间，志愿者参与人员有247人，包括青年学生、媒体、政府官员、流动儿童家长、打工子弟学校老师及流动儿童等不同群体的多方人员。充分发挥了不同群体的优势，增强了社会主流人群的社会责任感，传播了公益理念和公益精神，营造了良好的社会公益环境。

第三，在整个项目期间，南京协作者充分发挥专业民办社会工作组织的优势，以专业督导提供专业支持，专业社工引领志愿者，注重志愿者的志愿服务理念的培育及志愿服务中专业技巧的培育、运用，探索出"专业督导引领专业社工，专业社工引领义工"的志愿者培育模式。至今累计培育了包括政府干部、媒体、城市社区居民、打工者、流动儿童在内的115名具备领袖潜质的核心志愿者。

第四，项目期间，在三江大学、南京理工大学、南京人口管理干部学院、D街道、JD社区、HN打工子弟学校等开展了9场图片展览活动、5场高校交流座谈会，南京协作者还通过印刷年历、发放服务活动宣传单页、张贴宣传海报和电邮等方式定期将项目进展对外公开，加上媒体报道和舆论传播，影响人数至少52000人。

第五，项目通过广泛的媒体宣传和报道，促进了社会不同群体对项目的关注和了解。项目启动时9家媒体进行过报道，并且有多家网站进行了转载。

第六，南京协作者社区教育服务快车模式被JN社区所认可，JN社区为项目服务活动提供固定活动场所，挂牌成立了南京协作者JN社区新市民之家，这成为固定的探访服务的社区服务点；随着机构服务的扩展、影响的扩大，省市相关领导也希望南京协作者的服务可以在南京市范围内得以复制，并以此服务模式为核心在全市推广"四点钟课堂"，采取学校、社区、社会组织、志愿者等多方参与方式推动社区管理体制改革与服务创新；其他社区服务组织也主动来学习并引进到自己的社区，从而使南京协作者社区教育服务模式推动、辐射到了南京市多个区（县）、街道、社区，也被上

探访快车　流动人口教育扶贫的社区服务

海、青岛以及扬州等地学习借鉴。

第七，项目实施的过程中，南京协作者针对有需要的高校社团开展持续的培训活动，为南京信息工程大学"大手拉小手"义务支教团、"南京理工大学自动化青协"等高校志愿服务社团开展专业的培训，这些服务使其他社区的高校社团的服务能力得以提升，南京协作者的服务经验得到更加有效的推广。

2011年3月，南京协作者以"流动探访服务快车"为服务平台，启动系列青年志愿者培育计划。通过公开征集志愿服务方案，培育高校社团从参与项目撰写、实施到总结评估这一专业化的服务过程，促进志愿者/高校社团以项目化方式运作志愿服务，培育青年志愿者，推动志愿服务专业化建设，从而更好地推动社区服务的专业化。

青年志愿者培育计划实施期间，诞生了一个高校志愿服务社团，一个专门参与南京协作者服务的团队——"萤之光"公益小组，与此同时，"萤之光"公益小组的负责人——学习新闻专业的南京晓庄学院的志愿者，更加坚定了自己的公益之路。

六　经验与反思

（一）主要经验

第一，扎实的服务是获得社会关注及资源的基础；服务创新是项目推广的基础，持续性深入服务是巩固服务成效的方法。

第二，初步探索创新出适合流动人口的流动教育服务模式，尤其是流动快车与志愿者的结合，从流动儿童到其家长、到社区的教育服务活动，不只是一个人受教育状况的改变，更重要的是服务跟随流动人口流动性地开展，从家庭到学校到整个社区教育环境，都随服务的深入有不同程度的改变。南京协作者在项目结束后仍将继续寻找合作并对该服务模式进行更深入的探索创新，并进一步推广和倡导。

第三，监测评估多元化，尤其注重服务人群的参与，可丰富、拓展项

· 267 ·

目活动是项目可以按需开展的保障；多样的监测评估形式，如座谈、电话会议、电邮交流、活动参加等，可以及时、全面反映项目成效、有效推动项目开展；不只重视项目中期、终期评估监测，每次服务的前期筹备、实施中及时的碰头会及结束后的单次评估总结会使监测评估贯穿整个项目运作，最终确保项目有序、有效开展。

第四，项目前期宣传及实施中注重与媒体、政府等相关部门的充分合作，这是赢得社会认同与支持、确保项目可以顺利开展的重要条件；项目实施中注重服务对象对项目的评价、建议，并根据服务对象的需求灵活调整，是确保项目服务质量的必要条件；项目执行中吸收志愿者参与，是为志愿者提供志愿服务的平台，也是对志愿者的培育，还是志愿服务与项目进展可以有效结合的重要保障。

第五，任何一个项目的开展都不是孤立地只为这一个项目存在，尤其要注重该项目所要关注的社会问题与整个社会的关系脉络。南京协作者在开展此项目的同时，更广泛地关注流动人口的社区教育服务，因此，与教育部门、民政部门、知识分子、社区干部等都建立了关系并带动他们参与到这一服务中，从而为项目运作的成功创造了良好的社会环境，这是项目成功实施的重要保障之一。

（二）反思

1. 项目资金支持方式的固化制约项目开展

该项目计划中符合服务开展要求的探访车的购买，因项目拨款方式受到严重制约，从而影响服务活动的开展，这是项目运作中最大的问题。

2. 不可抗拒因素的制约，如甲流

项目期间，甲流严重影响服务活动的开展。尤其是集体活动、系列小组服务，在社区、打工子弟学校集中开展时，受到严重影响。因场地提供方无法抗拒上级关于预防甲流的要求、无法衡量风险而使活动不能开展。尽管南京协作者做好了各项相关预防工作，包括每次活动前确保提醒参加人员洗手、测量体温等，但甲流依然导致服务受到不同程度的影响。

3. 与基层政府合作中的非正常因素的干扰

南京协作者在社区开展探访服务多与基层政府部门、社区合作，但政

府自上而下的工作机制，使得基层部门的工作安排经常处于变化之中，不确定因素很多，尤其上级一个指示，很多计划都会被打乱，这使得南京协作者的一些系列计划会受到不同程度的影响。对此，南京协作者尽量灵活处理，包括改变活动地点、多以集中服务方式开展活动等，以减少干扰。

参考文献

何雪松，2007，《社会工作理论》，世纪出版集团、上海人民出版社。

李真，2004，《打工时代》（全两册），华夏出版社。

李真，2005，《工伤者》，社会科学文献出版社。

李真，2005，《流动与融合》，团结出版社。

李真，2005，《农民工流动在边缘》，当代中国出版社。

李真，2008，《农民工城市新生活自助手册》，农村读物出版社。

陆士桢，2003，《儿童社会工作》，社会科学文献出版社。

周沛，2002，《社区社会工作》，社会科学文献出版社。

营造社区
开拓公益教育助力保障房社区治理
——S社区大学试点项目

李晓霞 肖 会 邵亚琴[*]

S社区大学试点项目是由南京爱德社会工作服务中心联合南京市栖霞区迈皋桥街道、S社区共同打造的社区教育及社区治理项目。该项目以S社区为试点，逐步覆盖周边社区居民。通过整合社区及社会志愿者教师资源，营造社区公益教育空间，为社区居民提供交友、娱乐、学习的平台。同时，提升居民的社区参与意识，挖掘社区能人，培育社区社团参与社区治理，构建互助支持网络。

一 背景介绍

随着社会经济的发展，各类社会问题层出不穷，而社区作为一个"小社会"，所面临的问题复杂多变。成熟型及友好型社区应该是一个价值观念相符、关系密切、守望相助、帮扶弱势的富有人情味的社会共同体，社区成员对社区具有归属感及认同感。

S社区为拆迁安置小区，社区居委会成立于2015年，属于建设中的社区。S社区常住人口7000人，非户籍人口占总人口的90%，老年人口占总人口的10%，人口流动性大。由于社区居民来源于不同地域，居民面对新的社区、新的居住环境，往往不愿走出家门，自我封闭，居民之间互动性少，更无邻

---

[*] 李晓霞，南京爱德社会工作服务中心主任，社会工作师；肖会，南京爱德社会工作服务中心项目主管；邵亚琴，南京爱德社会工作服务中心执行主任。

营造社区　开拓公益教育助力保障房社区治理

里互助意识，社区参与程度较低，归属感不强。居民之间、居民与物业之间矛盾时有发生，社区管理相对困难。如何让居民走出家门彼此熟悉、参与社区公共事务并形成互助有爱的社区支持网络迫在眉睫。

二　项目目标

（一）总目标

本项目以新型保障房社区——S社区为试点，开展社区大学试点项目。通过营造社区教育空间、整合社区资源、鼓励社区居民参与、深耕社区文化、关怀弱势群体助力社区治理和发展。

（二）分目标

（1）组建社区教育小组，挖掘社区居民精神文化需求。

（2）开办社区大学，拓展社区教育空间，营造参与、共享的文化氛围。

（3）以社区大学为平台，挖掘社区骨干，培育精品社团，引导社区居民及社团参与社区公益服务，推动社区治理。

三　项目理念

本项目在运作中，以地区发展模式为核心理念，辅以优势视角理论，支撑社会工作者开展工作。

（一）地区发展模式

地区发展模式是社区社会工作的重要理论基础之一，是一种发展理念，强调要从当地居民的需求和当地的资源、环境和人口等协调、可持续发展出发开展工作，也是社会工作的一种重要介入方法，强调居民的参与、合作，集体组织起来利用社区资源、解决社区问题、满足社区福利需求、增

· 271 ·

强社区凝聚力和归属感。

(二) 优势视角理论

"优势视角"是一种关注人的内在力量和优势资源的视角，意味着应当把人们及其环境中的优势和资源作为社会工作助人过程中所关注的焦点，而非关注其问题和病理。优势视角基于这样一种信念，即个人所具备的能力及其内部资源允许他们能够有效地应对生活中的挑战。

四 项目实施方案

S社区大学试点项目，以"教育小组"为开端探索社区大学的社区需求；以社区大学为实践形式，深入发掘社区文化需求，深耕社区文化，建立社区教育空间，培力社区特色文化，挖掘社区能人领袖，培育社区团体；以"三社联动"带动社区能人、社区团体参与社区志愿服务，帮扶社区弱势群体，参与社区环保及安全治理服务。该项目在实施过程中以总目标为导向，按分目标设计并开展项目活动，该项目的运作模式如图1所示。

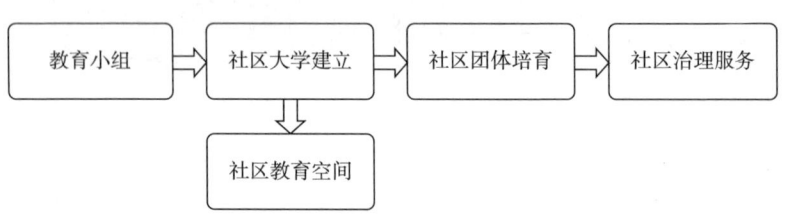

图1 S社区大学项目运作目标模式

该项目的具体实施方案如表1所示。

表1 S社区大学项目实施方案

项目周期	主题项目	具体内容
第一阶段 2016.3~2016.6	"小组教育显成效，社区大学见雏形"	1. 通过海报、社区通知等形式招募教育小组组员。开展3个教育型小组（魅力女人坊——妇女手工小组、指尖上的美食——烘焙小组、老顽童的智慧生活——智能手机应用小组）。 2. 社区大学雏形建立

营造社区 开拓公益教育助力保障房社区治理

续表

项目周期	主题项目	具体内容
第二阶段 2016.6～2017.6	"社区居民齐参与，教育空间共营造"	1. 以线上、线下方式招募社区大学学员100名。 2. 社区大学第一、第二学期课程开展。 3. 整合社区及社会志愿者教师资源，招募志愿者老师22名，建立教师资源库。 4. 建立社区大学管理制度（学员管理制度、教师管理制度、收费制度、优秀老师及学员激励制度）。 5. 多样化课程设置匹配居民多元需求，开设课程16门，包括电脑、手机、钱杆舞、健身、合唱、手工、烘焙、书法、围棋、太极、腰鼓、瑜伽、模特、民族舞、印度舞、交谊舞
第三阶段 2016.12～2017.2	"能人社团常挖掘，精品社团共扶植"	1. 挖掘社区骨干、社区大学优秀学员，进行领导力培训。 2. 培育社区社团，活跃社区文化。培育社区精品社团9个（山水戏友扬剧团、星际义工团、A荔舞蹈团、山水合唱团、快乐舞蹈队等）。 3. 新闻媒体及自媒体宣传推广
第四阶段： 2017.2～2017.6	"互助友爱成佳话，社区共享你我他"	1. 以团建的形式引导社区社团及志愿者参与公益服务。 2. 志愿者团建活动1次/月。 3. 开展公益活动10次，服务2000人次。 4. 探访社区高龄、"空巢"、独居老人3000人次。 5. 开展社区环保活动6次。 6. 参与社区平安巡逻。 7. 对优秀志愿者进行表彰，形成互助型社区文化

五 项目实施过程

（一）小组教育显成效，社区大学见雏形

项目团队进驻社区之后，社工通过个案访谈、问卷调研、开展社区活动、组建社区教育小组等形式，挖掘社区居民精神文化需求。本阶段共开展三个教育型小组，分别是妇女手工小组、烘焙小组及智能手机应用小组，通过小组活动搭建居民之间沟通交流与学习的桥梁，让居民走出家门，满足居民娱乐、学习需求，促进居民互助融合。社区教育小组实施过程如表2

所示。

表 2 社区教育小组实施过程

教育小组名称	小组目标	小组主题系列活动	服务成效
魅力女人坊——妇女手工小组	帮助社区中的全职妈妈和中老年妇女找回社交，学得一技之长	1. 魅力女人相见欢； 2. 美人如花——丝网花制作； 3. "纸"要你幸福——衍纸艺术创作； 4. 香包上的祝福——端午香包制作； 5. 瑰丽人生——玫瑰包制作； 6. 魅力女人话人生	小组成员从彼此陌生到彼此熟悉、互为好友；小组成员不仅学会了课程内容，而且在学习中体验了团队互助的力量；组员从封闭式的家庭妇女发展到逐渐拥有了自己的喜好、朋友圈
指尖上的美食——烘焙小组	为社区中有烘焙技能提升需求的妇女开展系列培训	1. 欢乐主妇欢乐多； 2. 蛋挞制作学习； 3. 蛋糕制作学习； 4. 比萨制作学习； 5. 烘焙大比拼； 6. 有缘千里再相会	为参与小组活动的组员提供了烘焙交流学习的平台；组员在小组中获得了新的烘焙体验、新的制作方法；小组成员烘焙技能得到提升
老顽童的智慧生活——智能手机应用小组	为社区中的老人提供智能手机教学，满足老人与时俱进、娱乐身心的需求	1. 智能手机初体验； 2. 照亮我的美——智能手机照相功能教学； 3. 数据网络使用教学； 4. 畅聊无碍——聊天软件教学； 5. 手机摄影拍拍拍； 6. 老顽童的智慧生活分享	组员参与智能手机应用小组学习，找到生活的乐趣；体验智能手机应用过程，感受到与时俱进的满足感；老人与社会工作者、其他组员建立了互助互信的关系，有益于老人排解孤独感和失落感

社区教育小组活动满足了小组成员的精神文化需求，同时，社会工作者从中发现了社区居民对社区教育课程的渴望。小组系列课程结束之后，据统计，有95%的小组成员对长期学习小组课程具有强烈的愿望。社会工作者通过个案、问卷调查等形式也发现，有90%的社区居民对社区创设教育空间持支持态度。这也是S社区大学开展的前提。

（二）社区居民齐参与，教育空间共营造

本阶段通过开办社区大学，营造社区教育空间，发展参与、共享的文化氛围。

1. 建立教师、学员招募及管理制度

社会工作者在整个过程中扮演资源的协调者、链接者、管理者、直接

营造社区 开拓公益教育助力保障房社区治理

服务者等角色。通过线上、线下相结合的方式整合社区及社区志愿者老师资源。通过招募、审核、聘用及考核相结合的方式对志愿者老师进行管理，建立教师资源库。同时，制定学员管理制度（见图2）。

```
┌─教师管理制度─┐                      ┌─学员管理制度─┐
        ↓                                      ↓
┌─────────────────────┐           ┌─────────────────────┐
│一、提前10分钟到课堂，并做好│           │一、年满60周岁的学员需办理助老卡，│
│点名工作。              │           │并携带助老卡参与授课。       │
│二、仪容、仪表整洁。       │           │二、爱护授课环境，文明用语，严禁│
│三、文明用语，不说与课程无关│           │吸烟。              │
│的内容。              │           │三、遵守课堂签到制度，服从教职人│
│四、手机班和电脑班的课件请当│           │员管理。             │
│天授课结束后提交电子或纸质材料│           │四、收费课程需一次交纳本学期课时│
│于辅导员处存档。         │           │费用，由个人原因造成中途辍学，不│
│五、老师教学耐心、细心，不与学│           │予退还课时费用。        │
│员发生冲突；遇到情况及时与辅导│           │五、不得无故旷课，如有特殊情况需│
│员联系。              │           │向辅导员请假。          │
│六、若辞职请提前一个月告知辅导│           └─────────────────────┘
│员；请假提前一天告知。     │
└─────────────────────┘
```

图 2　S 社区大学教师及学员管理制度

2. 社区大学课程体系化、多元化运作，满足学员的多样化需求

S 社区大学已经开办两个学期，第二学期在第一学期的基础上优化了教学体系，多门课程聘请了专业教师，以满足学员多层次需求。根据教学场地、教师及学员要求设定不同教学课时。社区大学从第一学期到第二学期实现了从免费教学到免费与收费相结合的收费模式。这种收费模式，居民可免费学习社区大学提供的免费课程，同时精品课程需要交一定的费用。社区大学要实现专业化发展必须要有专业的教师，社区大学所收取学费的90%用于专业教师的补贴，10%用于社区大学的日常管理。表3为2016年5月到2017年5月，社区大学服务统计。

表 3　社区大学服务统计（2016~2017 年）

序号	班级	人数（人）	累计课时（小时）	志愿教师（人）	专业教师（人）	累计服务（人次）
1	围棋班	8	8	1	1	55
2	电脑班	35	16	2	1	252

续表

序号	班级	人数（人）	累计课时（小时）	志愿教师（人）	专业教师（人）	累计服务（人次）
3	钱杆舞	5	8	2		35
4	民族舞班	54	16	1	1	562
5	交谊舞班	21	8	1		132
6	健身班	26	8	1		192
7	厨艺班	33	13	2		210
8	手工班	38	16	1		320
9	腰鼓班	25	32	2		515
10	书法班	20	16	2		335
11	手机班	75	16	3		655
12	唱歌班	55	16	2	2	320
13	瑜伽班	11	16		1	85
14	合唱班	65	16	2	1	775
15	模特班	39	16	1	1	228
16	印度舞班	18	32	1	2	455
总计		528	253	24	10	5126

注：数据统计自2016年5月1日截至2017年5月31日。

（三）能人社团常挖掘，精品社团共扶植

社区大学的课程内容惠及社区不同层次及年龄的居民，社会工作者从中挖掘社区志愿者及志愿者领袖参与社区志愿服务活动，建立线上及线下交流群。以社区大学为平台，挖掘社区骨干学员组建社区团体，社会工作者以微公益的形式进行扶植，培育精品社团，项目共培育9个兼具娱乐性及服务性的社区社团。表4为该项目培育的社团。

表4 社区大学项目培育的社区社团及服务内容一览

社团性质	社团名称	社区服务内容
弱势群体帮扶	星际义工团	1. 社区弱势群体帮扶倡导活动； 2. 定期探访社区高龄、"空巢"、独居老人，保障社区老人的居家安全； 3. 为有需求的老人提供精神关爱、上门陪聊、上门保洁及上门送餐服务

营造社区 开拓公益教育助力保障房社区治理

续表

社团性质	社团名称	社区服务内容
社区环境保护	"绿使者"环保护卫队	1. 每月一次的环保活动倡导； 2. 参与社区绿化维护； 3. 定期开展社区垃圾大清理活动； 4. 定期开展环保能力培训
社区平安巡逻	社区平安巡逻队	1. 社区门禁监管； 2. 社区日间、晚间安全巡逻； 3. 定期开展社区安全倡导活动
社区文化深耕	戏友扬剧团	1. 弘扬传统文化，丰富社区居民文化需求； 2. 定期开展户外惠民公益演出； 3. 为社区孤寡老人拍摄扬剧定妆照； 4. 上门慰问高龄独居老人
娱乐服务	1. 悦民腰鼓队； 2. 快乐舞蹈团； 3. 山水合唱团； 4. A荔舞蹈队； 5. 青年梦想团	1. 定期培训； 2. 定期参与社区组织的各类公益演出； 3. 代表社区参与文娱大赛

（四）互助友爱成佳话，社区共享你我他

本阶段为该项目的第四个阶段，主要目标是引导社区居民及社团参与社区公益服务，推动社区治理。本阶段更是社区志愿服务意识及精神的觉醒阶段。社区居民及培育的社区团体积极参与社区志愿服务，形成了互助友爱、帮扶社区弱势群体的社区文化氛围。社工中心通过开展好邻里评选、优秀志愿者表彰等活动对志愿服务精神进行公开倡导，弘扬优秀的志愿服务社区文化。

六 项目成效总结

（一）成功搭建了居民交流和学习的平台

社区大学项目在 S 社区的开展，为居民搭建了学习、娱乐及交流的平

台，让居民走出了家门，更让学员实现了"学、乐、为"的三个目标。居民学习到了新的知识技能，拥有了自己的乐趣，产生了获得感和满足感，增强了居民对社区的归属感。

（二）形成了优质的社区志愿者教师资源库，营造了教育空间

社区大学在满足居民精神文化需求的同时，营造了学习型社区氛围。居民之间相互学习，并自愿将自己的一技之长运用到社区大学的教学当中。两学期的社区大学课程，共有22名社区志愿教师参与社区大学教学工作，这为社区大学的可持续性发展储备了教师资源。

（三）居民以社区大学为纽带参与社区治理，建立了互助支持网络

该项目发挥了社区大学的纽带型作用。社会工作者通过鼓励参与社区大学的志愿者老师及学员积极组建社区团体，发挥课程之所学，积极参与社区开展的各类公益演出服务。社会工作者将社区社团培育成了精品社区社团，形成了社区特色文化，使之参与社区公益服务。社区成员积极参与社区志愿服务，在社区弱势群体探访、社区安全巡逻、社区环保治理当中发挥了不可替代的示范性作用，对形成参与式、互助式、友爱型的社区文化做出了积极的贡献。

值得一提的是，该项目所培育的星际义工团在社区中形成了帮扶社区弱势群体的风尚。星际义工团通过上门探访的形式帮扶社区高龄、"空巢"、独居老人。为保障老人的居家安全，他们为社区高龄老人提供上门助医、保洁、陪聊等服务。截至项目结束时，星际义工团共帮扶社区"空巢"、独居老人100人，上门探访服务3000余人次，为形成互助性、有爱的社区起到了示范性作用。

七 专业反思

（一）地区发展模式、优势视角在项目中的运用

在一个居民结构复杂的新型保障房社区，邻里之间彼此很陌生，文化

营造社区　开拓公益教育助力保障房社区治理

活动单调，存在公共治理问题等，但同时大家又渴望熟悉，有才艺的居民也需要展示的平台，解决问题需要有人组织。所以社区大学是将需求与优势有效结合的一个很好的切入点。发挥本社区能人、爱心人士的特长，既为其互相学习营造了教育空间，又丰富了社区文化娱乐活动，增进了邻里之间、邻里对社区居委会的熟识度，使社区一下子变得有温度了。

在本项目运作的过程中，我们透过社区大学，与社区居民建立了关系之后，进一步培养居民关注本社区公共议题的意识，为愿意参与其中的志愿者、领袖"赋能"，通过志愿者沙龙、培训，让大家意识到他们除了自娱自乐，还可以帮助社区弱势群体，自己参与解决社区问题。

（二）社会工作者在项目中的角色和意义

社会工作者在该项目实施中扮演服务提供者、协调者、倡导者、使能者等角色。一个社会工作项目的运作离不开一个好的执行团队，一个好的团队离不开专业的社会工作者，社会工作者角色运用的好坏对项目能否顺利开展至关重要。在该项目中，社会工作者为了项目顺利开展，奔走于街道、社区、社会组织、企业之间，积极挖掘项目实施资源；与居民积极沟通，化解邻里矛盾，让居民达成共识，形成互助文化；社会工作者呼吁社区居民关爱社区弱势群体，呼吁社区居民参与社区环保行动等，积极践行着社会工作者的价值理念。

参考文献

葛俊芬、仲红俐，2017，《新常态下社区教育的发展实践》，《南京广播电视大学学报》第 3 期。

胡智龙，2017，《中老年学习者角色认知及服务实践》，《湖南广播电视大学学报》第 6 期。

徐永祥、曹国慧，2016，《"三社联动"的历史实践与概念辨析》，《云南师范大学学报》第 3 期。

· 279 ·

鼎星创业

支持型社会组织发展模式

朱 力 凌 颖 姜 山[*]

一 鼎星社会组织创业中心发展背景

(一) 支持型社会组织的概念

随着社会建设进程的推进,支持型社会组织作为一种新的社会组织形态在我国出现并逐渐发展成为社会组织领域的一支新兴力量。特别是近年来,国内涌现出越来越多的支持型社会组织,各地的该类组织功能相似,但名称多样,如"社会组织培育中心""公益组织孵化基地""社会组织孵化中心""社会组织发展基金""社会组织促进会""社会组织服务中心""社会组织服务平台""民间组织服务中心""枢纽型社会组织"等(祝建兵,2016)。对支持型社会组织的概念界定,国内学界同样存在着很多分歧,未能取得统一意见。葛亮和朱力(2012)将支持型社会组织定义为:"制度上独立于政府和企业,致力于调动资源和信息,培养社会组织及其成员的能力,促使其在社会中建立横向和纵向联盟的民间组织。"阮云星和赵照(2011)认为支持型社会组织主要是指通过资源的整合、中介桥梁、咨询服务、教育培训与委托管理等方式服务于其他社会组织的一类组织。祝

---

[*] 朱力,南京大学社会学院社会学系教授;凌颖、姜山,南京大学社会学院2016级MSW研究生。

建兵（2016）认为支持型社会组织主要是为各类中小型和草根社会组织提供场地、设备、资金、技术、信息、培训等支持与服务的社会组织服务平台，或者面向中小型和草根社会组织，履行认证、评估等监管职能的专业性或联合性社会组织。本文认为，在社会治理中，支持型社会组织一般扮演支持平台、部门桥梁及行业引领三种角色，从而服务于小型社会组织和社区中的草根社会组织，引导、促进和规范社会组织健康发展。

（二）鼎星社会组织创业中心组织结构

鼎星社会组织创业中心（以下简称"鼎星"）是 2012 年 5 月在南京正式注册的民办非企业单位，一个以辅导社会组织成长、提升社会工作者能力、促进区域人群全面发展为己任，以对接公益服务型项目资源为主业的社会组织。"鼎星"的价值观是"成就共享、关爱互助、社会责任、幸福和谐"。"鼎星"的运行特色是政府支持、企业合作、机构参与、专业运行。

"鼎星"的实行机制是理事会领导下的秘书处负责制。理事会是"鼎星"的决策机构，成员共 7 人。理事会具有鲜明的地域特点和时代特征。2012 年，在鼓楼区委、社建工委的动员和推荐下，南京大学社会学院博士生导师朱力教授出任"鼎星"理事长，其在理论上对社会组织有深入的研究。中心法人洪兆兵先生是一位企业家，始终推崇"公益新常态"的理念；中心秘书长王新征毕业于南京大学行政管理专业，具备企业管理的素质和与社会各界进行良好沟通、协调的能力。中心副秘书长麦磊女士是南京大学社会学博士生，在鼓楼区社区学院从教多年。中心理事张小强长期在鼓楼区推进"政府购买公共服务"的工作理念和模式，并得到民政部的肯定。中心理事郭祥、朱斌先生都是企业高管，有较好的管理经验和协调社会资源的能力。"鼎星"秘书处全面负责"鼎星"日常工作。秘书处下设三个部门：公益组织孵化部，负责社会组织的孵化，确定社会组织特征，拟定孵化方案，孵化运营指导；能级研修部，以提升社会工作者能力为己任，开展社会工作者、社会组织的研修培训，负责 NGO 能力建设、志愿者辅导、资源应用辅导；咨询策划部，侧重公益组织的课题研究、调研考察、能力评估，负责问卷设计及项目评估、资源对接、合作交流（见图 1）。

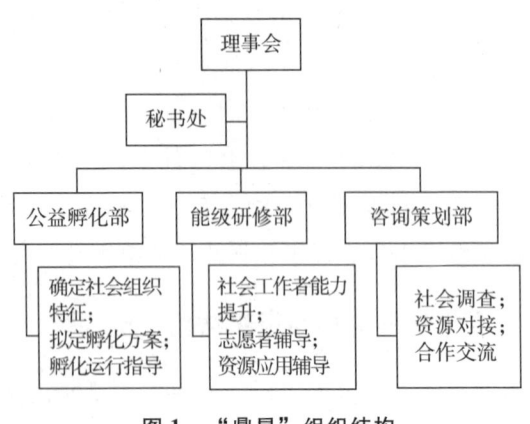

图 1 "鼎星"组织结构

(三)"鼎星"组织与社会优势

1. 基层党建优势

"鼎星"一方面将党建工作与机构的发展紧密结合起来,另一方面将其融合于机构对外的孵化和培育工作中。在机构内部的党建工作中,现有党员在日常运营活动里起着模范作用:以党支部书记、"鼎星"法人洪兆兵同志为首,每一位党员都遵守机构规章制度、完成机构运营任务、不计较薪资报酬,即使是普通的专职人员,在"鼎星"运行经费困难的情况下,也不计报酬,甚至数月不领薪资,例如王新征秘书长曾在"鼎星"经费困难时期,在不领取薪酬的情况下,个人垫付了十万余元,以维持中心正常运转;在全体专职人员中树立榜样、争当表率,以此调动"鼎星"员工及志愿者的工作热情和干劲;"鼎星"党支部成员詹荔与潘善芳同志,在大学就已光荣成为入党积极分子,现在也是"鼎星"的业务骨干;所有工作人员在"鼎星"运行城市社区和涉农地区的社会组织服务项目时,均不计花费的时间与精力,平均日工作时间超过 12 个小时。"鼎星"公益孵化部专职人员曾燕,为准确掌握 LT 街道各村居社会组织的发展情况,曾在 39℃的高温下,1 个小时内辗转 30 多公里调研,以致被送入医院接受输液治疗;能级研修部专职人员陈佳为及时接待和辅导突然造访的 XL 街道社区社会组织,以致女儿在幼儿园放学后仍滞留两个多小时;咨询策划部王洪梅在高烧 2 天仍未退烧的情况下,依然坚持带队对 QX 街道为老服务组织的外包公

鼎星创业　支持型社会组织发展模式

共服务项目中期评估服务对象满意度进行调研。

2. 社会协同优势

"鼎星"的咨询策划活动始终联系并借助高校专业资源，实现学生、教师的"知行协同"；同时联系对接企业资源，实现企业与社会组织的"资源协同"；还会联系推介社会组织服务资源，实现社会服务的"发展协同"。目前"鼎星"已与一百余家各行业社会组织保持着良好的伙伴关系，且对接和孵化了20余家公益型社会组织，承办了南京市"百企对百社"活动，形成了自己的特有资源。

3. 组织孵化优势

"鼎星"的运行不仅仅侧重于孵化，更侧重于与高校、机构、社会组织和企业之间的社会协同和社会动员。"鼎星"自2013年至今，承接运行了QX区LT街道与QX街道的社会组织服务中心的工作，2015年6月，"鼎星"与南京市JY区XL街道合作，承接XL街道社会组织服务运行中心。"鼎星"依托街道提供的场地、资金等资源，在为南京市一些优秀社会组织提供发展空间的同时，也通过培训、孵化等方式，帮助街道本土的社会组织发展壮大。"鼎星"目前已孵化52家社会组织，其目的是提升目标组织的专业服务能力和运行管理能力，使其出壳后，能够形成"项目服务"运行的可持续性。"鼎星"的孵化过程，主要包括核心团队形成、服务领域的认知、服务市场的确定、服务流程的拟定、服务管理架构等。

二　"鼎星"支持社会组织发展案例

（一）农村社区的支持型工作：LT街道

1. 合作背景

2013年南京市民政局下发了《关于进一步促进社区社会组织发展的意见》，意见的总体目标是按照江苏率先实现基本现代化和建设苏南现代化示范区的要求，2013年底，区级社会组织培育发展中心实现全覆盖，探索建立街（镇）社会组织服务机构，全市每万人拥有登记社会组织数达到9个；

· 283 ·

2015年，全市每万人拥有登记社会组织数达到12个（平均每个社区拥有8个以上的登记社会组织），社会组织评估应评参评率达到100%；到2020年，全市每万人拥有登记社会组织数达到17个（平均每个社区拥有10个以上的登记社会组织），逐步形成结构优化、功能完善、自律规范、作用明显的社区社会组织发展体系。

QX区民政局为响应政府号召，增强社区建设，满足村（居）民的社区服务需求，针对QX区各个街道的社会组织发展状况，要求各个街道能够引入专业的第三方社会组织培育机构，孵化并引导所辖区社会组织的规范化建设。形成一个由政府提供基础性支持，社会组织孵化机构提供专业社工人才和专业方法支持和辅导的模式，从而搭建一个连接政府、社会组织孵化机构、社区公益社会组织、社区公民等多方面交流合作的平台。

社会组织孵化机构协助政府孵化、培育本社区公益性社区社会组织，对一些社会组织进行督导和评估，这样既能保证培育发展符合本地实际的公益性社区社会组织，又能够获得专业性社会组织孵化机构的专业性支持和培育，从而保证社区社会组织的良好发展。通过专业的社会组织孵化机构培育社区社会组织一方面为社会组织提供了专业服务，另一方面还能减轻政府职能部门过度烦琐的业务压力，从而使其有更多的精力从事监管业务（潘建雷、张子谦，2011）。在此背景下，LT街道主动找寻"鼎星"合作，在2013年10月成立了LT街道社会组织服务中心（以下简称"服务中心"），对整个LT街道所辖区域内的社会组织提供服务，LT街道政府为服务中心提供基础性支持，南京市鼎星社会组织创业中心作为第三方支持型社会组织，负责整个社会组织服务中心的运营与管理。

2. LT街道的特点

LT街道地处南京市东北郊，距南京市中心约30公里，街道总面积108平方公里，人口6.98万人，其中乡村人口3.8万人，下辖18个村、5个社区、1个厂居社区。LT街道的5个社区是近几年政府动迁所形成的村改居社区，虽然统一为社区管理，但是居民的生活习惯和生活方式还是延续之前的方式。1个厂居社区（LT街道中国水泥厂社区）是2003年由四个居委会合并而成的社区。据街道工作人员说，这个社区以前发展得非常不错，只是近些年跟不上时代发展的步伐，所以落寞了。整个LT街道无论是经济

鼎星创业　支持型社会组织发展模式

还是居民的公众参与、发展程度都比较低。LT街道属于农村社区，因为近年来的征地、动迁等原因，部分农村社区改为居民社区，没有动迁的农村社区还维持着原来的生产、生活方式。另外，因为街道内的动迁户较多，村民失去了土地，大部分年轻人都去往南京市里工作或者外出打工，因此LT街道社区内的老年人和留守儿童居多。所以这也在一定程度上决定了LT街道的服务人群以老年人和留守儿童为主。

3. LT街道社会组织服务中心

LT街道社会组织服务中心于2013年9月正式开始运营。LT街道社会组织服务中心总的运作模式为"政府扶持、民间运作、专业管理、三方受益"，其目标定位是为LT街道内的所有公益性社区社会组织服务，即通过充分发掘、整合LT街道内外部资源，培育发展满足社区村（居）民需求的社区社会组织，并且为培育的社区社会组织提供组织建设、政策建议、项目运作以及监督管理的服务平台。

社会组织服务中心成立以来按照"市场无法满足，居民却有需求，政府必须承担"的要求，根据东（靖安家园）、西（丽江苑）两个服务中心的职能定位，梳理辖区内社会服务资源，整合社区内外资源。对内，提高社区内社会组织专业服务能力，提供团队建设、筹资及专业化管理等方面的能力建设。对外，服务中心组织高校、企业、媒体、社区和社会组织参加各类活动，打造多方交流合作平台，开展社会组织活动以服务社区群众。LT街道社区社会组织服务中心建成后的基本情况如下。

①服务中心的硬件情况：总面积是3000平方米，其中，社会组织服务中心有2000平方米。一共分为三层，一层为LT街道政府办公场所，二层、三层为服务中心办公场所，有1个舞蹈室、1个健身活动室、1个办公室、4个活动室及一些电脑和投影仪设备，这些硬件大部分由街道提供，还有一小部分是企业捐赠。

②运营团队：整个服务中心的运营由LT街道和鼎星社会组织创业中心双方共同完成，服务中心日常运营由3位工作人员负责，其中，2名为街道社工，1名为"鼎星"社工。

③沟通及信息机制：服务中心定时召开例会，进行活动总结和活动策划，同时服务中心也有信息化团队和社区网站。

④财务状况：整个中心的运营有较规范的财务管理制度和流程，对各项资金的流动有明确的规定。经费主要来源于政府购买服务，支出主要在于人员基本费用、开展活动的相关费用以及设备购置支出、硬件维修支出以及宣传费等支出。

⑤服务中心内社会组织发展状况：在 LT 街道社会组织服务中心成立之前，整个街道没有一家正式注册的社会组织，只有村（居）自发组建的一些草根性社会组织；社会组织服务中心的服务对象主要是社区内的各类公益社会组织以及社区的村（居）民，服务时间是周一到周日。

LT 街道社会组织服务中心作为一个枢纽型社会组织服务平台，其职能是协助 LT 街道发掘、整合街道内外部的公共服务资源并实现资源的有效对接。使政府由对社会组织培育的直接管理转为通过建立 LT 街道社会组织服务中心这样一个孵化平台来培育社会组织，街道在与"鼎星"之间的契约合作基础上实现间接性、赋权式的管理（齐素平，2015）。

LT 街道社会组织服务中心的总目标是：由"鼎星"指导、培训、运营、管理 LT 街道社会组织服务中心，并开展为民服务的活动。培养 LT 街道社会组织服务中心运营团队，使其实现规范运作、服务能力提升，使之成为服务社区（村）居民、促进社区发展的生力军；同时，依托社区公共服务设施，指导开发符合社区村（居）民需求的服务项目，满足社区（村）居民服务需求，不断增强政府执政为民的公众形象，建立 LT 街道社区公益服务的品牌效应和社会影响力。

LT 街道社会组织服务中心自 2013 年成立以来，为辖区内社会组织、社区（村）居民提供指导与服务。一方面，根据"内培为主，外引为辅"的孵化方针培育发展了一批社会组织，这些组织及服务团队在 LT 街道为老服务、青少年儿童服务、民生服务等方面发挥了重要作用；另一方面，服务中心有完善的基础设施，可接待前来咨询及活动的（村）居民，并组织活动以丰富（村）居民的日常生活。在此基础上，2016~2017 年 LT 街道社会组织服务中心选择继续与鼎星社会组织创业中心合作，以便继续提升 LT 街道社会组织服务中心的运行团队的社区服务能力与技能，规划、建立和运行管理本地社会组织服务平台，开展满足群众需求的社区服务。

4. 内培社会组织

内部培育孵化本土的社区社会组织需要立足本土村（居）民的实际需

求,在明确群众需求的基础上,要结合当地现有的资源,在发掘整合资源的基础上进行孵化培育。LT街道作为一个城郊农村社区远离城区,并且因为面积较广,村(居)民居住比较分散,开展社区服务相对来说比较困难。另外,由于本身缺乏本土化的社会组织,且外引社会组织可能由于资金和距离的问题难以进入。通过调查发现,村(居)民有实际需求和自身的能力,内培社会组织会有较强的生命力。以下是"鼎星"培育社会组织的一般步骤。

(1)对村(居)民的需求进行前期调研。

(2)根据社区需求,"鼎星"作为服务中心运营的主导者,要不断地为服务中心发掘外部资源。

(3)由"鼎星"派人与外部成熟的社会组织进行交流学习。通过深入访谈与实地考察等多种方式,全面了解相关社会组织所提供的服务内容、日常运营的管理工作等。

(4)结合LT街道村(居)民的实际需求,"鼎星"协助LT街道社会组织服务中心与外部成熟的社会组织进行资源对接,使其学习基本的运作模式。

通过内培,目前发展较良好的社会组织有以下几个。

花园村爱在花园社会组织服务站,该平台主要包含三类服务,为小服务、为老服务、志愿者服务,其中为小服务是平时工作的重点。首先,在暑期"鼎星"联合高校及企业组织青少年儿童外出参观活动,对一些家庭贫困及表现好的学生发放书籍、学习工具等作为鼓励,平时联合村里农家书屋组织学生看书,培养学生阅读的习惯;其次,为老服务主要依托好邻养老社,让老年人自由活动,"鼎星"每月邀请南京中医药大学(以下简称"南中医")学生志愿者组织体检活动。

YJY社区灵舞怡江舞蹈队,此舞蹈队由爱好文娱的居民自发组织,平时组织队员自编自学舞蹈,街道、社区有活动也会参与演出;除此之外,也会在社区做些简单的服务,如进行治安巡逻,端午节免费为社区高龄、低保老人包粽子等。"鼎星"目前已将舞蹈队打造成了一个社区型综合服务平台,让一个娱乐型组织增加了公益性服务性功能。

DP村平安互助志愿者协会,该协会开始由退休党员、干部组成,后吸纳一些退休工人和积极村民参加，2016 年底成立了党支部，村里外来人口较多，村民居住也分散，因此，协会每天安排成员在村里进行治安巡逻，也对村里发生的矛盾进行调解，为村里和谐做出了一定贡献。

DP 村残疾人之家是 LT 街道成立的第一家为残疾人服务的社会组织，主要为残疾人提供日间照料以及依托村里文件夹厂为尚有劳动能力的残疾人提供庇护性就业。

SB 村乐在摆渡书法服务站，以书法爱好为起点提供综合服务，该社会组织自注册以来，就开通"摆渡"微信群，村里大部分村民加入群里，大小事情都会一起分享，互相帮助，拉近了村民间的关系，创造了邻里友好的氛围。

5. 外引社会组织

LT 街道由于农村社区的原因，在培育发展社区社会组织时会遇到不同于城市社区的发展困境。受到自身地理位置、经济发展水平和村（居）民受教育程度的影响，当地的社区社会组织发育不足，在此背景下引进外部优秀的社会组织可以弥补当地社区社会组织发育不足的困境。同时，要根据村（居）民的需求引进相应的组织，有些需求需要专业性较强的成熟社会组织才能满足。LT 街道作为一个农村社区，资源有限以及没有合适的内培人选而较难在短时间内培出专业性很强的社会组织，这时就需要外引合适的社会组织来满足社区需求。

第一，通过走访调研发现，LT 街道青少年儿童发展需求较大，"鼎星"针对这一需求引进项目，开展 LT 街道贫困留守儿童帮扶服务活动。一方面，为促进困难家庭学生课业学习，"鼎星"引入南京师范大学支教志愿者团队在 YJY 社区开展服务，对困难学生进行一对一上门辅导，还会不定期组织所有受助学生参与集体活动，提升他们的交际能力。另一方面，"鼎星"还与 LT 中心小学达成合作，让 LT 中心小学通过不同的课程（读书、心理、手工、运动等）对受助学生进行辅导，真正地让受助学生在德智体美上得以提升，尤其每次的心理辅导都是集体参与，或以游戏的形式，或以大家讨论的方式，无形中让一些内向、少与人交流的同学渐渐放开，让一些因家庭原因心有郁结的同学融入其中。

第二，为满足社区为老服务多元化需求，南中医农民健康百村工程学

鼎星创业　支持型社会组织发展模式

生志愿者团队接受"鼎星"的邀请到各村、社区为老人免费体检、中医按摩、艾灸等已成为常态化服务；同时，"鼎星"还联系南京大学手工制作团队及红十字会团队，与 LT 街道好邻养老服务中心对接，为老人提供动手实践活动及陪聊、读报等心理慰藉服务。

（二）城市社区的支持型工作：XL 街道

1. 合作背景

党的十八届五中全会提出，加快推进社会治理精细化，构建全民共建共享的社会治理格局。同时，根据江苏南京市委、市政府《关于推进社会建设创新社会管理加强群众工作实现和谐稳定争第一目标的决定》的精神，及进一步加强和创新社会管理，建设现代化幸福社区的工作要求，社会组织是推动政府职能转变、承担部分公共服务的重要载体，因为社会组织在改善民生、提供服务、反映诉求、凝聚社区合力等方面具有积极作用。因而，努力培育和发展适合南京社区特征的社会组织体系构架、建立与南京社会经济发展相适应的社会组织管理与服务机制，是构建和谐社区的迫切需要。

为了深入贯彻党的十八大精神，加快形成"政社分开、权责明确、依法自治"的社会组织管理新体制，结合 XL 街道目前社区社会组织作用有限、社会服务项目专业化不足、群众参与不平衡等情况，要充分发挥社区社会组织在促进社区服务、加强社区管理、构建和谐社区等方面的积极作用。因此 JY 区 XL 街道和鼎星社会组织创业中心有了合作的基础。

2. XL 街道的环境

（1）社区环境

XL 街道地处南京河西新城中心区域，辖区面积 7.01 平方公里，2 个社区筹备组，目前居住人口约 8 万人。社区综合服务中心占地面积 21 亩，一楼的街道便民服务中心，设置 8 个全科服务窗口和 2 个机动窗口，开发和安装叫号、显示、评价等 6 个工作服务系统，用以公示公共服务目录和办事人员，规范办事流程，推行"全科社工办理制"。二楼的文体活动中心对辖区内居民开放，内设 12 个文化体育活动室。自 2012 年起，XL 街道率先进行了经济职能的剥离，将主要工作重心由经济建设转为社会管理和民生服务

· 289 ·

保障工作。

（2）居民特点

XL街道是一个由城郊农村转变为中高档商品房的街道。位于JY区，综合经济实力在全市街道中名列前茅，随着南京市JY区河西新城的发展，XL街道则成为新城的窗口。XL街道的社区居民社会阶层分化较大，既有买商品房的居民，也有拆迁后回迁的居民和临时租房的人，各自生活在不同的社区或村之中。居民类型的多元，对街道的社会服务提出了多样化的要求。商品房小区中的居民参与社会组织活动的积极性较高，更愿意提出自己的想法，更愿意将自己的兴趣爱好融入社会组织的服务内容之中，甚至有的中产阶层社区成立了自己的社会组织、兴趣团体等。临时租房的人对社会组织提供的服务虽然并不排斥，偶尔也能参与到相关的服务活动中来，但是更愿意参加与自身切实利益相关的活动，因而对兴趣爱好类的服务活动的积极性不如中产阶层居民，并且他们的自主性更弱，社会组织的服务对他们来说并不是不可或缺的。

（3）社会组织

XL街道各社区根据社区居民的生活需求，结合社区自身特点，现在"鼎星"的帮助下已培育、外引了各类行业型社会组织20多家，还有许多拟成立的社会组织正处于筹备阶段。总体来看，社会组织发展态势良好，基本建立了XL街道"一社一特（一个社区，一个特色）、按需求实、布局科学、结构合理、效果显著"的特色社会组织发展格局。社区社会组织的类型多样，服务对象基本涵盖了社区里的老人、青少年、幼儿等，开展的活动和服务也丰富多彩，初步形成了一社一特的态势。由于每个社区居民的需求是不同的，存在的问题是不同的，拥有的资源类型也是不一样的，所以，各个社区结合自身的特点，培育或外引了各具特色的社区社会组织。有针对社区弱势群体的社会组织，如TYJ社区的微爱桃园志愿服务中心；有针对社区基层的社会组织，在统筹社区资源的前提下，充分发挥了社区居民的力量，有力地促进了社区居民自治；有针对党建的社会组织；有针对社区和谐发展的社会组织；也有注重环保、共建美丽社区的社会组织。

3. XL街道社会组织服务中心

2015年，"鼎星"通过竞标的方式与XL街道合作，建立了街道级社会

鼎星创业　支持型社会组织发展模式

组织服务中心——XL街道社会组织服务中心。目前XL街道社会组织服务中心已在"苏宁滨江一号"打造了公共服务空间,办公面积达400余平方米,是一个集调度、孵化、培训为一体的综合工作基地,以此保障社会组织服务中心活动的顺利开展。中心设有中央办公区、交流沙龙区、孵化室、多媒体培训室、社会组织活动室等功能区域,为区域社会组织提供办公、培训、交流等服务。中心平台依托鼎星社会组织创业中心的社会协同能力,通过发挥指导、培训、孵化、评估、交流等对区域社会组织的服务作用,秉持"需求引领、服务为先、优先优进、公众参与、三社联动、幸福和谐"的核心理念,努力打造XL街道"中心资源支持、社区服务覆盖"的公共服务全格局,把人的全面发展作为运营核心。

XL街道社会组织服务中心由"鼎星"运营,中心整合社会资源,推动社区治理。以社会协同的方式,为区域社会组织发展提供政府、机构和企业的资源;中心设计的区域活动,能培养和增强社区居民自我管理、自我服务、自我监督的意识,形成良好的社区风气;"鼎星"通过社区调研、咨询以及与社区社工的沟通协调后,为行业社会组织发展提供辅导,为街道管理和社区治理提供建议,并以各行业社会组织为窗口,向社区居民提供服务。中心的社会组织孵化、价值引领、社区党建、志愿者项目推进等活动,已经逐步形成了社区服务全覆盖和街道领导下的社区向心力。

4. XL街道社会组织服务中心的工作

①为老服务:整体工作以"助餐、助洁、助浴、助乐、助医、助急"以及社会化养老服务项目为中心,"鼎星"通过街道社会组织招标平台,引进街道11个社区的社区为老与居家养老服务,并根据各社区居民的不同需求,全力打造了"一居一特色"的居家养老服务体系,在达到街道社区居家养老点全覆盖目标的同时,以"高龄独居老人日常看护和精神关爱服务"、"老年人健康生活指导及康复护理服务"和"社区为老服务综合社会支持服务"为工作重点。

②0~3岁幼儿服务:"鼎星"根据街道现有社区为幼服务站点的具体情况,引入早教行业的优秀机构,将各社区0~3岁早教服务切实开展起来;考虑到居民的经济、文化水平较高,通过早教机构的商业模式运行服务站点,为社区有需求的居民及家庭提供了便捷、优质的幼儿早教服务。并从

公益角度出发，对各早教服务项目给予指导支持和监督。

③儿童及青少年服务："鼎星"根据社区的不同需求，外引或内培社会组织，其中放学来吧（4点半学堂、小餐桌等），为社区3~12岁的学龄儿童提供课后托管服务，帮助双职工家庭缓解育儿压力；同时开展未成年人心理健康教育和社区青少年公益性专业社会服务等未成年人保护项目。

④"鼎星"在有条件的社区培育关爱、互助组织，并以其为载体，开展爱心募捐、公益众筹等网络新媒体公益融合项目，同时开展慈善志愿服务体系建设、公益帮扶等慈善助困服务以及助残等社区综合服务。

⑤"鼎星"依托合作机构建立区域社会组织研究中心，调研XL街道特色的社会结构与社会服务，形成符合XL街道公益发展与社会发展的咨询建议，与街道、社区共同形成公共服务品牌；中心还将针对XL街道现有的社会组织进行分类化管理，对同类社会组织进行整合，在街道社会组织服务中心建立行业协会，并根据各个社会组织的性质和类别，选择不同行业的社会组织典型，根据其自身特色，为其打造品牌。在搭建街道、社区、社会组织、高校、志愿者组织、企业的交流平台的同时，建立社会组织服务电子平台，切实体现社会服务创新的社会协同。

⑥志愿者队伍建设："鼎星"通过整合社区居民、高校、企事业单位等多渠道组建志愿服务队伍，在各社区现有的志愿者服务队伍基础上，以社区居民为基础、高校志愿者项目为纽带、持续支持为服务要点，形成志愿者服务品牌，并在中心设立志愿者服务站，形成校、企、社联动格局。

⑦社会组织孵化与培育："鼎星"通过街道社会组织招标平台和街道公益创投平台，为各社区外引、内培、孵化各类服务型社会组织，并通过街道、社区、驻地单位的党员志愿者牵头开展社会组织活动，将党建与社会组织发展相结合，形成XL街道党建特色；同时将优秀社会组织的项目和经验引入当地，与当地的居民特色相结合，寻找最适合当地的社会组织服务方式；引导社会组织开展活动，形成良好的社区价值观，带动形成良好的社会风尚。

⑧"鼎星"在街道、社区、居民等多方达成共识的基础上，开展社会组织项目宣传、文化活动及志愿者公益服务活动，以各社区的特色为主题，形成社区、社会组织和社工的"三社联动"活动方案，并配合XL街道所辖

11个社区推进活动方案的实施。

⑨交流与培训:"鼎星"指导服务中心以成果展示、项目拓展、功能延伸、能级提高为主要活动内容。展示XL街道社区治理和"三社联动"成果、评选社区群众最满意服务品牌项目、交流志愿者心得和项目实施心得、国内外项目交流与合作。同时定期举办街道层面的社会组织经验分享交流会,围绕街道内社会组织关注的社会问题、社会组织的管理经验、工作规范、工作方法进行业务交流,为街道社会组织资源共享、互惠互助提供良好的平台。同时,开展针对专业社工综合业务能力、社会组织机构规范及行业水平、志愿者服务规范、社区积极分子及社会组织骨干能力提升等主题的培训,其中重点培养社区社工的综合素质,提高相应的服务水平。

三 "鼎星"社会组织建设的反思

鼎星社会组织创业中心作为一个支持型社会组织,在南京市开展了一系列支持型社会服务并外引或内培了一批服务型社会组织,为我国支持型社会组织的发展道路做出了探索。下文将结合具体案例分析鼎星社会组织工作中的主要经验教训。

(一)"鼎星"的成功经验

1. 以群众需求为导向

无论是内培社会组织还是外引社会组织,都应以群众需求为导向。这是由支持型社会组织的性质决定的。支持型社会组织的目的是为了满足社区居民多样化的需求,因此支持型社会组织在培育社区社会组织时,应该充分考虑社区居民的意见,根据服务地点具体的经济发展水平、人口特征、文化传统以及当地居民的生活习惯,做好相应的居民需求调研,以使所培育的社会组织能够满足大部分居民的利益,满足居民的真切需求也是促进居民参与社会组织活动的基础。

鼎星社会组织创业中心无论在城市社区还是在涉农社区的具体实践中,都坚持了这一基本原则。无论是老年服务还是为幼服务,"鼎星"都以群众的需求为导向,并根据群众需求的差异在不同地域,为不同人群开展针对性的服务。这不仅有益于服务活动的开展,更有利于提升群众对支持型社会组织的认可度和服务满意度。以 LT 街道项目为例,"鼎星"依据老年与儿童的不同需求,为其量身定制了相应的服务项目。在养老服务中,"鼎星"根据本社区老人的实际需求,坚持传统和创新相结合,促进特色服务、基础服务与新式服务相结合,服务效果获得了该社区老年人的肯定;为幼服务在内容和形式上实现了创新,除传统智力早教之外,鼓励相关专业社会组织为社区引入其他适应居民需求的为幼服务精品项目,这也使"鼎星"得到了当地群众的接纳和认可。

2. 促进社区居民参与

支持型社会组织所提供的服务内容源于社区居民的实际需要,因此基于群众需要培育而成的各类社会组织,能够使社区居民通过这一重要载体来满足各方面的需求,这为居民参与提供了动力。居民参与对支持型社会组织工作的开展尤为重要(陈洪涛、王名,2009)。尤其对于农村社区而言,由于较为偏僻的地理位置,以及社会发展水平相对较低的特点,农村居民对于社会组织的参与度不高,因此导致农村居民的社区归属感较低,这也为支持型社会组织工作的开展带来了困扰,容易使其在培育社会组织时以失败告终。鼎星社会组织创业中心在实践过程中注重居民参与,社会组织的培育、成立、运转、壮大等各个阶段都蕴含了居民的参与,达到了培养居民民主意识、提高居民参与水平的良好效果。

以 XL 街道项目为例,围绕"人人参与社会服务,个个投身社会治理"的社会组织发展理念,XL 街道下辖各社区集思广益,广泛动员基层群众的力量,培育了形式各样的志愿服务队伍以及便民组织。例如 JS 社区的积善之家建设,该社区针对本区"困难群体多"、"矛盾纠纷多"以及"民风导向堪忧"的具体问题,借助基层社区的力量,先后培育了"福惠老年服务中心""平安志愿者""和谐家园巡逻队"等社会组织,一方面,这些社会组织的广泛参与,缓解了社区的问题;另一方面,这些基层组织成为滋养社区"根基"的重要营养补给,促进了社区整体工作向前推进。AT 社区的爱心互助协会发挥"侨之声"志愿服务队、老党员老干部志愿宣讲团等社区志愿服务队的作用,依托居家养老服务中心、"筝情之家""科普大学"、万福园敬老院等志愿服务点开展志愿服务，实现社区志愿服务活动的常态化。XSL 社区"一家亲"志愿服务队充分发挥志愿服务队的平台作用，通过为弱势群体提供志愿服务，从而为小区居民解燃眉之急，为政府分忧解难。

3. 注重资源内外整合

支持型社会组织的最大特点是不直接服务于目标人群，而致力于服务型社会组织（张丙宣，2012）。资源整合是支持型社会组织为服务型社会组织提供各类服务和支持的基础。支持型社会组织的资源整合功能主要体现在组织间的资源整合以及组织内部的资源整合两个方面。"鼎星"的资源整合模式主要是指支持型社会组织通过整合政府、企业、社会、社区等外部资源和社会组织内部的人力、物力、财力等相关资源，并通过对资源进行筛选、获取、分配和融合，最终达到对原有的资源系统进行重构的目的。在资源整合的背景下，"鼎星"以社会组织服务中心为主体，建设集孵化服务、信息服务、能力建设、公益招投标等多种功能于一体的综合性服务平台。"鼎星"的运行不仅仅侧重于孵化，更侧重于与高校、机构、社会组织和企业之间的社会协同和社会动员；"鼎星"依托街道提供的场地、资金等资源，在为南京市一些社会组织提供发展空间的同时，也通过培训、孵化等方式，帮助街道本土的社会组织发展、壮大。在一年多的时间里，XL 街道社会组织服务中心作为资源整合的平台，为街道共外引、内培了 20 多家服务型社会组织。在发展过程中，XL 街道已形成了"平台化运作"的支持型社会组织运作模式。与此同时，XL 街道社会组织服务中心一直积极争取政府、社会、企业和社区资源，力求整合对接各方资源以便组织更好地发展下去。

4. 吸引整合政府资源

首先，支持型社会组织的服务宗旨需要与政府的服务目标相匹配。如果二者的利益、目标相同，政府就会利用支持型社会组织的作用，与其互动合作，放松对其的行政控制，给予支持型社会组织发展的自主性，因此共同的目标能够使政府与社会组织之间形成合作关系（王惠，2017）。其次，支持型社会组织需要通过自身的发展和功能的完善而强化自身承接服务的能力。以"鼎星"社会组织的经验为例，在与基层政府合作的过程中，无论是为老服务还是为幼服务,"鼎星"都做出了一定的成果,服务效果也得到了当地居民的认可和赞赏,因此,组织自身的办事效率、办事能力有利于帮助支持型社会组织形成良好的口碑和品牌,这会为支持型社会组织吸引政府资源提供帮助。最后,支持型社会组织应争取与政府建立长期的合作项目,这一方面有利于支持型社会组织工作的现有成果得以保持和延续,另一方面有利于支持型社会组织获取持续性的资金支持,对于组织工作人员的吸引和保留也有巨大的作用,可以安稳人心。

(二)"鼎星"的实践教训

1. 过度依赖政府

支持型社会组织和政府之间是一种非制度性依赖关系,尤其在资金、目标、行动策略等方面,社会组织通过领袖魅力、社会资源、个人关系等途径实现依赖。这就说明,即使支持型社会组织在制度上独立于政府,但依然和政府之间保持着这种不稳定的依赖关系。一般来说,支持型社会组织参与政府的社会建设、社会组织建设,主要是通过参与政府购买服务过程而实现的,所以在机构的资金占比中,政府资金占很大份额。目前来看,几乎所有支持型社会组织都会从地方政府获取活动场地、办公设备等隐性资源支持。但是过度依赖政府也是有风险的,不利于支持型社会组织的长远发展。

以南京市 XL 街道社会组织服务中心为例,街道免费提供 438 平方米的服务用房,区域内所有的配套设施都一律由政府协调,政府还承担组织内部分员工的薪酬。以上通过政府购买服务和政府提供的各种隐性资源支持构成了支持型社会组织的主要资金来源。因此可以说,就资金来源而言,"依赖"远大于"自主",这种依赖关系无疑限制了支持型社会组织的自主性。支持型社会组织与政府互动的过程中的张力是始终存在的,如果冲突处于主导地位,政府往往会对支持型社会组织不信任,并加强对其的行政控制;支持型社会组织常常被地方政府作为解决社会问题的手段,地方政府通过购买服务的形式对支持型社会组织的运行发展产生影响,实际上可能抑制了支持型社会组织的独立性和专业性。

另外,支持型社会组织的领导团体也与政府有着千丝万缕的关系。支持型社会组织的领导一般由地方政府推荐。在政府推荐机构负责人时，对政府职能的理解、对政府系统的运作方式的掌握、对社会治理的见解以及和政府官员的私人交情都被视为考量的标准。以双方之间的个人关系作为载体，将一切有形资源和无形资源纳入双方的互动中，地方政府对支持型社会组织产生了实际影响。所以，从机构领导层面来说，支持型社会组织对政府的依赖度很高。

2. 资金渠道单一

就支持型社会组织自身而言，资金来源的匮乏与不稳定成为困扰支持型社会组织可持续发展的核心问题。原因有二：一是现有的市场还不完善，从企业和基金会获得的资金较少；二是支持型社会组织本身一般不进行实务性项目的操作，因此参与项目招投标、创投的机会较少。民办支持型社会组织作为居民自发组建的自治性、志愿性组织，一方面没有国家强制力做后盾，不能依靠税收支持；另一方面不以营利为宗旨，不能依靠利润支持。多数支持型社会组织主要参与政府的服务购买过程来开展项目运作，维持组织正常运转，并且还依赖政府提供办公场所和办公设备，而政府的经费投入仅能维持组织的基本运行，难以使其发挥更多的功能，实现功能的扩展。通过购买服务获取政府的资金支持，这种支持取决于支持型社会组织自身服务于政府政策目标的能力，并受到现行政策的影响，因而资金来源缺少稳定性，变动空间大。一旦支持型社会组织寻求其他经费来源，就会受到政府现行政策规定的限制，即使能够获得其他经费来源，也存在偏离组织原有目标定位、影响组织公信力的问题。除此之外，政府购买公共服务具有不稳定性，政府向社会组织所购买的公共服务会随社会需求的变化而不断变化，因此，政府与社会组织之间并不能达成长期稳定的合作状态，这直接决定了社会组织的人心不稳。综上可见，支持型社会组织的资金获取渠道极其单一，生存压力较大。

当前支持型社会组织为了获得可持续性发展正在极力拓展资金渠道，然而步履维艰。首先，支持型社会组织引导社区内部的草根组织落地后，政府提供的购买服务伴随社区内部社会组织的发育成熟而日益减少。其次，因居民仍然持有公益组织不应该收费等观念，所以支持型社会组织的收费项目难以获得公众的认可及推广，组织的经费来源受到限制。最后，企业对支持型社会组织的认可度低。企业为了履行社会责任,向支持型社会组织投入资金等资源,支持公益事业发展。但是,近年来,一些慈善机构负面新闻时有发生,如"郭美美事件",这其实已经破坏了支持型社会组织在公众心中的形象,所以很多企业担心社会责任的履行并不能为他们带来收益。

3. 专业人才短缺

为了缩减运营成本,民办支持型社会组织招聘的全职人员不足,且专业化程度低,这就造成了组织运行效率低。首先,随着政府政策的推动,培育组织的规模日益扩大,相应地支持型社会组织的服务内容也与日俱增,而多数组织反映专职人员不足,工作压力大。紧缺的人员数量加上繁重的工作量,最终可能会导致任务无法完成。其次,不少应届毕业生刚刚入行,虽理论知识很丰富,但实操能力很欠缺,对于支持型社会组织的运营模式、运行机制更是不甚了解,不具备独立管理项目的能力。面对培育组织层出不穷的问题和困惑,由于工作人员专业素养不足,不能及时答疑解惑,造成工作效率低下。

另外,成员的高流动率在许多支持型社会组织内部已经成为普遍现象,这在一定程度上造成了组织内部的沟通效率低,也给组织带来了不稳定性。据了解,鼎星社会组织创业中心的员工入职时间均不长,大部分员工可能在入职不到一年的时间就会选择离职。伴随着南京市公益创投项目的增多,支持型社会组织的项目地点也随之增多,这迫使组织成员经常在项目区域间流动。一方面,高流动性使得组织内部沟通效率低。当面临一些突发事件时,成员之间习惯于口头通知,但是成员可能分布在不同的项目区域上,这就容易造成遗漏,产生通知不到位的问题。另一方面,高流动性也造成了项目衔接不顺。支持型社会组织初期承担着培育、管理、服务、支持社会组织的职责,如果组织内部人员流动率过高,那么草根组织的问题就得不到及时有效的解决。

最后,成员薪资待遇低,员工普遍倦怠。我国支持型社会组织内部的薪资福利待遇低,不利于专业人才的引进,更不利于组织自身的发展。民办支持型社会组织虽是草根组织,但也是按照法律程序,与员工签订正式的劳动合同,给予其相应的薪资福利待遇的。但是,按照目前我国支持型社会组织发展现状来看，员工工资低，发展空间有限已成不争的事实。与南京的高消费水平相比，多数员工表示生活艰辛，不堪重负。许多专职工作人员表示，由于自己错过了最佳招聘时间，所学专业又没有竞争优势，才暂时来到社会组织积累经验，等到时机成熟时，必会另谋职业。另外，专职人员的发展空间也是制约支持型社会组织发展的一个因素。一方面，支持型社会组织一般规模较小，升职空间有限。部分老员工表示，入职三年之久，经验也算丰富，却仍然是一线社工。另一方面，组织内部员工少，事务繁杂，员工几乎没有学习深造的机会。整日重复着机械式的工作，让员工过早地产生了职业倦怠感。员工薪资待遇低、普遍倦怠与迷茫很可能成为压垮支持型社会组织发展的最后一根稻草。

（三）"鼎星"未来发展的对策建议

1. 构建新型政社关系

首先，社会组织也应主动协调与政府的关系。作为非营利性机构，支持型社会组织在与政府合作的过程中应当主动沟通、积极配合工作，弥补政府在社会服务中的不足，在保持自身独立性的同时接受政府对工作的监督。其次，支持型社会组织优化组织内部管理模式，建立标准的组织架构、工作流程，制定优秀人才引进战略并打造专业化团队以提高服务质量。最后，支持型社会组织应该构建多元化的信息交流平台并建立联盟机制，加强合作与联系，实现资源共享、优势互补。

2. 开辟多元资金渠道

多元化筹资渠道是保持项目开展的基本动力（张祖平，2011）。可通过企业与个人捐助、社会组织支持、政府购买项目、社会组织自营收入等方式筹集资金。此外，通过"公益不是免费"的理念宣传引导居民基于需求参与社区活动、尊重他人在社区服务中创造的价值，具体体现在社区大型活动门票、社区俱乐部入会费用与年费、社区项目报名费等费用设置。

另外，支持型社会组织实现"自造血"才是解决资金短缺的根本途径（汪颖佳，2015），首先，加大营业性收入在所有资金来源中的比例，是根本性的办法。要实现"自造血"，就必须改变社会组织的意识。有一定规模的社会组织，不仅可以而且应该有经营收入。社会组织要努力寻求"自造血"的路径。在自我宣传、产品开发、品牌创建、成本控制等方面,社会组织应当多与企业进行接洽,学习企业创造效益的能力。完善社会组织收入分配机制,在严格的法律框架内,给予有"造血"贡献的组织员工以奖励。通过政府和社会的联动监管,完善社会组织规范性的工作,为社会组织的"自造血"创造规范性准则与保障性条件。其次,社会组织要形成价值创造的意识。对于基金会和民办非企业单位而言,在接受企业捐赠之后,要注重对企业进行价值回报。为企业倡导良好的政策环境、为企业培养相关的人力资源、为企业塑造良好的社会形象,都可以成为价值回报的具体形式。社会组织通过价值创造,可以吸引企业持续性地进行资源投入。最后,要建立资金募集机制。重点环节在于,社会组织逐步建立完整的财务制度,提升对企业价值回馈的能力,深化社会组织的信息披露,提高项目执行能力,强化社会组织目标使命感。

具体来说,社会组织应当提升服务品质,将服务市场化,寻求与企业、其他社会组织和社区的合作,充分整合社会资源,从而拓宽筹资渠道,同时将项目更好地推广出去,增强品牌效应。

3. 建设专业人才队伍

人才是支持型社会组织的核心资产,关系到支持型社会组织的运作能力。目前组织内部出现了专业人才不足、成员流动率高、员工普遍倦怠等问题,对此,社会组织必须加强人力资源管理,提高组织的运行效率(李莉、宋蕾放,2011)。首先,对于组织管理人员而言,支持型社会组织可以与政府、大学、企业等合作,吸纳更多的企业管理人才进入公益领域。高素质管理人才的加入可以为组织带来成熟的管理理念、丰富的管理经验、娴熟的管理技术。与此同时,社会组织可以依托党校、行政学院、社会主义学院、高等院校以及各地各部门干部学院等教育资源对管理人员进行专业知识的培训,以提升管理人员的专业能力和素质,开启支持型社会组织的企业化管理模式。其次,对于社会工作人员而言,可以开展全科社工培养。以全体社会工作者为培训对象,由社会组织委托第三方采取课堂集中授课的方式组织业务学习。培训内容可以分为业务知识和实务处理两部分,业务知识主要包含民政相关事务及劳动保障、计划生育、安居福利、残疾人保护、妇幼保障、司法行政、政策法规、办理程序、审批程序等为民服务的相关内容；实务处理着力于培养广大社工的专业方法运用、问题评估、资源整合、过程控制与引导、沟通与协调、处理突发事件等能力。围绕培训内容，每季度和年终分别采用书面形式进行考核，年终进行成绩统计。对于排名靠前的社工给予奖励，反之对于排名靠后的社工与之进行谈话并限期改正、提高。

参考文献

陈洪涛、王名，2009，《社会组织在建设城市社区服务体系中的作用——基于居民参与型社区社会组织的视角》，《行政论坛》第1期。

葛亮、朱力，2012，《非制度性依赖：中国支持型社会组织与政府关系探索》，《学习与实践》第12期。

韩丽侠，2015，《南京市城郊社会组织运作模式新探——以鼎星社会组织创业中心为个案》，硕士学位论文，南京大学。

李莉、宋蕾放，2011，《以社会资本为视角的社会组织专业人才管理模式探析》，《社团管理研究》第10期。

南京市民政局，2013，《进一步促进社区社会组织发展的意见》，http：//www.nanjing.gov.cn/njszf/bm/mzj/201312/t20131223_2342125.html，最后访问日期：2013年12月30日。

潘建雷、张子谏，2013，《"强政府、大社会"：关于社会组织发展的理论思考》，《中国社会组织》第11期。

齐素平，2015，《城郊涉农社区社会组织的培育与发展——以LT街道社会组织服务中心为例》，硕士学位论文，南京大学。

阮云星、赵照，2011，《都市支持型社会组织何以快速成长：上海NPI的政治人类学研究》，浙江大学出版社。

苏娟，2016，《政府购买社会服务互动机制研究——基于第三方评估机构视角》，博士学位论文，首都经济贸易大学。

汪颖佳，2015，《自我造血：中国非营利机构的必修课》，《中国社会组织》第4期。

王惠，2017，《资源整合视角下支持型社会组织运作模式探析——以南京市X街道社会组织服务中心为例》，硕士学位论文，南京大学。

《以推动"三社联动"，创新社区服务方式——南京市鼓楼区鼎星社会组织创业中心的工作实践与思考》，http：//www.chinanpo.gov.cn/1921/84995/index.html，最后访问日期：2017年12月20日。

张丙宣，2012，《支持型社会组织：社会协同与地方治理》，《浙江社会科学》第 10 期。

张祖平，2011，《中国慈善组织资金筹集问题研究》，《中国社会组织》第 1 期。

祝建兵，2016，《国内支持型社会组织研究：重点议题与研究检视》，《南京工业大学学报》（社会科学版）第 15 期。

后 记

南京大学社会工作学科发展大事记

20 世纪 20 年代

  金陵大学和金陵女子大学开设社会工作和社会福利课程

1928 年

  国立中央大学开始社会工作探索，之后建立了儿童福利院等四个实习基地

抗日战争时期

  金陵大学和金陵女子大学西迁内地，设社会福利行政组（社会工作）

1942 年

  金陵大学设社会福利行政特别研究部，提供一年至两年高阶（研究生）训练

  金陵大学与联合国善后救济总署社会工作组联合培养了十余名社会福利专业研究生

  金陵大学成为国际社会工作协会及国际社会福利研究院联合委员会会员

20 世纪 40 年代

  国民政府教育部高等教育司司长孙本文先生组织编写部颁社会学教学大纲，并规定社会工作专业为本科核心课程，对社会工作专业发展起到了积极作用

1948 年

  金陵大学专门设立了社会福利行政系，招收社会福利本科生

1995 年

  南京大学招收社会工作与管理专科生

2001 年
南京大学成立社会工作教研室
2001 年
南京大学招收社会工作专业本科生
2008 年
南京大学社会学院下设社会工作与社会政策系
2009 年
教育部批准南京大学设立社会工作硕士专业学位点
2010 年
成立南京大学社会工作专业硕士教育中心（MSW 中心）
2011 年
教育部批准南京大学自主设立社会工作博士点
2012 年
中国社会工作教育协会评估南京大学社会工作本科专业为优秀

南京大学建立现代化的个案、小组、社区社会工作－人类行为系列实验室

中美两国社会工作协会 7+7MSW 国际交流项目（五年计划）启动，南京大学为合作院校之一
2013 年
南京大学接受福建福耀集团董事长曹德旺先生捐款，成立南京大学河仁社会慈善学院
2013 年
南京大学成为首批民政部社会工作专业人才培训基地（南京）
2013 年
由中国社会工作教育协会苏皖片区中心主办、南京大学社会学院 MSW 教育中心承办的电子杂志《社工中国》发刊
2014 年
成立南京大学社会建设与社会工作研究院
2015 年
南京大学 MSW 顺利通过教育部评估，受评审专家好评

2015 年

江苏省教育厅批准建立江苏省民政厅 – 南京大学研究生工作站

2016 年

南京大学启动 MSW 专业硕士研究生"二三三"培养计划

图书在版编目(CIP)数据

能力为本的社会工作：从理论到实务的整合 / 彭华民主编 . -- 北京：社会科学文献出版社，2018.5
（民生智库丛书）
ISBN 978 - 7 - 5201 - 2293 - 1

Ⅰ.①能… Ⅱ.①彭… Ⅲ.①社会工作 - 案例 - 中国 Ⅳ.①D632

中国版本图书馆 CIP 数据核字（2018）第 033522 号

民生智库丛书
能力为本的社会工作
——从理论到实务的整合

主　　编 / 彭华民

出 版 人 / 谢寿光
项目统筹 / 谢蕊芬
责任编辑 / 胡庆英

出　　版 / 社会科学文献出版社·社会学出版中心（010）59367159
　　　　　 地址：北京市北三环中路甲29号院华龙大厦　邮编：100029
　　　　　 网址：http://www.ssap.com.cn
发　　行 / 市场营销中心（010）59367081　59367018
印　　装 / 三河市龙林印务有限公司

规　　格 / 开本：787mm × 1092mm　1/16
　　　　　 印张：19.5　字数：308千字
版　　次 / 2018年5月第1版　2018年5月第1次印刷
书　　号 / ISBN 978 - 7 - 5201 - 2293 - 1
定　　价 / 89.00元

本书如有印装质量问题，请与读者服务中心（010 - 59367028）联系

▲ 版权所有 翻印必究